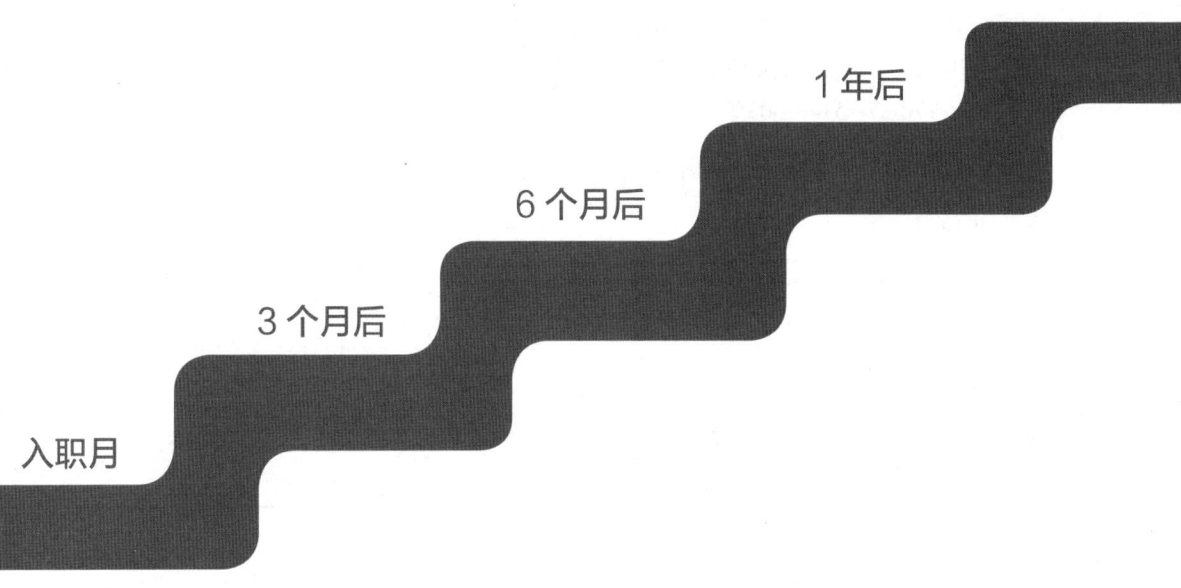

1 年后

6 个月后

3 个月后

入职月

# 金牌外贸企业给新员工的内训课

Lily　主　编

David Guo　AmandaL　Nick　副主编

中国海关 出版社有限公司
·北京·

**图书在版编目（CIP）数据**

金牌外贸企业给新员工的内训课／Lily 主编．—北京：中国海关出版社有限公司，2019.3
ISBN 978-7-5175-0337-8

Ⅰ.①金… Ⅱ.①L… Ⅲ.①对外贸易—基本知识 Ⅳ.①F75

中国版本图书馆 CIP 数据核字（2018）第 300145 号

## 金牌外贸企业给新员工的内训课
JINPAI WAIMAO QIYE GEI XINYUANGONG DE NEIXUNKE

主　　编：Lily
副 主 编：David Guo　AmandaL　Nick
策划编辑：马　超
责任编辑：叶　芳
责任监制：赵　宇
出版发行：中国海关出版社有限公司

社　　址：北京市朝阳区东四环南路甲 1 号　　　　邮政编码：100023
网　　址：www.hgcbs.com.cn；www.hgbookvip.com
编 辑 部：01065194242 - 7554（电话）　　　　　01065194234（传真）
发 行 部：01065194242 - 7540/42/44/45（电话）　01065194233（传真）
社办书店：01065195616/5127（电话/传真）　　　01065194262/63（邮购电话）
印　　刷：北京鑫益晖印刷有限公司　　　　　　　经　　销：新华书店
开　　本：710mm×1000mm　1/16
印　　张：18　　　　　　　　　　　　　　　　　字　　数：244 千字
版　　次：2019 年 3 月第 1 版
印　　次：2019 年 3 月第 1 次印刷
书　　号：ISBN 978-7-5175-0337-8
定　　价：55.00 元

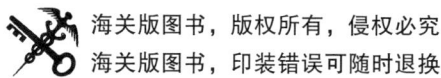

# 前 言

经常听到中小外贸企业的高管说自己非常忙，没有时间或资源培训员工，员工不能快速成长、独立操作，而高管自己又总是到处"救火"，导致了恶性循环。面对这种情况，我们是否该静下来思考，为什么会这样呢？

中小外贸企业的管理者同时也是核心业务员，他们掌握着公司的核心客户，把80%甚至更多的时间都花在了拿订单上，他们的压力主要来自于不停地创造业绩。所以，他们根本没有时间和精力去管理业务团队，更别说培训团队了。这就导致新入职的员工成长缓慢，难以适应日常的工作，经常出错，事后要由高管"救火"。与此同时，越来越大的外部竞争压力，对业务员快速成长提出了更迫切的要求。如果一年之内公司没有看到你的成长或者任何业绩，那么公司可能就会放弃你，不会再给你机会。

不同类型的公司，其产品、外贸架构、商业模式可能存在比较大的差异。我们这几个作者所在的企业分属于外贸领域的不同架构、模式下：Lily从事按摩器出口近十年，这期间培养过非常多的新员工，也经常在外贸圈和朋友们讨论怎样带好新人；David Guo所在的公司属于跨国企业，该企业在美国纽约、英国伦敦、中国上海设有办公室，开展汽车零部件业务，这种类型的公司的内训课程非常有借鉴意义；AmandaL身处新型智能家居领域，偏技术型，其所在公司有很多外籍同事，跨国文化差异在给员工培训带来很多挑战的同时，也带来了创新的模式与经验；Nick所在的公司处于小家电行业，专注于中东市场，该市场的客户办事节奏慢，这对外贸业务员的心态提出了很大挑战。

经过几轮讨论，我们发现每个公司都没有完整的内训体系，而我们 4 个人分别有 10 年~20 年的工作经验，是时候停下来认真思考和总结，将各自公司目前的内训结构变成一种体系了。我们 4 个人所处行业跨度比较大，这种差异让我们能够相辅相成，彼此补充。于是，我们碰撞出了一个想法：我们 4 个人可以把自己过往的实战经验、遇到的实际问题，以书面的形式展现出来，在公司引入内训机制。这就是本书写作的初衷。我们认为按照书中的 4 个阶段进行系统培训，不仅可以给新入职的员工提供自学式的高效成长机会，而且可以强化刻意练习，让新员工迅速上手，自行解决很多问题。

作者从新员工在不同的工作阶段可能遇到的问题出发进行写作，全书共分成 4 章。第一章"入职月"，让新员工明白怎样打牢基础。新员工不仅需要了解自己所在的行业、产品、竞争对手，而且需要深入知悉自己公司的优势、劣势。本章旨在告诉新员工该用什么样的心态面对新入职的迷茫期，并且养成时间管理的意识。第二章"3 个月后"，告诉新员工如何成为跟单高手。在这个阶段，新员工需要面对很多实操性问题，以及如何调动团队协作等。第三章"6 个月后"，教新员工按部就班，做好客户开发与维护。本章专门描述了"市场调研"过程，告诉新员工怎样分析目标市场和找到合适的对口客户。同时，本章还包括开发客户的各种技巧，可能遇到的客户投诉的各种情况和处理方式。第四章"1 年后"，带领新员工学习如何向大客户发起"进攻"，成为金牌销售，教员工如何独立完成看展和参展过程中的客户接待工作，搞定巨头客户，签订独家代理协议等。

如上所述，一共有 4 名作者参与了本书的写作，采用"一个人主笔，其他人轮流修改"的写作模式，因此，本书中的内容涉及不止一个行业，这样可以避免行业的单一性导致的思维定式和局限性。Lily 擅长的部分是展会和客户拜访；David 擅长市场调研、谈判技巧以及攻克大客户；AmandaL 擅长开发客户，特别是一些 ODM<sup>①</sup> 复制项目的管理及跟进；Nick 对于时间管理、团队协作、绩效考核有自己的很多心得。本书相关章节中的不同企业或行业的例子是依据 4 位作者所处的企业或行业列举的。

如果你是刚毕业的新人，建议你按照阶段进行阅读，这样更符合新人进阶的顺序，逻辑性更强，也便于你为今后可能遇到的问题提前做好准备；如果你已经有了一些外贸经验，但是又不是那么全面和系统，建议优先阅读自己欠缺的部分，再回过头来看其他内容，看看自己知道的内容和本书有哪些不同，本书的内容是否对你的知识体系进行了补充，也可以在遇到实际问题的时候，把本书作为工具书，查找相关的案例。

形成自己的知识库、构建自主体系、让自己有机会挤进金牌业务员行列只是新业务员成长坐标的一部分，我们相信勤勉、聪明的你完全有能力打破界限，不受阶段、内训内容的限制，飞速成长。同时，本书也可以帮助企业高管提升日常管理效率，让高管有更多精力进行企业战略方面的规划和其他方面的提升。

在本书的创作过程中，有几位伙伴给予了我们很大的支持和帮助，在此表示感谢。感谢《焦点视界》杂志编辑 Ruby，她认为 Lily 的投稿对外贸人士非常实用，建议把知识点总结成书，并把 Lily 推荐给了中国海关出版社有限公司的马超主任，才有了今天这本书；感谢马超主任，她具有很强的逻辑思维能力，专业、经验丰富，帮我们理清了全书框架，为我们提供了很多指导；感谢叶编辑，她非常细心地发现了很多细节错误并及时予以纠正，与我们积极互动；感谢 Sunny 在前期创作阶段，一口气读完了本书的大纲，有着 10 年工作经验的她，表示对很多地方有强烈共鸣，写作是她的强项，她给本书的前言、章节标题提出了非常有价值的建议；感谢 Jack 经常与 Lily 在线上线下讨论工作中遇到的实际问题，为本书的创作提供了很多新视角；感谢 Bob 对

---

① ODM：按照委托企业要求，由公司设计并生产产品，但是不使用本公司的品牌，也不负责销售。

本书的写作给予的鼓励，认为分清楚行业趋势和公司的发展趋势很重要，本书可以给中小出口企业带来正规、合理、高效的内训流程；感谢 Jeff，他之前在阿里巴巴工作，在如何帮助新人定位方面提出了自己的一些见解，给了我们很好的启发。

我们非常愿意和大家在实战中一起成长、进步，看到大家的学习成果，也愿意与读者积极互动。若你在阅读本书中遇到各种疑惑需要探讨，欢迎通过微信与我们联系，以下是作者的微信号：Lily（L396839091）、David Guo（EuroRacingWheels）、AmandaL（luckyamanda241025）、Nick（Nick_Yau）。

Lily

David Guo

AmandaL

Nick

2019 年 3 月

# 目 录
**CONTENTS**

I

了解你所在的行业
- 行业发展趋势
- "知己"也要"知彼"

定位和介绍公司
- 我们公司在定位中犯过的一些错误
- 怎样用PPT介绍公司

产品，不止于一些参数
- 业务员是否该参与新产品研发
- 了解公司的产品特点、工艺和价格以及影响成本的关键因素
- 了解产品的渠道：观展、B2B平台、B2C平台、客户网站
- 怎样提炼产品卖点

准确告诉客户产品的品质标准
- 掌握公司的产品检验标准和品质要求
- 如何看懂第三方或者客户验货报告

总让你去工厂（车间）看看，到底看什么　业务员需要懂生产吗

让你来做ISO质量管理体系审查
- 阅读公司的ISO标准文件，了解业务部运作流程
- 客户审核ISO质量管理体系，业务部怎样应对

考核规定的深刻理解和执行　深入理解影响绩效考核的各个要素

术语　　　外贸常见术语解析

人应该有的心态
- 怎样保持良好的心态
- 遇到瓶颈时，如何应对心态的变化

人的简易时间管理法
- 如何利用碎片化的时间
- 做好资料管理，不将时间浪费在找东西上

价表的制作
- 什么样的报价表能让客户满意
- 客户嫌价格高怎么办

及样品发票的制作
- 怎样制作样品发票及进行后续跟进
- 样品订单的制作流程和发货注意事项
- 形式发票范本

生产订单及怎样跟单
- 如何做生产订单
- 如何跟单

作
- 怎样利用人格魅力协调和处理各部门关系
- 怎样"利用"上级达成你的目标
- 领导赏识什么样的业务员

制
- 定制LOGO的流程和注意事项
- 定制纸箱的流程和注意事项
- 定制彩盒包材的流程和注意事项

- 怎样高效对接货代
- 出货流程

接财务　业务部熟悉付款方式，恰当对接财务部，控制客户付款风险

第一章

# 入职月

企业内训，带你迅速走出迷茫期

## 背景

新入职员工处在迷茫期，
必须通过内训打牢基础。

如果企业不具备正规的内训条件,员工自身可以依照本章每个小节后的"刻意练习"进行教练式的自我学习,迅速掌握行业信息,主动进入职业状态,令你的主管和老板眼前一亮。

# 第一节　充分了解你所在的行业

每个行业都有其特性,业务员应该了解行业发展的趋势,针对不同行业各个发展阶段制订不同的策略。所以,行业发展趋势是业务员入行必须了解的常识。你不仅要了解自己公司的情况,更应该深入研究和分析竞争对手的情况,做到知己知彼,在竞争中取胜!

## 行业发展趋势

无论你身处哪个行业,都要充分了解行业的发展历史和未来趋势,这样有助于你更好地从事相关工作。下面我以自己所在的行业为例给大家讲解。

我所在的是汽车零部件行业,我们公司主要做汽车零部件的设计、制造和出口,专注于汽车传动系统的单一部件领域,做垂直类技术型出口贸易。我们公司在汽车零部件行业摸爬滚打近20年。汽车零部件是中国机械产品出口的主力,但中国出口的零部件只是汽车整体部件中的一部分,是附加值较低的产品。

作为一个"70后",国际贸易专业毕业的外贸人,我经历了中国外贸行业30年的巨变以及3个主要阶段。

## 外贸行业发展的三个阶段

以下是我结合自身经历进行的总结。

**第一个阶段（1980~1990 年）：把外国东西运进来**

这是中国外贸最初级的阶段，这个阶段靠什么赚钱？靠双轨制。任何进出口货物都要有批文，有了批文你才能走下一步的海关手续。批文在哪里？都在国企和央企手上。如果民营企业想要做进出口业务，就必须跟这些国企、央企合作。说白了，就是用人家的"那张纸"来获取进出口权，完成进出口贸易。

这个阶段，出现了合资企业、外资企业，有了深圳、珠海、厦门等一大批对外贸易的窗口城市。

中国汽车零部件行业也是如此。有了进口汽车，就必须进口汽车零部件，最早期是 100% 进口国外的零部件产品，价格昂贵，进口周期长达 3 个月。

**第二个阶段（1990~2010 年）：民企把中国制造的廉价产品卖出去**

我们国家改革开放以后，经济大门打开，谁能赚到钱？胆子非常大的人。有句话是这样说的：所有的海外之路都是靠胆量和双手创造出来的，要冲出国门，走向世界。

这个阶段的出口贸易，一方面靠成本优势，只要能够以很低的价格做出产品来，并且找到一个国外的市场，就拼命生产，以成本和数量取胜。另一方面，在国内靠出口创汇政策拿到土地，形成产业优势。

这个阶段是国内仿制汽车零部件的"黄金时代"。各种车型，除发动机、变速箱、电子控制系统因为技术问题不能仿制外，其他塑料合成件、金属浇注件等零件的仿制品生产在中国遍地开花，打通了从仿制到出口的路径。

**第三个阶段（2011 年至今）：贸易形势——"如履薄冰，如坐针毡"**

这个阶段，世界经济衰退，互联网的发展打破了信息不对称的局面。进出口大客户的需求降低，尚存的一些大客户订单，利润也如纸一样薄；小客户全线崩溃，市场需求下降。

市场状况为什么这么艰难呢？2011年至今，互联网的信息交换方式带动了行业的转型，倒买倒卖赚差价的进出口贸易做不下去了，有规模的公司都在拼专利、拼技术、拼设计、拼品牌，外贸行业从2016年开始正在经历一个极为重要的转变时期。

还有一个原因，就是知识产权制度的普及。一些已经注册技术专利的公司纷纷向中国仿制厂家举起法律的大旗，各种产权纠纷案件纷至沓来，中国生产仿制品的厂家不是倒闭，就是偷偷地进行"地下"生产。所以，对于中国进出口企业来说，自主研发才是出路。

### 案例1-1 我们公司18年的经历

我们公司从2000年到2018年，走过了18年的外贸征程。市场从北京发展到迪拜，又从迪拜回到深圳和广州，再到上海，又从上海到欧洲，最后从欧洲到美国。

18年间，公司从不知名的行业后辈，到成为一匹黑马，最终领跑整个行业，经历了中国外贸的1.0时代、2.0时代、3.0时代。

2015年公司开始转型，从传统的OEM①企业，转型为进行自主研发、自主设计、自主销售的一家研发型公司，而不再是单纯的外贸公司。历经3年，公司对员工、老板的意识以及公司的客户订单质量进行了颠覆性的革命。2015年以后，公司的产品开发、客户开发、销售模式都发生了翻天覆地的变化，使用的主要手段包括以下几点。

（1）产品开发。

①每年参加行业主要展会，获得产品趋势市场信息；

---

① OEM：按原单位（品牌单位）委托合同进行产品开发和制造，用原单位商标，由原单位销售或经营的合作经营生产方式。

② 通过美国专利网站查询美国同类产品专利备案情况；

③ 购买已经申请专利的产品。

（2）客户开发。

① 谷歌（Google）搜索"关键词加国家名称"；

② 购买海关出口数据，进行关键词查询；

③ 参加主要展会，和客户交流主要产品，了解市场需求；

④ 实地拜访客户；

⑤ 使用社交媒体搜索客户。

（3）销售模式。

① 从拼价格向卖产品转变，熟悉产品的专利细节；

② 从抄袭别人转向自主研发，熟悉国外专利要求；

③ 从物美价廉转向物有所值，以市场为导向；

④ 从销售给大客户转向销售给高端公司，以质取胜。

分析：通过对产业、产品的深度了解，公司从产品倒卖公司转型为产品研发公司，从被动地拼价格到主动营销，让客户获知产品价值。

结论：从被动式的传统外贸营销，转变成以产品为导向，以实现客户价值为导向的主动式营销，做到产品有卖点，产品有专利，客户能获得高额的产品价值。

## "知己"也要"知彼"

提到同行，大家的第一反应通常是在市场上跟你厮杀，争个你死我活的竞争对手。事实并非完全如此。我们可以从一个乐观的角度来看待这个问题。同行其实是你最重要的信息来源之一，他们为你提供市场的最新动向，给你解决问题的灵感，分享很多产品以及市场的相关信息。如果你在贸易公司工作，工厂的同行也许会成为你的供应商。你想要跳槽的时候，甚至可以在你了解的优秀同行中寻找机会。我曾经面试过一个女孩，她说她在一个展会上看到过我们的展位，当时印象很深刻，后来开始密切关注我们公司的动态，等待机会。

从另一个角度来看，当你对竞争对手进行深入的研究和分析时，你将了解他们的特点、优势及弱点，以及他们在目标市场上的目标和策略。这些信息能够帮助你在争取客户的时候扬长避短，正确地彰显自身的优势。

当然，对比至少需要两方。如果你要去跟别人进行对比，第一件要完成的工作就是对自己有深入的了解。所以，了解、分析自己和同行是每个合格的、优秀的销售人员需要花长时间和大力气去做的最重要的功课之一，这也是我们能够在一个行业长久、健康发展的基石。

### 如何了解自己所在的公司

在很多情况下，我们一直想方设法去分析别人的企业，但是对于离我们最近的，我们为之工作的地方，我们又了解多少？

非常遗憾，在外贸这个行业，大部分企业都是中小型企业。所以能够提供入职培训的企业少之又少，提供产品、销售培训的更是凤毛麟角。在大多数情况下，我们只能依靠自己和互联网完成自我培训。

如何在入职后迅速了解自己的企业和产品呢？你可以试试以下三个途径。

**公司网站、B2B 平台、宣传画册、社交平台等**

这些都是公司最重要的对外窗口，可以凭此看到公司是以哪种宣传方式让潜在客户了解自己的。查阅信息时，要随时做记录，具体内容可以参照第11 页的表 1–1。

**到工厂、产品线去了解每一个生产环节**

如果你所在的企业有工厂，那么，恭喜你！你会比很多同行更有优势，能够快速地学习和理解产品的生产过程。在学习的过程中，一定不要忘记记录每一道工序的特点、容易产生的问题和解决方法。这些会成为你和客户交流的非常宝贵的优势。

**与领导和同事交流**

领导和不少同事有丰富的工作经验，你可以虚心向他们请教你在学习过程中遇到的问题和你的解决思路是否正确。记住，能通过百度或谷歌搜索到结果的问题不要张口去问，每个人的时间都很宝贵。

---

### 敲黑板

刚迈出校门的职场新人，需要尽快摆脱学校的学习方式。在社会中，不会有人像学校里的老师那样教导我们怎样去学习和学习什么。这个时候，需要我们摆正心态，朝着自己的目标来独立自主地寻求答案。

---

### 什么是同行

同行是指和你所在的公司身处同一行业的其他企业，范围包含你的竞争对手。对同行的研究，能够使你了解你所在的行业的整体状况，包括行业趋势、价格情况、产品形态、核心技术等。

### 什么是竞争对手

在同一个目标市场内，和你所在的公司销售相同或相似产品，能够完全取代你们、争取到你们的目标客户的同行，可以被定义为你们的直接竞争对手。举个例子，Wi-Fi 智能音箱供应商和蓝牙智能音箱供应商就是直接竞争对手关系。对客户来说，它们是二选一的关系。

提供的产品与你们的不相似却能替代你们的产品的公司被视为间接竞争对手。间接竞争关系可以存在在两个看起来完全不相同，却能够互相替代的产品之间，但是这种竞争对手很容易被忽略。例如，形态差异看似很大的框架眼镜供应商与隐形眼镜供应商就是间接的竞争对手。

了解竞争对手的意义在于当你面对客户的时候，能够制订清晰的销售策略，做到有的放矢。

本书提到的同行和竞争对手，主要讨论的还是直接竞争对手。

### 需要分析所有的同行吗

大多数人都处于竞争激烈的行业之中。将每一个同行分析一遍，是一件几乎不可能完成的任务。特别是对于刚入行的人来说，其首要任务是迅速了解行业概况。那么，我们不如先将一部分表现突出的、优秀的同行作为首要了解对象，走出同行分析的第一步。

在分析同行的过程中，你会逐步了解哪些同行是你的主要竞争对手。

当然，对同行和竞争对手的研究是一项一旦开始就不会停止的工作。所以，从现在开始就养成良好的习惯和培养积极的心态，会对你的职业生涯有深远的影响。

### 如何了解竞争对手

**第一步，建立主要竞争对手名单**

（1）先从所在公司的营销方式入手。

我们公司是一家做智能家居系统的企业，我们的营销方式主要是通过线下的展会、线上的 B2B（企业对企业）平台以及一些社交平台进行推广。那么，我们会从公司打算参加的展会入手，查找参展商信息，找到和我们一样做智能家居系统的企业，然后逐一进行了解和分析。这么做的好处在于，我们将与对手在同一个战场交战，在了解对手的情况下，当遇到对口的客户时，我们更清楚如何凸显独特的竞争力。同理，如果我们公司只有 B2B 平台这一个推广渠道，那么我会在平台上利用产品关键词搜索，对排名靠前的企业进行梳理。当然，排名靠前的企业不一定是非常优秀的企业，但是至少在关键词竞争上面，他们有值得我们学习的地方。

（2）向领导和同事了解竞争对手的情况。

这是最快速和准确的方式。除了销售部门的同事外，研发、采购、生产等部门的同事，也有可能掌握这些信息。

（3）使用谷歌关键词搜索同类产品的供应商。

关于使用谷歌搜索的有效方式，我是从一个外贸前辈的一篇文章——"Google 搜索从入门到精通"了解到的。这篇文章教授的方法可以让你搜索的效率至少提高 10 倍，更快地找到符合自己预期的结果。

（4）如果可能的话，了解一下海关数据，目标客户的供应商，就是你们最直接的竞争对手。

（5）参加一些行业协会或者论坛。

**第二步，建立竞争对手档案（对所在企业建立档案同样适用）**

了解竞争对手，很多时候就是为了让我们在竞争同一个市场的客户的时候，做到知己知彼。所以，档案越详细，对他们了解得越多，在跟客户谈判的时候，你就越能掌控局面。

竞争对手档案可以分成以下几个部分（见表 1–1），分别是基本信息、营销信息、研发实力、主要产品及特点和价格区间、工厂信息、客户名单、供应商名单。

表 1-1　竞争对手档案

| Basic | | | |
|---|---|---|---|
| Company Name | | Year Founded | |
| Company Type | | Company Size | |
| Address | | Website | |
| Factory Address | | Capacity | |
| Marketing | | | |
| Products Features & Spec | | Pricing Structure | |
| Business Mode | | Target Market | |
| Marketing Strategy | | | |
| Product Development | | | |
| Major Products, Features & Pricing | | | |
| Factory Information | | | |
| Customer List | | | |
| Supplier List | | | |

**第三步，分析**

当你收集完一定数量的供应商资料之后，你要学习的是如何分析。这时，一般我会问自己以下问题：

谁是我们 Top 3 的竞争对手？

他们的目标市场是否与我们完全相同？

他们在客户面前的优势是什么？

他们在客户面前的劣势是什么？

我们公司跟他们相比，最大的不同是什么？

他们的市场策略是什么？

他们的价格体系是什么样的？

他们的产品质量怎么样？

跟他们相比，我们的优势和劣势是什么？

一开始让你去分析这些问题可能会比较困难，但是你可以通过长时间的积累，了解了竞争对手之后，再尝试回答上述问题。

**敲黑板**

俗语说：最了解你的是你的对手。如果我们能够认真地对同行进行分析，就很容易发现自己所在公司的优缺点，充分利用这些优缺点，扬长避短，我们的成功率就会大大提升。

**刻意练习**

1. 找自己的同事、亲人或者朋友，介绍自己所处的行业，观察他人的反应，看你的行业是否具有吸引力，你对该行业的描述是否清晰透彻。收集 10 个人以上的意见，再整理、补充行业知识。

2. 与同事相互挑选任何一个同行公司。你们需要做的是分别准确描述挑选出的同行和自己所在公司分别有哪些优势、劣势，随意挑选同行的特色产品，辨认品牌并描述产品特性。

## 第二节　如何定位和介绍公司

市场定位、目标客户的选择、人员配置、产品的选择都直接影响公司的长远发展，而错误的定位会带来致命的影响。希望我们公司在定位时犯过的一些错误能引起大家的反思。准确定位以后，你深知公司的优势、劣势，应该用更专业的 PPT（演示文稿）把公司介绍给客户，给客户留下深刻印象。

# 我们公司在定位中犯过的一些错误

目前，我们公司处于一个特殊的转型期，正在从传统外贸公司转型为以产品技术和建立自己的零售渠道为导向的新型外贸公司。我们公司的主要产品为自主研发的、具有世界专利技术的产品，同时在国外建有自己的分销公司，搭建了自己的零售通道。

目前，整个行业都处于一个特殊的转型时期，从信息不对称和地域差异大、拼价格、野蛮生长的信息闭塞时代，进入拼技术、拼质量、拼产品的信息公开时代，我们需要更加清楚地认识自己公司的状况，不要贪恋于以前的成功，时代不同，应对的方法也不同。下面我将介绍一下我们公司所犯过的一些错误，供大家参考学习。

## 我们公司在定位时犯过的 4 个重大错误

回首过去的 18 年，我和大家分享下我们公司定位时犯过的 4 个重大错误。

### 市场定位错误——忽视知识产权概念，定位仿制产品市场

我们公司是 2000 年从中东和非洲市场起家的，基本上是从仿制品牌产品开始的。由于那段时间各大品牌厂家忽略了中东和非洲市场，因此我们的产品有利可图，特别是冒牌和仿制的产品，销售非常火爆，供不应求。2010 年以后，公司时不时地会收到知识产权诉讼通知，我们才知道仿制之道已经到了穷途末路，如果不转型就要承担高额的侵权罚款，最后只能选择破产关门，所以转型已经迫在眉睫。

## 案例 1-2　第一次被要求"撤展"

2007 年，公司第一次到美国参加全美汽车零部件展览会，我们当时带了一些样品。由于对知识产权不了解，在这次展会上，我们被其他公司告知侵权，他们到我们的展位调查后，直接以法律文件的形式通知了会务组。展会会务组通告我们侵犯了某公司同类产品的知识产权，对方律师要求我们立刻撤离展位，同时保证不再展示同类产品。展会总共 3 天，我们第 2 天就撤走了，而且公司连续 3 年不能参加这个展会。

不懂法律，不懂知识产权，不但给我们带来了高额的损失，还导致我们所有的产品线都要重新梳理、重新定位，市场营销计划和产品开发不得不重新规划，浪费了大量的人力、物力、时间和金钱，这个教训让我们永生难忘。

**客户定位错误——鸡蛋不能放在一个篮子里**

我们公司以前以大客户、大订单为主导方向。在 2008 年的全球金融风暴中，大客户纷纷倒下，我们给工厂的订单因为不能取消，只能硬着头皮做完。结果产生大量的库存，公司的流动资金全部变成了产品库存，公司因此背上了沉重的包袱。为了盘活流动资金，我们跌跌撞撞走过了 3 年的负债期，把几个大客户的产品资源分解为几十个中小客户资源，终于在 2011 年扭亏为盈。

## 案例 1-3　迪拜的 3 个大客户

2003 年，我们公司定位的主要目标是迪拜市场的 3 个大客户。他们垄断了迪拜 80% 的市场份额，订单大得让你做不完。经过了 5 年的蜜月期和同步发展期，到了 2008 年，全球金融风暴到来，我们 3 个大客户的资金链条出现问题，拖欠我们公司 150 多万美元的巨额货款。在漫长的 3 年追讨债务的时间里，我们几乎耗尽了所有的人力和物力，最后终于完成了 90% 的收款。从这以后，公司调整了方向，大客户只选择信誉好、付款记录好的，慢慢收缩放账类的客户比例。公司的客户比例变为 20% 的大客户和 80% 的中小客户，让现金流客户成为公司主力客户群体。

分析：把大客户资源尽可能分解为中小客户，不要把鸡蛋放在一个篮子里。

**人员定位错误——拔苗助长式的人员整合**

在经济低迷期，由于公司急于获得订单，因此高薪聘请销售"空降兵"和外援。结果造成新老员工在公司文化中无法相互融合的问题，新员工和老员工皆不满意，纷纷离职。最后可以说是"鸡飞蛋打"，公司只能重新培养员工，慢慢稳住人心。

### 案例 1-4 "空降"人才带来的管理困境

2006 年，公司为了上一个台阶，希望有更多优秀的人才加入，就通过猎头公司，挖来了几个业务骨干。由于公司正在从一个制造型工厂转变成技术型外贸公司，新老员工形成了各自独立的企业文化。

"空降"的优秀人才，没有办法融入公司现有的管理体制，新老员工之间存在理念差异。这种局面的负面结果是不但没有将公司带上一个台阶，还使公司形成了两个派系。最后，公司不得不以牺牲外援来换取稳定，造成大量的时间和财力上的损失。

### 产品定位错误——头脑简单地被动接单生产

曾经，我们公司以传统外贸公司"接单—生产—出货"的简单模式开展业务，结果在几次大的展会上由于侵权被其他公司警告，被罚款、清场，公司损失了巨大的模具生产成本和市场开发成本。最后，为了长远发展，从2014年起，我们公司确立了以自主研发产品为主的发展路线，才稳住了在行业的一席之地。

中国的外贸企业都是从传统的加工型企业发展起来的。加工型企业就是你给我什么，我就做什么，自己不去总结和升级产品，处于一种被动的填鸭式作业模式中，我们以前也是如此。从2007年的展会侵权事件开始，我们总结了自身的问题，逐步明白产品需要不断研发才能产生竞争力。后来，我们每年都花大量的时间和金钱投入对产品的研究和开发，慢慢摸索出了自己的发展路线，不再采取闭门造车的经营策略。

### 📋 案例 1-5 "血本无归"的俄罗斯订单

我们在2003年年底接到一个俄罗斯客户的订单，是关于苏联时期的拉达车型的，客户支付了35%的订金。几个月后我们生产好了，等待客户的发货通知。当时俄罗斯货币对美元有超过50%以上的贬值，结果客户弃货。接这个订单的时候，我们没有考虑到俄罗斯市场的车型在全世界只有俄罗斯使用，这一批零件积压两年后，按照废旧金属回收处理，价格只有订单价格的10%，公司血本无归。

分析：如果当初多思考一下，少接一点俄罗斯特殊车型的订单，或多收一点订金，起码不会有这么大的损失。

结论：如果当初不盲目地被动接单，而是对所接订单进行风险评估，深入了解订单的特殊性以及汇率的波动性等潜在风险因素，我们就不会如此被动，导致巨额损失。

**刻意
练习**

对比上述案例，思考一下自己公司身处哪种状况，是否曾发生或正在发生类似情况。

**敲黑板**

成功是不易复制的，但错误是可以避免的。我们可以参考一些失败的案例，对比一下公司现在的情况，找准公司定位。

## 怎样用 PPT 介绍公司

不管是演讲、培训、大型活动还是新产品发布会、商业计划书展示，几乎都会用到 PPT，它直观、更有效、说服力更强。作为外贸从业人员，我们也经常会用 PPT 去展示公司实力或者推广新产品，又或者是提供方案、介绍项目等。如何做一个专业的 PPT，让听众理解和产生共鸣，从而更加清晰地传达你的思想？这一章我们将介绍如何避免 PPT 中的一些忌讳，以及在实际案例中去体会做 PPT 的一些要点。

### 用 PPT 介绍公司的几个关键问题

**在什么场景下可以用 PPT 介绍公司**

（1）客户来公司拜访；

（2）在展会上，有不同类型的客户或者预约面谈的客户想了解公司情况；

（3）我们去拜访客户；

（4）给客户提供解决方案，介绍项目。

### PPT 最忌讳什么

（1）文字大量堆叠在一起，看着特别累。

解决办法：把文字内容图形化。多用示意图、表格等更加直观的形式表达。尽量做到字少图多，内容简洁而重点突出，文字只需提炼关键性的词语或者短句，而不是你要说的每句话。

（2）布局混乱，无逻辑性，没有结构，没有目录。

解决办法：在做 PPT 之前把思路整理清楚，把关键点都罗列出来，在 PPT 中插入目录页。同时，PPT 每页的主标题、副标题的层级要明了，不同层级的内容用不同的字号、字体表示，让人一眼就能看到重点。每一页突出一个中心思想。

（3）PPT 太花哨，动画效果太多。

解决办法：采用统一的配色和字体（可以在一些配色网站，如 http：//www.peise.net，免费下载配色方案），以及选用专业的 PPT 模板（如在"包图网"免费下载 PPT 模板）。如果公司有自己的平面设计师，可以让其按照公司的品牌元素设计自有风格的 PPT 模板。PPT 的动画效果最多不要超过 3 种。

（4）观众看不清内容或看着不舒服（字号过小或背景颜色太深）。

解决办法：使用最安全的字体，中文字体用微软雅黑，英文字体用 Arial。可以事先在不同场景和屏幕上放映看效果，对字体大小进行相应调整，美化排版，比如并列结构的间距要相同，该对齐的地方要对齐，内容与内容之间要有足够的空隙等。

（5）太多专业术语，导致有些人听不懂。

解决办法：在制作 PPT 的时候，一定要注意易读性，内容要易理解。你需要考虑听众的感受，尽量少用专业术语，以免听众不理解。如果非要使用，请一定要解释清楚，也可以进行举例说明。

（6）演讲人没有充分准备，对着 PPT 上的文字照本宣科，不知道严格把控时间，演讲时无停顿，与听众无互动。

解决办法：提前按照规定的时间，找同事反复练习，做到对整个PPT的讲解非常熟练。在演讲过程中保持微笑，激情饱满地自如串讲，融入一些自己的思想，包括对行业的理解、对客户的感受、对现状的描述、对未来的期望。讲解每页重点内容时要稍做停顿，在演讲过程中始终保持与听众的目光接触，并留相应的时间和观众互动。一定要从听众的角度去考虑你讲的内容是否是他们想听的，哪些地方他们可能会有疑问，提前准备预案。

**演讲者成功演示PPT时的要领是什么**

（1）分析你的听众。

了解听众的背景、立场和兴趣点，对吸引听众的注意力非常重要。我们可以通过了解这些信息去穿插一些比喻，让演讲变得更加生动。

（2）写下完整的演讲词。

① 把你想说的写下来；

② 把你写的背下来；

③ 按你的理解去讲。

需要注意的是，我们不能生硬地背演讲词，这样听众会感到索然无味，而且一旦忘词会非常尴尬。我们可以在PPT里加上一些文字提示，一方面可以把我们要展示的内容展示得清晰，另一方面也可以对我们的演讲起到提示作用。

（3）开场白和结束语。

标准开场白的结构：礼貌的欢迎词—自我介绍—意图—过程框架图。

结束语的几种功能：

① 展示礼仪，留下联系方式，让别人能找到你。

② 号召的功能，比如产品发布会可能会直接号召消费者购买。

③ 提示的功能，告诉你接下来该干什么。

④ 宣告结论，有些时候，我们是为了解决某个问题而进行PPT演示，这

就需要在最后把你得出的结论展示出来。

⑤ 回顾的作用，比如培训或者内容比较多的PPT，最后一页要把知识点串起来，带领观众回顾一下。

## 案例 1-6　我们公司的宣传 PPT

PPT 是我们和客户面谈的时候，展示公司实力的最有力工具。针对不同类型的客户制作的 PPT 也不一样。在做 PPT 之前一定要对客户进行分析，比如与这个客户的合作形式是什么，不同的合作形式会使 PPT 的排序或者强调的重点变得不一样。如果客户买的是你们自主品牌的产品，你在PPT 中更多地要展示自主品牌的知名度以及推广能力，比如通过展会、杂志、广告推广等。如果客户与你们合作的是自主研发的定制产品，那么你应该更多地强调公司的研发能力、品质管控和生产能力。以下是我们公司的宣传 PPT 的内容提纲。

（1）PPT 首页是我们公司的标识（LOGO）和理念，以及公司服务的对象，比如我们主要服务于全世界知名的客户（如图 1-1）。

图 1-1　公司的 LOGO 和理念

（2）整体框架，也就是目录页。让听众一目了然地知道整个 PPT 要讲述哪些内容（如图 1-2）。

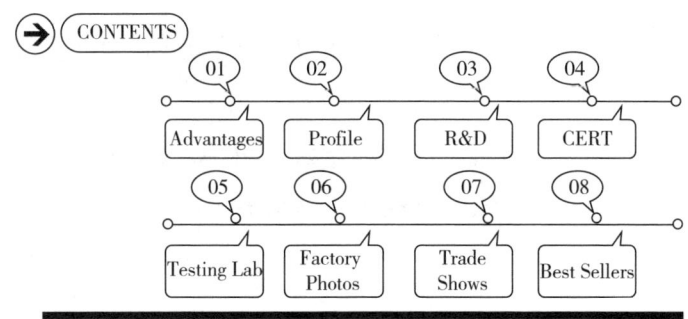

**图 1-2　目录页**

（3）公司的获奖情况。展示经营业绩或一些专利，以及特别重要的证书，凸显公司实力。

（4）介绍公司优势。这一部分是最重要的，必须放在 PPT 的前面，而且你要知道公司的核心竞争力是什么，这需要你对同行和公司自身实力有深入的对比分析。展示的内容要有说服力，并能得到客户认同，比如可以参照图 1-3 或从①～④中选取几个方面进行介绍，也可直接做和竞争对手的对比图。

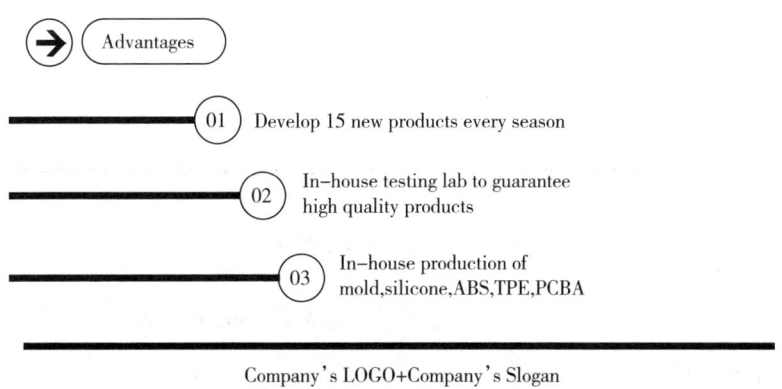

**图 1-3　公司的优势**

① 合作过 300 个 ODM 项目、400 个 OEM 项目，用数字体现我们合作过大量的客户，拥有非常丰富的经验。

② 拥有自主研发团队，可以将研发新产品的速度从行业内的 45 天缩短到 30 天。

③ 设计、研发、开模、成品线路板（PCBA）生产等流程全部自主完成，提供一站式服务，价格更有竞争力，产品保密性更好，交货期更短。

④ 合作形式多样，拥有 OEM、ODM、自主品牌 3 种合作形式。

（5）公司发展历程介绍，包括企业文化、公司规模、产能表、人员配置（特别是工程师、设计师、质量管理人员）、市场份额和近年来市场销售情况汇报，以及公司未来的规划（如图 1-4）。

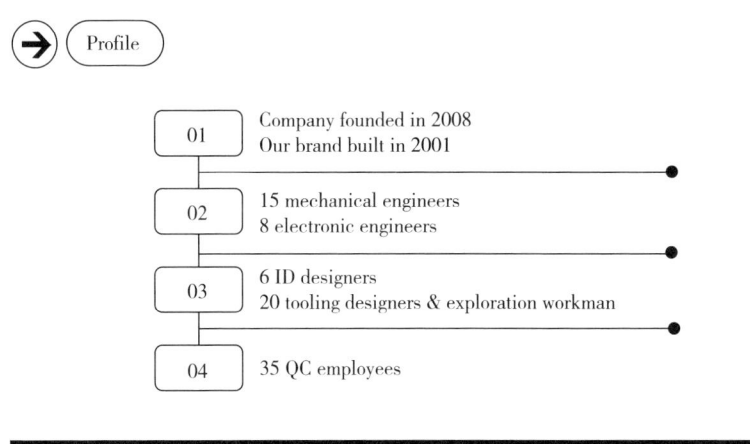

Company's LOGO+Company's Slogan

**图 1-4  公司的发展历程**

（6）公司的研发（R&D）流程图。让客户清楚地了解我们研发一个新产品的流程，可以举例说明。

（7）VIP 定制服务（包括产品外观、性能、包材等）。

（8）设计团队介绍，突出设计能力。

（9）质量管理（QC）方法，展示我们怎么控制品质（如图 1-5）。

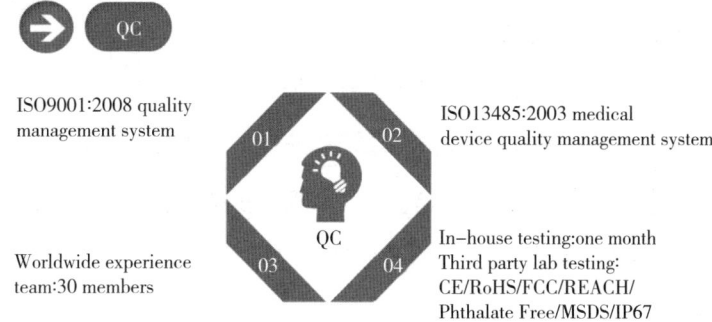

图 1-5　品质控制

（10）测试项目，含公司实验室测试的内容和测试夹具图片，包括外发测试的一些证书（如图 1-6）。

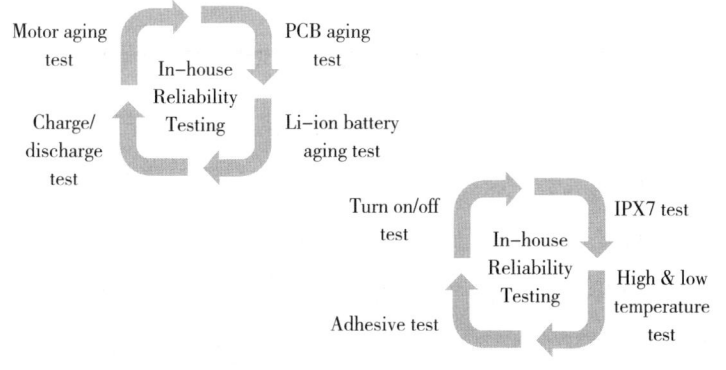

图 1-6　测试项目

（11）售后服务流程。

（12）工厂图。工厂尽量统一服装，做到形象统一，如果有企业宣传视频资料更佳。

（13）公司展会图片。体现公司的品牌推广力度，公司接下来一年内会去参展的一些行程安排。

（14）公司产品线介绍，包括产品性能、特色、工艺。

（15）热卖产品和新品推荐，卖点展示或产品解决方案呈现。

（16）我们的市场开发策略。比如新品区域独家包销，单品全世界独家代理，品牌整体线国家区域独家代理；共同研发新产品，分摊研发模具费用等策略。

（17）证书展示。证明我们的产品符合各个国家的法律法规要求。

## 敲黑板

一个成功的 PPT，除了内容清晰、素材吸引人之外，演讲者的演讲技巧、控场能力也是非常重要的。

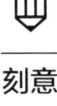

**刻意练习**

多观看一些大型发布会的幻灯片。发布会的 PPT 背后有一整个设计团队在参与执行，每一张效果图，每一段视频和动画都是高质量的，不论是设计水准还是审美要求都很高，非常具有参考价值，对于提高我们对 PPT 的认识也极为有用。然后自己动手做介绍你们公司的 PPT，并且邀请你的同事或者领导当听众，让他们对你演示的 PPT 给出建议，不断改进，反复练习。

# 第三节　熟悉产品，不止于一些参数

很多人以为知道了产品的参数就能与客户进行专业的对话、深度的探讨。实际上，熟悉产品，不仅要了解产品的参数，更应该深入参与新产品研发的整个过程，了解产品的特点、工艺、价格以及影响成本的关键因素，通过不同渠道展示产品，提炼产品的卖点。做到这些，才能被客户称为懂产品的专业销售人员。

## 业务员是否该参与新产品研发

越来越激烈的竞争，对外贸业务员提出了更高的综合素质要求。如今，你不仅仅要做销售工作，可能也需要参与市场工作（很多中小企业没有专业的市场部门）；不仅要懂产品参数、产品卖点、生产工艺、检验标准，也要懂基本的审美标准，能积极参与新产品的调研和设计，知道怎么评估产品的好坏。毕竟新产品的研发直接影响外贸业务员的业绩。那么，扪心自问，作为业务员的你为新产品的研发贡献过什么？或者你是否争取了参与新产品研发的权利？

### 常见现象

**业务员经常抱怨："我们公司的产品同质化太严重，没有什么新产品！"**

虽然说新产品的研发与公司的整体实力、老板的眼光、研发投入有直接的关系，但是公司没有研发出合适的新产品，其实业务部门也有相当一部分责任。试想研发设计师都不懂英文，天天闭门造车，怎么可能研发出好的新产品？业务员天天联系客户，熟悉市场，拥有第一手资料，但没有把这些有用的信息消化吸收，提交给公司的研发设计人员，又有什么资格去抱怨公司产品同质化严重，没有新产品呢？

**传统中小企业的新产品是老板一拍脑袋想出来的**

这些企业的新产品开发缺乏客观依据，仅凭经验主义很危险，没有形成较为有效、完整的系统化思维和客观准确的新品研发方向。

随着消费者对产品品质、体验提出了越来越高的要求，市场行情从之前的营销为王逐渐变为现在的以产品为中心、强调工匠精神。随着大数据时代的到来，B2C（企业对消费者）模式的快速发展，供货商和消费者距离越来越近的接触，使我们对产品的理解更加深刻，再加上有客观数据的支撑，新产品不再像之前那样被盲目开发。有些业务员会说我们公司属于中小企业，不像大公司那样有大数据统计工具、软件或者一些付费行业报告，那我们是否也可以力所能及地做些什么去让研发出来的新产品更加趋向于满足客户需求呢？也许你能做到下面介绍的这些事情。

（1）树立一种意识，就是参与新产品研发是外贸业务员的权利，也是责任。

（2）把客户的一些反馈信息定期汇总，比如一个月、一个季度、半年一次地提交给上级或者设计研发部门。

（3）收集展会上客户最直接的反馈或者在现场做一些问卷调查，收集更多反馈。展会官网上的一些行业报告要及时汇总后立即反馈给公司内部相关人员。

（4）做行业竞品分析，收集竞争对手的新品、热销品，并列出其特点，汇总后向上级汇报。

（5）收集行业知名品牌和具有影响力的品牌的新品和热销品，随时关注其动态，汇总后向上级汇报。

（6）通过谷歌趋势（Google trend）和关键词收集，整理出市场上热度最高的、搜索排名靠前的产品，汇总后向上级汇报。

（7）收集一些付费的 B2B 平台，比如中国制造网或者阿里巴巴等的热门搜索词和询盘高频产品。

（8）不定期邀请客户填写一些调查问卷，汇总客户反馈意见。

（9）在年中或年底进行销售汇总工作。把销量最高的产品分市场进行汇总，得出产品热卖排行，公布给设计研发部门，让他们更清楚哪些产品好卖。

（10）公司应该鼓励外贸业务员参与新产品的研发，设立奖励机制或者提供优先销售权等。

## 新产品开发过程

我们之前有个美国客户，在这里暂时称为 KM。虽然其之前在我们的周边行业是知名品牌，和我们行业中的公司有很多共同客户，但是对它来说，我们行业是全新的。KM 在筛选供应商的时候，看中的不仅仅是工厂的综合实力、质量把控程度、新产品研发能力、交货是否及时、价格是否有竞争力等，还有相关的业务员是否能成为他们的咨询顾问，是否是专业性很强的人，不会让他们迷失方向。当时，我充当了整个项目的负责人，对客户进行引导式、咨询顾问式的服务，让客户对整个项目非常有信心。我们现在不仅仅是帮客户代加工，更多的是参与客户品牌规划的整个过程。就拿与 KM 的整个合作过程来说，从前期市场调研到品牌规划立项我们都参与了。

首先，KM 的专长是品牌设计，他们之前的品牌已经有 40 多年历史了，是行业知名品牌。对于新做一个品牌，他们有详细的规划，我们只需要读懂整个品牌的设计理念，并融会贯通到新产品的设计理念中去即可。新产品设计客户不懂，我们将主导整个项目进展。这个时候我给客户提供了以下资料。

**合作流程**

因为 KM 与我们是第一次合作，我们需要清晰明了地指出合作的流程，让客户知道什么时候要做什么事情（见表 1-2）。

表 1-2 ODM 合作流程

| ODM 合作流程 | |
|---|---|
| 1 | 签订保密协议（NDA） |
| 2 | 签订合作合同 |
| 3 | 提供需求表、3D 图纸 |
| 4 | 设计费报价 |
| 5 | 设计产品 |
| 6 | 模具费、手板费报价 |
| 7 | 打功能手板 |
| 8 | 开模具 |
| 9 | 小批量试产 |
| 10 | 实验室测试 |
| 11 | 批量生产 |
| 12 | 第一个订单交货 |

**产品品类**

通过"谷歌趋势"和关键词搜索，我们列了一份产品的关键词搜索排名给客户。让客户明白我们行业哪些细分品类是热门，把产品的基本品类确定下来。

**我们公司的热销产品**

我汇总了 3 年内我们公司排名前 10 的热销产品清单，并标注出年销量（含产品价格），列出热销的国家。让客户明白在实际销售过程中，哪些产品适合哪些国家，哪个区间的价格最受欢迎。

**同行知名品牌竞品分析**

具体可查看表 1-3（以我们公司的美容按摩产品为例，仅供参考）。这不仅仅能让这个外行的客户快速了解我们行业，少走很多弯路，也方便我们和客户一起探讨哪些产品功能是能实现的，哪些品牌的产品有哪些特色，我们怎么定位他们新品牌的差异化。

表1-3　同行知名品牌竞品分析表

| 客户名称 | 网站 | 典型特色产品（图片或者参数描述） | 公司特色 |
|---|---|---|---|
| L | www.　　.com | 外观精致、漂亮；种类比较少，但都是精品；产品按键风格统一；电镀件手柄呈O形；礼品用高端包材；每个产品配置展架、专柜，10年质保属行业首创；每个产品配有国外视频；产品只做自主品牌。 | 定位为瑞士奢侈品品牌，顶级水平的设计师超过100人，位列行业第一。市场做得非常成功，他们的销售模式主要是靠实体店、药店、Homeparty①，卖给分销商的比较少，对价格的控制非常严格，也非常到位，所有产品价格统一。 |
| S | www.　　.com | 绿色叶子系列，主打环保概念。 | 加拿大知名品牌，产品有整体的设计；按照系列建立新品牌，有主打男性的，也有主打环保材质的和年轻的。 |
| W | www.　　.com | 新品带手机软件（APP），有功能专利；包装采用独特的水墨效果，是独创的。 | 每款产品几乎都有专利，是领跑行业的技术创新型企业；产品多采取迭代方式。 |
| Z | www.　　.com | 产品设计为天鹅形状，但瓣开关为公司特色主打产品。 | 韩国品牌，设计非常简洁、美观。 |
| F | www.　　.com | 磁扣充电技术为专利技术。 | 德国品牌，在技术方面经常有创新。 |
| T | www.　　.com | 特殊的柔软硅胶材质，比我们正常的硅胶软1倍。 | 日本企业，产品材质特殊，很多国内工厂没法生产。 |

　　通过上面两个表格，我们和这个美国客户的团队一起基本确定了品牌的定位，比如它之前的品牌定位是中高端市场，新品牌延续了之前的定位。然后，通过我们双方的一系列配套的调研工作确定了消费群体。新

---

① Homeparty：通过专业顾问、零售和家庭聚会等独特的体验式营销手段进行产品销售的形式。

品牌和 KM 之前的其他品牌有很高的客户重合度，为了能充分利用该客户已有的资源，客户继续选用了 18~35 岁的偏年轻消费者作为主消费群体。通过倒推热销产品的零售价格，我们定位出了最热卖产品的批发价格——15~18 美元。通过这样的讨论，我们对新产品的定位越来越清晰，这时，可以让客户填写表 1-4。

表 1-4　新品需求调查表（New product demand questionnaire）

| Please provide a URL of a reference product to us to evaluate. Or please provide the product specification. | Wordwide exclusive or only exclusive in USA? | Please clarify if the prototype is with/without functions. |
|---|---|---|
| How long is the estimated working hours？How long is the estimated charging time? | Material requirements，ABS，Silicone or other? Give us one sample. | Rechargeable or battery? |
| Button requirements. Do you need button with LED light? | CE/waste-bin location and size. | Location of DC hole? Color changing LED light?LED light stays on after charging completed? |
| Target Price. | Product dimension.Or provide a sample for reference. | How many Functions? Motors? How powerful motor? |
| LOGO location and size. | Adapter：USA?AUS? EURO？USB or Wall plugs？Or magnetic charger? | Waterproof or splash-proof? |
| Patone No.or provide a sample to us. | Flexible or pressure？Heating Tongue function or any other special function？ | How many years warranty you need? |

通过这个表格，我们更加精准地了解了客户对新产品的设计需求，通过设计研发部门一个多月的努力，初步设计图稿终于出炉了。我们进行了产品的内部评审。通过几年的经验积累，我们对新产品的评审已经有自己系统、客观的标准了（见表 1-5）。

表 1-5　评审产品好坏的核心参数

| 评审产品好坏的核心参数 | |
| --- | --- |
| 是否满足目标价格 | 是否符合消费群体定位 |
| 功能是否能实现 | 结构评估，工艺是否合理 |
| 材质舒适度 | 外观是否符合品牌理念 |
| 产品的稀缺性 | 操作难易程度 |
| 安全性 | 趣味性 |
| 携带方便程度 | 清洗的难易程度 |
| 产品的系列感 | 售后支持，比如配套展架 |

　　内部评审由设计部主导，业务部、研发部、品质部、生产部和总经理参与，最终每个部门针对核心参数进行评分，比如操作难易程度，我们要求评审人员不看说明书，拿着手板进行自主操作去感受产品的操作。通过了内部评审后，业务部把评审结果翻译成英文发给客户，并且提交整个设计方案，解释设计的灵感来源和元素选取的原因，列举竞品对比情况等。然后通过网络电话与 KM 的团队沟通，一起进行评审，帮他们解除一些疑虑。经过几轮的讨论，产品的最终设计稿确定下来，进入了下一个流程：打手板和模具开发。

　　整个流程合作下来，虽然花费了双方很多的时间和精力，但是客户非常感激我们的主动引导和参与整个品牌的策划。在我们的专业带领下，特别是业务部对整个新品研发过程的参与，让整个项目进展得非常顺利，最终双方建立了长期合作关系。

刻意
练习

找机会让业务部参与公司的新品研发、研讨过程，制订符合你们公司的产品评估标准；引导式地、主动深入地和客户进行品牌战略讨论，制订出整套规划案。

# 了解公司的产品特点、工艺和价格以及影响成本的关键因素

## 了解产品特点、工艺

对产品的熟悉，不应停留在报价上，应该从以下4个方面入手：

（1）材料要求：原材料、加工辅料是什么成分？有哪些标准、要求？

（2）设计工艺：产品的设计原理和制造工艺是什么？

（3）工作原理：合格产品是如何工作、如何装配的？

（4）综合成本：成本由几个部分组成？每个部分的比例是什么？

## 产品展会报价策略

我们在所有展会上给来展位的客户介绍产品的顺序是：材料—工艺—原理—成本，而不是简单地给一个报价。任何一个客户来问价，我们首先会询问客户对上面提到的4个方面的要求，再根据客户的需求来定价。遇到带着同类产品来的客户，我们基本上不报价，因为同质化的产品，价格的上限已经确定了。通常对于同质化的产品，我们会主动询问客户的目标采购价格，根据目标采购价格来计算我们自己的成本和利润空间，得出是否可以接单的最终结论。

### 介绍产品的顺序

（1）材料：原材料为铝 A365.0（美国铝合金牌号），加工辅料为硅、锶、镍。

（2）工艺：铸造、低压、重力、旋压、数控车床、涂装。

（3）原理：汽车的传动装置（和动力装置配合的装置）。

（4）成本 = 原料价格 + 制造工艺的难易程度 + 合理利润。

每个业务员要从里到外，由浅入深地了解产品，至少达到助理工程师的水平才能上岗，否则你连和客户对话的机会都没有。

## 📋 案例 1-7  我们公司的产品技术分析

2010 年，我们公司到德国参展，展会上来的都是专业客户。我们的几个新业务员和客户到了直接对话阶段就卡壳了，原因是客户问了产品的工艺、原材料、加工原理。几个刚入职几个月的业务员，和有十几年行业经验的客户对话，怎么可能水平一致呢？

一个展会下来，我自己成了技术顾问，业务员一卡壳，我就必须去跟客户解释。展会结束后，业务员们就问我，为何我接待客户时的表达非常流畅，而他们总是结结巴巴？

我告诉他们，熟悉产品不是死记硬背几个参数，不是会讲几句外语那么简单，要做到胸中有数，要达到助理工程师的水平。展会结束后他们自觉地去了工厂，在生产线上待了 3 个月，算入门了。

分析：只有像庖丁解牛一样的了解产品，脚踏实地地在生产线上做出合格的产品，看懂标准作业流程（SOP）和成品检验标准，才能在与客户的谈判中争取主动，否则只能通过被动的降价，来获取低价订单。

由于业务员缺少关注上下游供应商原材料价格变动的意识，因此经常报了价，接单回来就已经亏本了。业务员在报价的时候必须对原材料的价格浮动趋势有基本把控，比如日本地震的时候，索尼公司（Sony）芯片供货出现问题，导致价格猛涨，这种时事也是业务员必须关注的。

业务员要了解公司的产品特点、工艺和价格以及影响成本的关键因素。在了解自己公司产品的 4 个方面（本节开头提到的）的同时，还要对比同行产品的这 4 个方面，找出差异性，差异性就是我们产品的卖点。由此就能看出产品成本上的不同，这才是有效的同行对比，是说服客户的最核心的论据。

在产品成本变动比较大的时候，我们要以客户订金的到账日为限锁定价格，并且给出一个价格有效期，在产品报价单和合同上写上这句话，就不会在日后产生价格纠纷了。

## 了解产品的渠道：观展、B2B 平台、B2C 平台、客户网站

产品知识是销售经验的核心组成部分之一，能在很大程度上体现销售人员的专业度。B2B 的销售是一个耗时长而又复杂的过程，客户会从多个角度对潜在供应商进行考察。熟悉产品能够使我们在较短的时间内跟客户建立起最初的信任。

我们要了解的产品不限于自己所在企业的产品，更重要的是要对行业里的供应商和终端市场的产品有一定的了解。

### 了解产品的 4 个有效渠道

**参观专业的行业展会**

之所以把它放在第一位，是因为这是最直接、最快速的方式。你可以通

过观展了解到以下 4 个方面的信息：

（1）产品品质；

（2）外观设计；

（3）核心技术；

（4）市场动向。

观展是我们在互联网时代做外贸 B2B 能够同时近距离接触客户和同行的唯一机会。在展会上，我们首先可以感受到的是产品的品质和设计。你可以轻易辨别一流企业和三四流企业的产品品质差别。而且，中国制造业的审美也在逐渐觉醒，不少企业在产品外观设计上很下功夫，甚至不惜重金请外籍或者国内知名的设计师操刀。这对那些没有能力自己做独特设计的国外买家来说，有着不小的吸引力。其次，企业会将自己领先的技术和新品展现在大家面前，你可以了解到这些影响行业趋势的企业的最新动态。最后，大家都会踊跃地在现场展示自己的核心竞争力。我们可以比较清晰地了解各个企业的优势，例如，外观设计、研发实力、生产能力、产品种类、创新程度等。

**B2B 平台上的同行产品展示**

B2B 平台上汇集了每个行业大量的供应商，通过使用产品关键词进行搜索，可以得到以下重要的信息：

（1）产品价格及相关信息；

（2）产品在平台上的呈现方式；

（3）卖点、特点；

（4）参数；

（5）目标市场。

我们最关心的是产品的价格，但是平台上的价格不能全信，原因是不排除有一部分供应商以低价骗询盘。而且我们知道，价格是综合因素的体现，有些价格不包含包装、定制成本等。所以，把平台上的价格作为一个参考就好，要通过自己积累的经验，判断这个价格到底包含了哪些内容。只要我们耐心查看这些信息，就可以得到一个比较具体的结论。

### 案例 1-8　在 B2B 平台上搜索智能家居产品

做智能家居系统的企业都会生产自己的网关。我们可以以网关为关键词加上我们使用的无线通信协议的名称，如"Zigbee gateway"进行搜索，选择查看供应商。搜索结果中的大部分企业都来自深圳和上海，产品价格从 40 美元到几百美元不等。产品外观各不相同，每个公司都有自己的设计风格。产品特点大多相同，有几个产品的卖点比较突出是因为它们能够与知名的智能音箱联动，可以通过苹果智能客居平台 HomeKit 的认证。这几个产品的目标市场和我们自己产品的目标市场比较接近。有一个企业提到自己的目标市场有南非，这让我对这个市场有了新的认识。后面通过展会确认，南非确实有一些智能产品的需求。

**B2C 平台上的同行和客户产品展示**

如果你的产品是面向大众消费者的，那么 B2C 平台对你来说就是一个很好的了解产品的窗口。你可以通过这个平台了解到以下信息：

（1）产品卖点；

（2）产品零售价；

（3）流行趋势；

（4）用户评价。

这里最值得关注的就是用户评价。你可以通过这些评价了解用户最关心的产品特点以及产品痛点。曾经有一个老客户，想在我们公司定制一款他们行业相关的智能硬件产品。当时市场上有一个在这方面做得非常棒的美国公司，他们在亚马逊上销售类似的产品。我们对这款产品的客户评价进行了收集、整理和分析。这个产品的用户评价总的来说很高，但是有一个比较明显的缺陷，就是产品的安装问题。于是我们在做产品设计方案的时候，充分考虑了产品的安装问题，把易于安装作为我们重点展示的一个卖点。客户非常满意，我们顺利拿下了这个项目。

**客户网站上的产品展示**

在这里需要强调一下，客户分为老客户和潜在客户。对于老客户来说，我们需要了解客户公司的侧重点、未来的发展方向，我们有什么类型的产品能与客户的市场相匹配，以此寻找和客户合作新产品的机会。对于潜在客户，我们要了解其有哪些产品，如果要成为客户新的供应商，我们该用什么产品去打动客户。

同时，客户网站上的产品也能够让我们了解当地特有的产品需求和流行趋势。

**敲黑板**

我们可以通过各种各样的渠道了解产品所在的行业情况，上游和下游的供应情况变化都会对产品有影响，作为业务员的我们需要多方面收集信息，判断行业的走势。

## 怎样提炼产品卖点

每一款产品的出现都是为了解决用户的一个或者多个痛点。产品的卖点是供应商提炼出来的展现产品优点和特点的信息。

当我们想要将产品卖给客户的时候，首先得让自己从心里接受这些产品。特别是我们销售的大众产品，有众多的竞争对手，产品的卖点显得更加重要。

## 如何表述产品的卖点

前面提到，同行是我们重要的信息来源。很多时候，大家的产品其实差别不大，只是在某些方面各有千秋。我们该如何表述产品的这些卖点呢？我们可以问自己以下几个问题。

**我们的产品解决的问题是什么**

这是最基础的问题。我们要了解自己的产品，清楚这些产品的用途是什么，能够帮客户解决哪些方面的痛点？举个例子，智能家居系统里有个重要的产品——智能门锁。门锁能解决的问题是安全和防盗。那么，这个产品的卖点就是安全、放心。它有 5 种开锁方式，手机远程开锁、指纹解锁、密码开锁、门卡开锁、钥匙开锁。这些开锁方式可以解决用户的痛点，比如忘带钥匙时，用户可以通过其他方式开锁。将这些整合在一起，就形成了产品的基本卖点。

**我们的产品有没有技术、外观设计优势**

智能家居系统有个很大的问题就是系统的稳定性。当时我们公司在这上面花了不少工夫进行测试和改进，这一直是我们的卖点。即使客户同时测试几家供应商的样品，也会给出很正面的反馈。

现在大众的审美越来越挑剔，不是只靠功能稳定就能成就一款优秀的产品。产品的外观是不是符合目标市场的审美也很重要。设计师的背景也是一个大卖点，拥有获得红点奖（Red Dot）或者 IF 设计奖的设计师是一个非常具有吸引力的卖点。

**同行的产品卖点是什么**

上文中提到，了解产品的时候我们需要了解同行的产品卖点以及他们的特点。思考跟他们相比，我们要如何展示我们的产品卖点才能更吸引客户。

**消费者的痛点是什么**

虽然我们不直接面对消费者，但是我们的产品最终被他们所使用。他们的痛点就是我们要解决的问题，或者说，就是我们要表达的卖点。有个做智能门锁的美国公司，他们的产品卖点一直都非常有意思。不少美国人习惯在家门口藏钥匙，把钥匙放在花盆里或者门口的垫子底下。这本来是大家的习惯，却给小偷节省了不少时间。这家公司的产品刚出来的时候，在网站首页的横幅上写了它的卖点——"No More Hidden Keys"（不再需要"被藏起"的钥匙），它解决了客户习惯产生的潜在危险。所以，我们向这类专业公司提出卖点时，如何解决安全问题一定是吸引他们注意力的关键。

**流行趋势是什么**

对消费类产品的供应商来说，产品要贴合流行趋势。还是以上述的智能门锁公司为例，共享文化相当流行的今天，很多人使用爱彼迎（Airbnb，百度的介绍是："爱彼迎是一家联系旅游人士和家有空房出租的房主的服务型网站，它可以为用户提供多样的住宿信息"）。房东跟住户分享钥匙成了这项服务的痛点之一，而这家美国公司却巧妙地将这个痛点变成了自己的卖点，房东给住户发送开锁密码即可，省去了送钥匙的麻烦。想想你所销售的产品，有没有可以跟流行文化结合的地方？

**刻意练习**

1. 邀请公司生产部主管或者品质部主管对产品进行提问，你进行回答，了解自己对产品的熟悉程度。

2. 邀请自己的主管进行产品抽查提问测试（问题可以来自平时客户常问问题库）。

3. 找同事进行"角色扮演"（role play），模拟展会现场或者公司客户来访的情景，对产品进行现场提问，要求进行全英文模拟训练。

# 第四节　能够准确告诉客户
# 产品的品质标准

如果业务员能掌握公司的产品检验标准和品质要求，从进料、生产过程、出货品质控制三个方面去阐述公司是怎样对品质严格把关的，会让客户对我们的品质很放心。业务员也应该协助客户的质量管理人员或者第三方验货员进行验货，验货合格后安排出货。

## 掌握公司的产品检验标准和品质要求

每个公司都有自己的品质部，其负责对产品进行严格把关，制订符合自己公司产品的成品检验规范，使出货产品的品质满足客户的需求。作为业务员，我们需要掌握公司的产品检验标准和品质要求，并将这些清晰地传达给客户。特别是在新产品研发的前期阶段，业务员需要对接客户的品质和研发部门，与公司内部的品质和研发部门一起来制订相互认可的产品检验标准和品质要求；遇到特别严格的客户，还需要委派第三方或者客户的质量管理（QC）人员来验货，合格后再安排出货，降低客户收到货后有问题的风险。

### 业务员怎样掌握公司的产品检验标准和品质要求

产品品质一般分为：进料、生产过程、出货品质控制。

业务员通过前面章节学习的产品知识以及在车间的动手实践已经熟悉了

生产工艺和产品组成。这个时候业务员更容易理解产品的品质控制。

**进料品质控制**

举个例子,有个产品用了电镀件这个原材料,我们拿品质部的电镀件材料的检验标准和最终的检验报告来分析。结果发现电镀件非常容易被刮伤,也有很多小的瑕疵,报告显示报废率高达 30% 以上。如果客户选用电镀件,我们就需要向其解释这种工艺的形成和报废率很高的原因,让客户明白产品会因为这个原料而增加成本,也因为报废率高是普遍情况,会导致这个产品交货期存在一些不稳定的因素。所以我们需要找出影响产品价格的主要原材料以及这些进料的品质标准,以便和客户解释成本高的原因,同时避免新产品选用特殊材料可能导致的后续交货期延长等问题。

**过程品质控制**

在帮客户研发新产品的过程中,客户会担心产品的质量问题。这个时候,如果我们熟悉"过程品质控制",就可以拿一份准备好的"成品产品检验标准"(英文版本)给客户看,告诉客户我们怎么在产品的制造过程中进行品质把控,还可以拍一些工序的细节图,并告知客户我们品质部的检验方法,强调一下每个生产线不仅仅有抽检、全检和首件检验环节,所有经过检验的产品无论是良品还是不良品都有明确标识和记录。可以拿一些品检日报给客户看,让他们知道在检验过程中发现的不良品我们都会开出品质异常单,并交给相应部门进行原因分析以找到改善对策,追踪其改善的效果。这样才会让客户对整个品质流程体系更加熟悉和对产品品质更加放心。

**出货品质控制**

开发完一款新产品,需要将样品发给客户,客户确认后再批量生产。这个时候,很多业务员往往会挑选最好的样品给客户,而等批量出货的时候，又没有确认具体的品质标准，只是写了"按照样品验货"。这时候问题就来了，在生产的过程中，不可能保证所有产品都和样品一模一样，而且出货的时候会出现很多"不良品"。所以，如果是定制化的东西，品质部的成品检验标准一定得让客户确认。

从上述内容我们可以知道，业务员可以通过品质部的产品检验标准和品质要求、检验报告以及收集的客户投诉情况，更加深入地了解产品品质控制流程，从而引导客户选择更具稳定性的产品和性价比更高的材料。

---

**敲黑板**

我们如果了解产品的品质要求，就能更加清楚地认识产品的市场定位。这非常有利于提升我们开发客户的效率，也会让客户充分认识我们公司能够提供的产品的水平。

---

## 如何看懂第三方或者客户验货报告

现在，越来越多有实力的客户会委托第三方或者直接派公司的质量管理人员在出货之前进行验货。公司在接待的过程中，由公司内部的质量管理人员陪同及配合客户验货。在这之前，业务员需要确认客户的验货人员手上有检验标准和样品，并且和公司内部的一致。同时，有必要让公司内部的质量管理人员对客户的相关人员进行简单培训，介绍产品性能和检验标准，正确引导，以避免客户的质量管理人员或者第三方验货机构因对产品不熟悉而产生一些误解。业务员应该清楚以下不合格判定等级、判定标准。

（1）严重缺陷（Critical，简称CR）：危害消费者健康或安全，影响产品设计或产品使用寿命的不良项目。

（2）主要缺陷（Major，简称MAJ）：直接影响产品功能，产品尺寸、规格异常，产品设计不符合客户要求等的不良项目。

（3）轻微缺陷（Minor，简称MI）：有轻微的瑕疵，不影响产品使用价值、功能和经济效益的不良项目。

（4）允收（Accept，简称AC）、拒收（Reject，简称RE）。

（5）抽样标准和允收水平：出货抽检的接收质量限（AQL）为"CR：0，MAJ：2.5，MIN：4.0"；进料抽检的接收质量限为"CR：0，MAJ：1.5，MIN：4.0"（每个公司有差异，具体看客户验货人员表格上的AQL值是多少）。

客户的验货人员在验货时会一边验货，一边写验货报告，并且有问题会及时反馈。这个时候业务员和公司内部的质量管理人员都必须认真记录所有问题，发现有主要缺陷，需要马上召集研发、生产、品质部门开会讨论怎么解决。因为出现主要缺陷，验货是一定过不了的，而且会耽误交货期，所以必须快速处理，并且和验货人员沟通我们的解决方案，这样客户的验货人员在写报告的时候，顺便可以写出解决方案。如果出现轻微缺陷，特别是表面有轻微的不干净问题，也可以告诉验货人员我们会马上处理，并提醒生产人员更加注意。要特别注意验货人员拍照的角度，如果刻意夸大不足，不在现场的客户就会感觉问题特别严重。比如，我们有个产品被第三方检验出来有色差，拍照的角度让色差变得非常明显，而实际差别很小。在验货人员写完报告与你核对的时候，要引导验货人员注意拍照的角度和加一些备注，验货人员走后，要马上发一封邮件说明验货人员拍照的角度让产品颜色误差很大，实际上差别非常小，然后马上快递两个对比样品给客户。这种快速处理方式，可以避免耽误交货期。

**刻意
练习**

跟随品质部主管参与品质培训会议，实地观察质量管理人员在检查每道工序时对产品品质的关键点把控尺度，参与品检的整个过程，让自己熟知所有品质验货标准，能说出每款产品验货的注意事项。

找同事模拟客户验货过程，你负责协助和撰写验货报告。

# 第五节　老板总让你去工厂（车间）看看，到底看什么

新入职的员工，总是会被调到车间实习，老板到底为什么要这么做？原因是业务员看懂了标准作业流程（SOP），就能明白产品通过哪些步骤完成了整个组装过程，由哪些部件组成，给客户报价时，就知道产品成本的构成以及受哪些原材料影响。收到客户投诉时，业务部、工程部和生产部共同讨论解决方案，你参与并且读懂了哪些工序应该增加测试岗位，就能避免再次发生类似的投诉事件。在做一些 ODM 订单的时候，客户和你讨论产品的结构和工艺，在进行品质控制时，你扮演了工程师或者质量管理主管的角色，让客户对你的专业度心服口服。

## 业务员需要懂生产吗

经常听到有些外贸业务员说自己是来做业务的，不是来打杂的，更不愿意去工厂学习，和普通工人一样在生产线干活。如果你这样想的话，我估计你也做不好业务。因为销售的核心在于熟悉产品（这里主要针对生产型企业），

而你不实际动手操作或者经常去车间走访，很多东西你没有办法理解，更别说把自己提升到一个助理工程师或者质量管理人员的水平去和客户专业地聊产品的结构、生产工艺、品质控制等专业问题了。这就是为什么很多公司的业务员在入职初期需要去车间实习，你看懂了标准作业流程，再加上实际动手操作，才能做到真正地熟悉产品。

## 什么是SOP

　　SOP 是 Standard Operating Procedure 的缩写，即标准作业流程，将某一事件的标准操作步骤和要求以统一的格式描述出来，用来指导和规范日常的工作。所谓标准，就是要尽可能地将相关操作步骤进行细化、量化和优化，使处于这个岗位上的任何一个人，经过合格培训后都能很快胜任。由于企业的日常工作有两个基本的特征，一是许多岗位的人员经常发生变动，二是一些日常工作的基本作业程序相对比较稳定，因此，企业可以通过运用标准作业流程体系来提高整体的运行效率。

## 从标准作业流程中，业务员应学会什么

**认真阅读标准作业流程文件**

　　拿到产品生产线的标准作业流程文件，业务员需要认真阅读每一页。首先是前两页的工艺图和排拉表，这是产品组装的总指引工序，看完后你会明白这个产品通过哪些步骤完成了整个组装过程；这个产品主要由哪些部件组成。当给客户报价的时候，你能清楚地了解产品成本的构成及其受哪些原材料价格的影响。在做 ODM 订单的时候，当客户和你讨论产品结构和工艺时，你也能理解产品怎么组装，有哪些工艺需要用特殊夹具进行测试。

另外，业务员要去车间看工人怎么操作，甚至自己动手操作几遍，感受产品生产过程中，工艺的难点在哪里，哪些地方可能出现品质问题。每个工序的标准作业流程文件中都有"注意事项"，这也是我们该认真学习和阅读的，会让你对品质验货流程的理解更加深入。

### 让产品质量更有说服力

我们经常被客户问到的问题是："你们的产品质量如何？"如果你简单地回答，"我们的产品质量很好"，没有人会相信。如果你能看懂标准作业流程，对一些特殊工序的细节进行拍照，并将其写入标准作业流程文件中，表明你们用了哪些方式避免质量问题或者使用了哪些夹具对产品进行测试，将更有说服力。

### 确认每一个细节

对于定制化包装，业务员需要拍下每个细节与客户确认，同时也要核对包装的标准作业流程是否准确。举个简单的例子，之前客户收到货后，投诉说有几个产品充不上电，我们拿出包装的标准作业流程文件来检查，发现每个产品都进行过充电测试，为什么会出现这种情况呢？后来我们找工程部、品质部、生产部一起开会讨论，发现是充电器接口长短有一些公差，而我们完成充电测试，充电器和产品分离后，没有进行一对一配对包装。于是我们在包装的标准作业流程文件中加了一条内容：充电测试后不能拔掉充电器，须将充电器与产品配好对再流入下一个环节。

还有的客户投诉说收到的货数量不足，这个时候你真的很难说清。按理来说封箱之前质量管理人员是检查过的，不应该出现这个问题，但是客户既然提出来了，我们就得在标准作业流程中思考怎么避免这个问题。后来，我们在最后一个步骤中加入了整箱称重环节，并且做好记录，如果发现重量差超过误差范围，必须拆箱检查是否少了产品。这个环节，我们会拍照发给客户，由此解决了客户担心少产品的问题。

上面提到的不管是客户投诉的品质问题，还是客户做 ODM 订单时和我们讨论的产品结构、工艺问题，都需要我们读懂标准作业流程文件、懂生产。否则，我们就成不了专业的销售员，也无法让客户心服口服。

### 📑 案例 1-9　标准作业流程范本

下面我想通过电子消费类工厂的标准作业流程范本，让大家明白标准作业流程包含的内容和要点。当然，每个公司的标准作业流程都是根据产品和公司的情况定制的，以下范本仅供参考。

范本 1：产品包装标准作业流程中的工艺图。

通过下面的工艺图（如图 1-7），我们可以知道一个产品是怎么完成包装的整个过程的。我们可以将其翻译成英文发给客户，让客户明白我们在产品包装过程中是怎么操作的，特别是产品清洁、充电测试和质量管理巡检流程，这会让客户对我们的产品品质放心。再加上称重环节（像上面解释过的，是为了避免客户提到的少产品的问题），能增加客户对我们产品品质的认可度，同时也让我们的脑海中有整个包装流程，在和客户讨论定制化彩盒的过程中，可以提醒客户哪些环节可能会浪费很多人工工时，可以采取哪些方式避免。

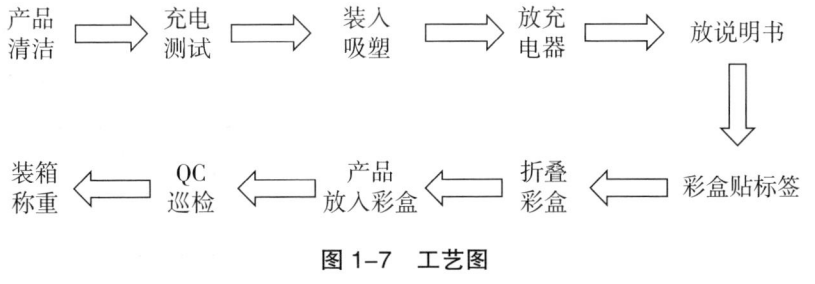

**图 1-7　工艺图**

范本 2：产品包装标准作业流程中的操作工序。

我们可以通过表 1-6 来了解每一个工序是怎么操作的，表格右侧有步骤描述和注意事项。如果我们在产品的生产过程中，抽出一点时间去生产线看看，也可能会及时发现一些问题，比如漏写箱唛要求，导致包装生产线没有贴箱唛。一旦发现问题要马上处理，而不是等客户来验货时再去返工。

表1-6　标准作业流程文件

| 公司名称 | | | | | | |
|---|---|---|---|---|---|---|
| 标准作业流程（SOP） | | | | | | |
| 产品型号 | | 生产工序 | | 文件编号 | | 文件类别 |
| 制作日期 | | 文件版本 | | 页码 | | 标准工时 |

| 作业参考图 | 作业内容 |
|---|---|
| | 一、作业前准备 |
| | 1. 做好工位的5S工作 |
| | 2. 检查本工位的物料、工具是否齐全、正确 |
| | 3. 桌面摆放工具有： |
| | |
| | 二、作业步骤 |
| | 1. 贴好箱唛（必须贴业务部指定的箱唛） |
| | 2. 封好纸箱 |
| | 3. 将两个内纸箱放入一个外纸箱 |
| | |
| | 三、注意事项 |
| | 1. 箱唛文字方向要注意检查，字不能是倒的 |
| | 2. 内纸箱一定要记得贴皱纹胶，内纸箱一定要放上下平板 |
| | 3. 每层包装必须用白色复印纸隔开，以防刮花 |

续表

| 序号 | 物料名称 | 规格 | 用量 | 工具/设备/辅料名称 | | 备注 | |
|---|---|---|---|---|---|---|---|
| 1 | 型号×××内纸箱 | | 2PCS | | | | |
| 2 | 型号×××外纸箱 | | 1PCS | | | | |

制订：　　　　　　审核：　　　　　　批准：

刻意
练习

利用闲暇时间去工厂（车间）实际动手操作，体验工艺流程，通过观察发现哪些环节可能出问题，分析怎样优化标准作业流程，特别是认真核对定制化的包装标准作业流程，协助生产部降低定制化包装的出错率，提升效率。

# 第六节　假如让你来做 ISO 质量管理体系审查

以客户满意为目的来进行设计、实施和维护的 ISO 质量管理体系文件，是很多优质客户审厂的标准文件。外贸部门在 ISO 标准实施过程中会用到哪些文件是这一节学习的重点。只有通过了客户的 ISO 标准审查，大客户才有可能把你列入合格供应商名录。

# 阅读公司的 ISO 标准文件，了解业务部运作流程

## 什么是 ISO

ISO 的全称为 International Organization for Standardization，即国际标准化组织，是世界上最大、最权威的国际标准化组织，总部设在瑞士日内瓦，成立于 1947 年，我国是 ISO 的创始国之一。其宗旨是在全世界范围内促进标准化工作的发展，以便产品和服务的国际交往，并扩大各成员在知识、科学、技术和经济方面的合作。其中 ISO9000 质量管理系列标准可以帮助组织建立、实施并有效运行质量管理体系。

## 为什么要运行 ISO 质量管理体系

一个企业的管理是从流程开始的。企业内部经常出现问题和矛盾，就是因为企业没有明确的作业流程或者流程堵塞了，部门之间运行不顺畅，员工之间相互抱怨、推卸责任的情况经常发生。久而久之，大家都感到在这样的企业做事很烦、很难，自然不想留下，企业又怎么能提供好的产品和服务给客户呢？只有内部流程理顺了，企业运作才会顺畅，员工工作才会有效和高效。公司应以客户满意为目的来设计、实施和维护自己的质量管理体系。

运行 ISO 质量管理体系需要了解客户的需求和期望，据以决定公司的规

模、产品和活动的形态，建立质量方针和质量目标，建立组织架构，明确各职能和层级的职责，对质量管理体系进行策划，并定期评审质量管理体系的适宜性、充分性和有效性。

客户的建议和意见，要在公司内部进行分析，进而改进产品、流程和质量管理体系。同时，要将改进的措施和结果反馈给客户。基于客户的要求来设计产品和产品制造流程，通过订单评审、采购过程管理等，输出满足客户要求的产品和服务。

## ISO 质量管理体系能解决以下常见问题

接了订单，却不知何时可以交货，无法向客户交代；客户没有下订单，老板又施加压力；生产计划员抱怨急单、插单太多，不知如何安排生产、生产安排到底要依据什么标准排单；业务部未将客户订单的更改要求及时通知相关部门，导致损失巨大。

这些都是作业流程设计不当所引发的质量问题。与我们合作得越困难，客户所花费的时间、精力、金钱就越多，求购商品的成本就越高。如果我们能简化完成订单的过程，那么客户的成本就自然会降低。客户要的就是"容易的合作"，应以"多、快、好、省"的原则来设计流程。

公司的目标就是满足客户的需求和期望。那么客户的需求和期望是什么呢？为了解答这一问题，我们必须收集、分析和确定客户的要求与期望，经常与客户沟通来持续了解他们的需求与期望变化，确保将客户的需求和期望应用到质量管理体系的完善工作中。

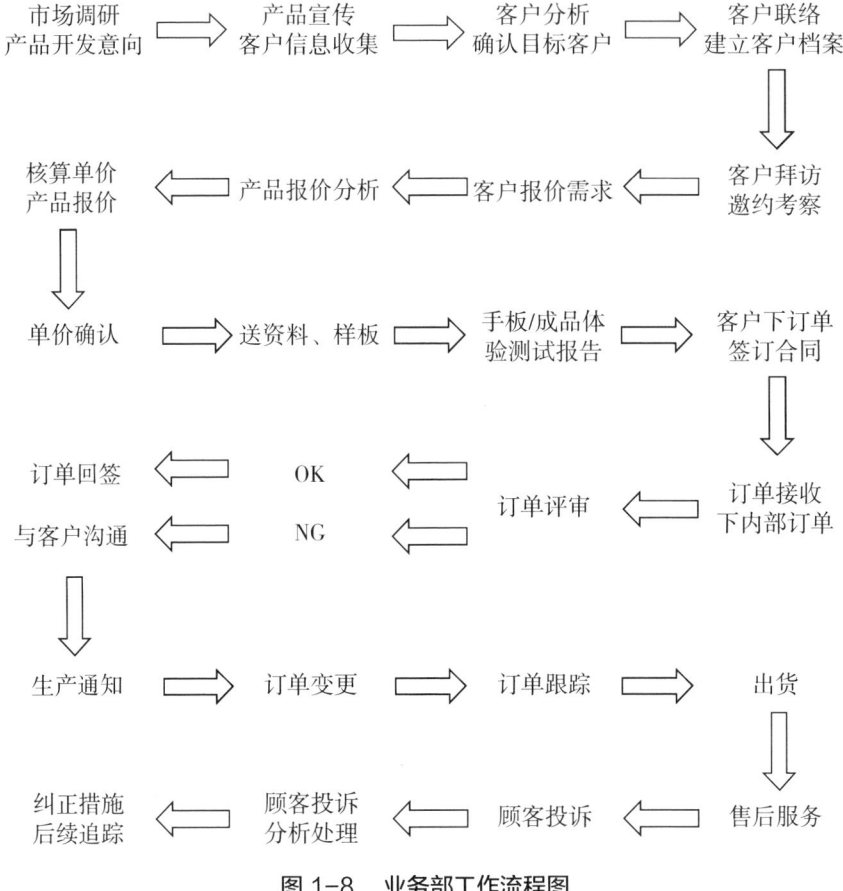

业务部在 ISO 质量管理体系运行过程中会用到哪些文件

图 1-8　业务部工作流程图

从图 1-8 中的业务部工作流程图（每个公司的实际情况不一样，流程也会不一样，顺序可能需要调整）我们可以看出，在 ISO 质量管理体系中，业务部常见的程序文件包括以下几种

**"产品开发意向书"和"设计任务书"。**

通过业务部的市场调研，业务员对客户的需求进行深度挖掘后，将其转换为有用的信息，反馈给设计研发部门，从而确保产品能满足客户的需求和期望。以下仅以电子产品为范本（见表1-7、表1-8），提供参考，每个公司应根据自身情况进行调整。

表1-7　产品开发意向书

| ×××××（公司名称） | | | |
|---|---|---|---|
| 产品开发意向书（范本） | | | |
| 编号： | | 序号： | |
| 项目名称 | | 意向书起草人 | |
| 产品开发的概念收集 | | | |
| 初步的功能概念描述 | | | |
| 竞争对手同类产品的相关信息 | | | |
| 产品的初步定位 | | | |
| 项目启动的初步时间 | | | |
| 备注 | | | |

批准：　　　　日期：

表1-8　设计开发任务书

| ×××××（公司名称） | | | |
|---|---|---|---|
| 设计开发任务书（范本） | | | |
| 编号： | | 序号： | |
| 项目名称 | | 启动日期 | |
| 产品型号 | | 参考产品名称 | |
| 产品销售区域 | | 终端人群 | |
| 市场类似产品 | | 其他 | |
| 相关法律法规 | | | |
| 主要功能、性能要求（电池、马达、按键模式、灯光、遥控、力度等） | | | |
| 规格 | | | |
| 材料说明 | | | |
| 表面工艺（含颜色） | | | |

续表

| LOGO、CE[①]、垃圾桶标识样式 | | |
|---|---|---|
| 包装形式 | | |
| 各阶段性要求完成时间 | | |
| 其他注意事项 | | |
| 编制： 审核： 批准： | | |
| 设计部门相关负责人评审意见和接收会签（信息不完整设计部可以不接收此任务）<br>接受人： 设计部审核： | | |

*备注

（2）通过客户分析，确立目标客户，建立客户档案（可以查看第三章第二节了解详情）。

（3）在整个业务谈判过程中，价格起到了非常重要的作用（具体细节可以查看第二章第一节）。

（4）要将客户的要求清晰地转达给其他部门的相关人员，转换为公司规范化的生产订单形式（具体可以查看第二章第三节）。

（5）订单是否能顺利按照客户的要求，保质保量地完成，订单评审环节的作用非常重要。以下"合同评审表"（见表1-9）仅以电子产品为范本，供大家参考，每个公司应根据自身情况进行调整。

表 1-9 合同评审表范本

| 合同评审表 | | | | |
|---|---|---|---|---|
| 编号： | | | 内部订单号： | |
| 客户名称 | | 订货日期 | 交付日期 | |
| | | 订货数量 | | |
| 信息来源 | （ ）电话记录 （ ）附客供资料或合同草案等 共 页 | | | |
| 客户对产品明示与潜在的要求（技术要求、质量要求、支持服务、价格等） | | | 填写人： 日期 | |

---

① CE 标识：欧盟法律对产品提出的一种强制性安全标识，CE 是法语"Conformité Européenne"（欧洲合格评定）的缩写。

续表

| 合同评审表范本 | | | | |
|---|---|---|---|---|
| 编号： | | | 内部订单号： | |
| 顾客名称 | | 定货日期 | 交付日期 | |
| | | 定货数量 | | |
| 信息来源 | （　）电话记录　（　）附客供资料或合同草案等　共　　页 | | | |
| 本公司为满足顾客要求作出的承诺 | | | 填写人：　　日期： | |
| 国家、行业法律法规要求 | | | 填写人：　　日期： | |
| 物控部（评审物料供应能力） | | | 填写人：　　日期： | |
| 设计／工程部（评审设计能力） | | | 填写人：　　日期： | |
| 生产部（评审生产能力） | | | 填写人：　　日期： | |
| 品质部（评审检测能力） | | | 填写人：　　日期： | |
| 业务部（评审标书或合同的合法性、完整性、明确性） | | | 填写人：　　日期： | |
| 评审结论 | | | 填写人：　　日期： | |
| 备注：1. 本表只用于对没有现货的常规产品或有特殊要求的特殊合同产品的评审；<br>　　　2. 没有现货的常规产品要求评审部门：生产部、物控部、业务部；<br>　　　3. 特殊合同产品要求评审部门：全体部门；<br>　　　4. 特殊合同评审结论，恒由总经理签名批准，其他由业务部经理批准。 | | | | |
| （　）初次评审　（　）修订（原评审表号：　　　　　　　　）<br>编制：　　　　审核：　　　　　　批准： | | | | |

（6）市场部每半年对客户满意度进行抽样调查，通过信函、电子邮件（Email）、传真、在线沟通、面谈等方式发出"客户满意度调查表"（见表1-10）并及时跟进；以客户的反馈作为改善产品质量的依据，提升公司竞争能力；追求客户完全满意的服务境界以及所销售产品的合法性。

表 1-10　客户满意度调查表

| Company Name | | | | | |
|---|---|---|---|---|---|
| Customer Satisfaction Questionnaire | | | | | |
| Ref NO.:　　　Customer No.: | | | | | |
| Please take a moment to complete the questionnaire and return to us. Your support is our motivation to do better. | | | | | |
| No. | Items | Perfect ( 90~100 ) score | Good ( 80~90 ) score | So-so( 60~70 ) score | Not good ( 50~60 ) score | Very bad ( under 50 ) score |
| 1 | Overall service | | | | | |
| 2 | Delivery time | | | | | |
| 3 | Quality | | | | | |
| 4 | Dealing with complaints | | | | | |
| 5 | Technology and support | | | | | |
| Final score: | | | | | | |
| Remark: | | | | | | |
| 1.The total score is 100. | | | | | | |
| 2.Calculation:（1+2+3+4+5）/5. | | | | | | |
| 3.The relevant departments need to take steps in improvement and prevention and keep records if the final score is less than 80. | | | | | | |
| （1）What's your most unsatisfied part in the past? | | | | | | |
| （2）What's your most satisfied part in the past? | | | | | | |
| （3）Is there any other service that you need? Please give us your suggestions. | | | | | | |
| Contact:　　　　　　Date: | | | | | | |
| How did you receive the questionaire? | | | | | | |
| Please send the form back to us when you complete it. We will take your suggestion into consideration. | | | | | | |

（7）售后服务对客户也至关重要，客户投诉处理是每个业务员都必须面临的问题（具体可以参考第三章第五节的内容）。

综上所述，我们从业务部运作的整个流程可以看出，业务员要在实际操作过程中了解 ISO 质量管理体系运用的程序文件，而整个公司都是以满足客户的需求和期望，最终让客户满意为宗旨的。业务部作为客户和企业之间的枢纽，需要通过不断地优化、简化内部流程，提高效率，以客户满意为目标来设计、实施和维护公司的质量管理体系。

## 客户审核 ISO 质量管理体系，业务部怎样应对

前面一节我们通过对 ISO 质量管理体系的介绍，学习了正规的 ISO 质量管理体系流程，以及业务部应该针对 ISO 质量管理体系运作准备哪些文件。本节我们来探讨一下业务部怎么面对客户审查。客户一般会委托第三方机构进行 ISO 质量管理体系审查，如瑞士通用公证行（SGS）、德国 TUV 莱茵集团（TUV）、法国国际检验局（BV）等进行专业的审厂。那么，作为业务部的主管或者成员，该怎样面对大客户的严格审核？验厂是块"敲门砖"，是否能成为客户的合格供应商，这是第一步，必须"通关"才有资格进入下一个合作流程。

### 审核哪些内容

在上一章，我们提到的业务部 ISO 质量管理体系文件，就是 ISO 质量管理流程审核中业务部被审核的所有内容。

## 审核是否只有一次机会

一般来说，公司很难一次通过全部审核，出现一些细微的不符合之处是正常的。这方面可以咨询公司相关部门，比如品质部，他们会给出具体标准，而第三方审核机构，也会在审核之后，明确提出哪些地方不符合，给你们整改的机会。

## 审核的费用一般由谁负担

正常来说，客户会指定第三方机构按照 ISO 质量管理体系流程来审核，这个费用由客户负担。但是，如果第一次审核就发现了重大的不符合项，导致需要重新审核的，可能客户会要求供应商负担费用，具体需要事先和客户核实好。

## 业务部怎样自审 ISO 质量管理体系文件

整个审核过程可能会耗费公司比较多的人力和时间，而且审核不通过，公司可能没法入围大客户的合格供应商名录，也可能产生再次审核的费用。所以，业务部在客户审核前，先要自审，确保资料准备齐全。表 1-11 是我们公司业务部自审的内容，供大家参考。

表 1-11　业务部 ISO 质量管理体系自审表

| 业务部 ISO 质量管理体系自审表 | | |
| --- | --- | --- |
| 编号 | 问题 | 常见回答 |
| 1 | 公司与客户的沟通方式有哪些？是否留有客户信息？ | 电话、邮件、在线沟通、当面拜访、展会接待。<br>将客户信息登记在邮箱软件系统里面。 |
| 2 | 客户订单如何评审？是否有记录？ | 是，记录在"合同评审表"中。 |

续表

| 业务部 ISO 质量管理体系自审表 | | |
| --- | --- | --- |
| 编号 | 问题 | 常见回答 |
| 3 | 若客户要求的产品本公司无法满足，如何处理？ | 进行市场调研，针对市场需求和客户需求帮客户开发私模产品。 |
| 4 | 评审通过及不通过时分别如何处理？ | 评审通过后，进行生产；不通过时，把理由告诉客户，和客户协调处理，直到客户满意。 |
| 5 | 在发生订单更改时，海外部如何保证相关信息在公司内外的传递，使相关部门及时了解更改内容？ | 下一个新订单，并通知之前的旧订单作废，备注清楚更改的内容。 |
| 6 | 如本公司对订单进行修改（含生产过程中发现无法满足客户要求的情况），在得到客户同意和海外经理的批准后才能更改，海外部是否保存订单更改的记录？ | 是的，所有订单更改都会通过邮件和客户确认，并且留底。 |
| 7 | 一般性客户投诉如何处理？是否有客户投诉的处理记录？记录的结果是否反馈给客户？改进后的跟踪效果是否有记录？ | 写"客户投诉处理报告"，并追踪结果，以邮件的形式告知客户。 |
| 8 | 重大客户投诉如何处理？是否有客户投诉的处理记录？记录的结果是否反馈给客户？改进后的跟踪效果是否有记录？ | 重大客户投诉写"客户投诉处理报告"并召开会议讨论原因，通知客户相应的处理方式。 |
| 9 | 如何处理客户退货？针对退货，公司是否采取改进措施？ | 填写退运单交给仓库，标识入库，需要对退货的产品进行分析，给客户提供改进措施和分析报告。 |
| 10 | 售前、售中、售后服务是否有相关记录？ | 通过生产订单和出货时间进行跟踪，都有记录。 |
| 11 | 是否定期对客户进行满意度调查？ | 是，通过电话、Skype（网络电话工具）、邮件或者面访。 |
| 12 | 如何选择调查的客户？ | |
| | 调查内容包括哪些？<br>（1）产品质量；<br>（2）按期交货的能力； | 都包含，还包含业务员的服务水平。 |

续表

| 业务部 ISO 质量管理体系自审表 | | |
|---|---|---|
| 编号 | 问题 | 常见回答 |
| 12 | （3）咨询反馈；<br>（4）对客户投诉的处理情况；<br>（5）售后服务等。 | |
| 13 | 提供"客户满意度调查表"。 | 见"客户满意度调查表"。 |
| 14 | 客户满意度评分方法是什么？（质量目标及考核办法） | 客户满意度＝满意的客户数／调查客户数 × 100% |
| 15 | 是否对客户满意度的信息进行分析、整理？对客户提出的建议是否采取措施改进？ | 分析后，针对不满意的地方进行整改。 |
| 16 | 分析结果在年会上进行讨论，必要时应采取纠正预防措施，是否定期对客户进行满意度调查？ | 是 |
| 17 | 各岗位是否有正确版本的适用文件？ | 是 |
| 18 | 文件是否清晰，易于识别？ | 是 |
| 19 | 工作现场是否有作废的文件？ | 否 |
| 20 | 是否有私自复印受控文件等违反程序文件的现象？ | 否 |
| 21 | 质量记录是否完整？ | 是 |
| 22 | 质量记录是否清晰，易于识别、检索？ | 是 |
| 23 | 检查质量记录的保存情况 | 完整保存客户投诉报告 |
| 24 | 客户到公司来评估或邮寄客户财产到公司时，业务部如何对客户财产进行保管？ | 记录在财产登记表上，并且标示好进行存档。 |
| 25 | 客户财产若丢失、损坏或发现不适用时，业务部如何处理？ | 和客户及时沟通，看是客户补样品还是我们进行相应赔偿。 |
| 26 | 运输中出现重大问题时是否采取纠正措施？ | 目前货代都是客户自己联系的，该问题由货代负责；如果是我们自身的货代，需要向货代购买保险。 |

续表

| 业务部 ISO 质量管理体系自审表 | | |
|---|---|---|
| 编号 | 问题 | 常见回答 |
| 27 | 公司及本部门的质量目标是什么？ | 因沟通问题导致顾客投诉的频率 ≤ 1 次 / 月，客户投诉回复率为 100% / 月。 |
| 28 | 最近两个月，本部门的目标实现情况如何？ | 达标 |
| 29 | 是否提供实施改进措施的记录？ | 是 |
| 30 | 是否有组织结构图？ | 有组织架构图 |
| 31 | 工作职责是否明确？ | 工作职责明确 |

刻意
练习

　　邀请公司 ISO 质量管理体系审核负责人进行抽检，假设你是业务部负责人，在进行 ISO 质量管理体系审查前，你需要做好哪些准备工作？

# 第七节　绩效考核规定的深刻理解和执行

　　没有考核，管理就很难到位，怎么进行绩效考核？在制订绩效考核标准时应该参考哪些要素？公司处于不同发展阶段时，绩效考核又该如何调整？我们需要深刻理解和执行合理的绩效考核制度，做到管好人、分好钱。这一节我们将一起来探讨这些问题。

# 深入理解影响绩效考核的各个要素

## 与绩效考核有关的问题

### 什么叫绩效考核

绩效考核是企业绩效管理中的一个环节，是指考核主体对照工作目标和绩效标准，采用科学的考核方式，评定员工的工作任务完成情况、员工的工作职责履行程度和员工的发展情况，并且将评定结果反馈给员工的过程。

### 为什么要进行绩效考核

从某种意义上来讲，没有考核就没有管理。有位知名企业高管曾经说过，"企业大事，奖惩二字"，没有考核，管理就很难到位，考核是有效管理的重要手段。奖惩重要也从侧面说明有效的考核更为重要。面对严峻的形势，企业必须由粗放管理向精细管理转变，再通过考核的实施，来提升企业的整体管理水平。

### 绩效考核是否可以长期不变

绩效考核需要根据公司的战略或每个阶段的重点来调整，但不建议频繁调整。

### 是否可以复制其他公司的考核标准和内容

每家公司的战略重点不同，需要根据自身的实际情况、岗位要求来制订每个岗位的考核标准。

### 绩效考核的目的是扣钱吗

制订一份合格的绩效考核指标的目的是推动每个被考核人员完成公司为其设定的目标。当被考核人员能够达成目标，个人所得将会超过基本收益；如果不能达标，个人所得将会低于基本收益。

## 绩效考核是好事还是坏事

**怎样对待绩效考核**

之前有一个热门的讨论，讲的是索尼的衰落是因为采用了绩效考核的管理方法。这导致有些公司的领导害怕绩效考核，也有员工抗拒绩效考核，认为绩效考核忽略人性，甚至会认为绩效考核是为了限制他们的工作积极性，减少他们的收入。面对这样的问题，公司在制订绩效考核制度的时候就应充分考虑考核的标准，以及考核的单元。

作为一名业务员，我们应该怎样去理解和执行公司制订的考核指标呢?

第一，我们需要了解公司现在的发展重点。如果公司处于初步发展阶段，公司的考核可能会比较简单，重点在于开发客户，对于新客户开发的考核比重较大;如果公司处于平衡发展期，公司的考核将会比较严格，考核的重点包括订单增长、订单利润、回款周期、新市场的开拓等，也可能会对业务员本人提出一些考核指标，例如部门间的配合、业务素质等;当公司进入稳定发展期，则有可能淡化业绩的考核，重点偏向于文化建设、战略或项日实现方面的考核。

第二，当我们拿到公司的绩效考核标准时，需要花时间去研究一下公司的考核目标，也可以找上司或绩效考核委员会，请教一下各项考核的内容和比重。如果是新进入一家公司，我们还需要查询一下历史数据，评估一下各项指标的达成情况，从而计算个人所得，毕竟绩效考核跟个人的收益有密切关系。有时候，我们的考核指标有可能跟团队表现有关系，这个时候我们就需要努力帮助团队达成目标，实现团队整体的增益。

**如何制订业务员的绩效考核标准**

前面提到业务员的考核标准需要根据公司的发展程度来规划，一份好的绩效考核标准除了能够帮助公司达到预期的管理效果，也能帮助业务员增加个人收益，获得激励。制订业务员的绩效考核指标，我们需要考虑以下几个因素。

（1）指标的侧重点。

业务员最重要的职责是拿下订单，所以在制订绩效考核指标时，业绩的权重是最大的。如果公司在初期发展阶段，业绩的考核权重建议高于70%。因为公司在这个时候需要生存，所以要以订单为王，也可以针对开发新客户给予额外的奖励，例如将开发新客户的考核权重定为15%或以上。如果公司处于平衡发展阶段，则可以调整业绩权重到60%，增加对利润的考核以及其他部门对业务员的评价（可以参考"360评估"①），业务员个人素质、专业技能等。如果公司进入稳定发展期，对业绩的考核可以灵活调整，除了上述的考核指标之外，还可以考虑增加对公司文化认同的考核、对项目（市场策略）或活动（经销商满意度）考核等。

（2）指标的依据。

在制订业务员绩效考核指标的时候，我们不能凭空设计。一份好的绩效考核标准，可以激发每个岗位员工的积极性，一份不合格的绩效考核标准，将使员工消极对待工作，甚至增加员工的流动性，或引发内部矛盾。所以，我们在制订绩效考核指标之前，需要思考以下两点。

① 绩效考核是分配薪酬的过程，华为创始人、总裁任正非认为，企业有两件大事，一是怎么管好干部，二是怎么分好钱。他还认为，有时分钱比赚钱还要难。马云认为，企业留不住人才有两个原因，一是钱没给到位，二是伤了员工的心。绩效考核的原则是合理和公正，让多干活的人不吃亏，让少干活的人捡不到便宜。

② 薪酬结构包括两个部分，一部分是固定的，不管企业经营好与坏都要发的，另一部分是浮动的，与每个月的绩效考核结果挂钩。至于比例如何分配，

---

① 360度评估是绩效考核方法之一，也被称为多源评估或多评价者评估，其特点是评价维度多元化（通常是4或4个以上），该评估适用于对中层以上的人员进行考核。

可以根据企业的经营状况和行业特点来制订，也可以根据企业的发展而随时调整。要注意调整不能太频繁，调整的周期不能太短，这会使被考核人员无所适从。

（3）绩效考核的执行。

为保证考核顺利实施，企业应成立考核委员会，委员会不仅负责绩效考核，还有行为考核和专业考核。作为一名外贸业务员，应该积极配合考核委员会的考核工作，对考核指标的疑问，可以向考核委员会咨询。如果感到不公平，切忌消极对待，这样做是对公司的伤害，同时也浪费了自己的时间，打击了自己的积极性，要知道，作为一名业务员，保持积极的心态是非常重要的。

**刻意练习**

根据公司公示的绩效考核方案，自拟一份绩效考核文件。深入理解影响绩效考核的各个要素，提出自己的见解，以便公司在日后将绩效考核制度改进得更加合理。

# 第八节　外贸术语

每个行业都有自己的专业术语，贸易中的术语直接影响客户和我们的合作条款以及费用的收取，比如谁承担风险，谁承担哪些责任等。所以，我们必须掌握常见的 11 个贸易术语以及它们的细微区别。

## 外贸常见术语解析

我们做外贸的人常常会提到外贸术语。一提起这些术语，大家很快就想到船上交货价（FOB）、电汇（T/T）、信用证（L/C）等。身边刚入行的和已经入行两三年的同事，对外贸术语的了解就是以上这些，至于这些术语包含了什么内容，大家好像都似懂非懂。其实包括我在内，对于这些术语，也没有完整的概念。

到底什么是外贸术语？它是不是包含了我们外贸工作的各个方面，如设计、研发、生产、价格、付款方式、运输、行业等在内的信息？

根据《国际贸易术语解释通则》（ICC Rules for the Use of Domestic and International Trade Terms，简称 Incoterms），是国际商会（International Chamber of Commerce，ICC）根据《国际商法》（International Business Law）发布的一系列预先确定的商务条款。为了避免国与国之间不同的法律带来的问题，这些条款被广泛用于规范国际间的货物交易。这些条款清楚地规定了买卖双方的三个方面的问题：责任（Tasks）、价格（Costs），风险（Risks）。

Incoterms® 2010 是目前最新的版本，里面有 11 个贸易术语（见表 1-12），费用承担情况见表 1-13。

表 1-12　常见的 11 种贸易术语

| 类别 | 简称 | 英文 | 中文 | 说明 |
|---|---|---|---|---|
| E 类 | EXW | Ex Works | 工厂交货（……指定地点） | "E" 类（起运），包括 Ex Works，指卖方仅在自己的地方为卖方备妥货物。 |
| F 类 | FCA | Free Carrier | 货交承运人（……指定地点） | "F" 类（主要为运费未付），指卖方需将货物交至买方指定的承运人。 |
| | FAS | Free along Side Ship | 装运港船边交货（……指定装运港） | |
| | FOB | Free on Board | 装运港船上交货（……指定装运港） | |
| C 类 | CFR | Cost and Freight | 成本加运费（……指定目的港） | "C" 类（主要为运费已付），指卖方须订立运输合同，但对货物灭失或损坏的风险以及装船和启运后发生意外所发生的额外费用，卖方不承担责任。 |

续表

| 类别 | 简称 | 英文 | 中文 | 说明 |
|---|---|---|---|---|
| C 类 | CIF | Cost, Insurance and Freight | 成本、保险加运费付至（……指定目的港） | |
| | CPT | Carriage Paid to | 运费付至（……指定目的地） | |
| | CIP | Carriage and Insurance Paid to | 运费、保险费付至（……指定目的地） | |
| D 类 | DAT | Delivered at Terminal | 终点站交货（……目的地或目地港之指定终点站） | "D"类（到达），指卖方须承担把货物交至目的地所需的全部费用和风险。 |
| | DAP | Delivered at Place | 目的地交货（……指定目的地） | |
| | DDP | Delivered Duty Paid | 完税后交货（……指定目的地） | |

表 1-13　费用承担情况

| 贸易术语 | 出口报关 | 运输至出口港 | 港口卸货 | 港口装载 | 海/空运出口 | 保险 | 进口港卸货 | 进口港装卸 | 运输至 | 进口通关 | 进口关税 |
|---|---|---|---|---|---|---|---|---|---|---|---|
| EXW | 买方 | 买方 | 买方 | 买方 | 买方 | 买方 | 买方 | 买方 | 买方 | 买方 | 买方 |
| FCA | 卖方 | 卖方 | 买方 | 买方 | 买方 | 买方 | 买方 | 买方 | 买方 | 买方 | 买方 |
| FAS | 卖方 | 卖方 | 卖方 | 买方 | 买方 | 买方 | 买方 | 买方 | 买方 | 买方 | 买方 |
| FOB | 卖方 | 卖方 | 卖方 | 卖方 | 买方 | 买方 | 买方 | 买方 | 买方 | 买方 | 买方 |
| CPT | 卖方 | 卖方 | 卖方 | 卖方 | 卖方 | 买方 | 卖方/买方 | 卖方/买方 | 买方 | 买方 | 买方 |
| CFR | 卖方 | 卖方 | 卖方 | 卖方 | 卖方 | 买方 | 卖方/买方 | 买方 | 买方 | 买方 | 买方 |
| CIF | 卖方 | 实力 | 卖方 | 卖方 | 卖方 | 卖方 | 卖方/买方 | 买方 | 买方 | 买方 | 买方 |
| CIP | 卖方 | 实力 | 卖方 | 买方 | 买方 | 卖方 | 卖方/买方 | 卖方/买方 | 买方 | 买方 | 买方 |

续表

| 贸易术语 | 出口报关 | 运输至出口港 | 港口卸货 | 港口装载 | 海/空运出口 | 保险 | 进口港卸货 | 进口港装卸 | 运输至 | 进口通关 | 进口关税 |
|---|---|---|---|---|---|---|---|---|---|---|---|
| DAT | 卖方 | 卖方 | 卖方 | 卖方 | 卖方 | 卖方/买方 | 买方 | 买方 | 买方 | 买方 | 买方 |
| DAP | 卖方 | 卖方 | 卖方 | 卖方 | 卖方 | 卖方/买方 | 买方 | 买方 | 买方 | 买方 | 买方 |
| DDP | 卖方 | 卖方 | 卖方 | 卖方 | 卖方 | 卖方/买方 | 卖方 | 卖方 | 卖方 | 卖方 | 买方 |

**敲黑板**

外贸术语是做外贸业务需要掌握的最基本的知识，重点在于每个贸易术语代表的责任划分，包括费用划分、货物在运输过程中安全责任的划分。所以在跟客户谈订单的时候，我们需要清楚贸易术语所代表的意义。

**刻意练习**

为了进一步加深对这些术语的了解，请做一个功课，查找每一个术语的中文和英文解释。可以挑战一下自己，看看能否用英文描述这些术语的意思。其中最重要的一点是，需要清楚每个贸易术语所表述的责任划分界限。

同事之间相互抽查，看对术语的熟悉程度，并加以巩固。

# 第九节　外贸人应该有的心态

每个人都有烦心的时候，怎么调整心态，合理安排自己的工作，清楚自己的定位，保持一个平稳的状态，是每一个外贸人都要面对的问题。在没有订单，开始怀疑自己的瓶颈期，又该如何化解心中的迷茫？这一节提到的职场瓶颈案例，是否有你的影子？

## 怎样保持良好的心态

每一天，我们都会面对各种各样的事情，特别是作为一个销售人员，涉及与客户和公司内部多个部门的协作，要处理的事情非常烦琐。很多时候，我们别无选择，只能直面问题。有些问题，我们在一开始是可以避免的。

### 📑 案例 1-11 4 个月没有处理客户投诉的同事

> 进入新公司之后，我接手了一个客户 A。A 做一款产品已经有三四年了，每年出货量不大，但是很稳定。最近 A 的这款产品的供应商出了严重的品质问题，他找我们做方案和报价。这个项目我们沟通了大概半年，客户两次来到工厂和我们面谈，产品要求、开发进度、合同、付款方式我们交流得都不错。当我沉浸在拿下新项目的喜悦中的时候，客户给我发了一封邮件：
>
> Hi Amanda,
>
> Can you follow up with your group on getting our credit and feedback on these 24 units returned—4 months ago ?
>
> Thanks!
>
> 看到邮件时是早上九点，我倒吸一口冷气，我们居然 4 个月没有对客户的问题进行反馈！从邮件内容判断，客户还没有到要发飙的地步，而且

还能来和我们谈新项目，说明这件事对他们的影响不算很严重。但是作为一个供应商，出现客户投诉是一件严重的事，处理得当会让客户更加信任我们，处理不当可能会让客户全盘否定我们的努力。至此，我判断事情还在可控制的范围内，但是必须得抓紧处理。于是我找到这个项目跟单的同事 B，问她发生了什么事。她说事情太久了，得回去看看邮件。等了两小时没有得到她的回复，我接着追问。她非常不耐烦地问我，为什么客户不直接跟她联系，而要找我，客户把产品退回来了，这 4 个月也没有催她，所以她忘记跟进了。我立刻回复了客户的邮件，同时抄送给 B。

Hi ××,

I am so sorry about what happened. B will tell you the status of the returning units today.

Please feel free to contact me if you need any assistance on this issue. Thank you.

Best Regards,

Amanda

下午五点，我没有看到 B 跟进，再一次跟 B 交流。她把一张纸扔在我桌上，说她今天有这么多的事情要忙，根本没有时间去处理这个客户的投诉。接下来她说了一句让我永生难忘的话："这件事已经拖了 4 个月了，再多拖一天又如何？之前客户都很好说话，不知道这次为什么这么难缠！"她一边说一边哭，说她就是忘记了，凭什么要一天催她三次，说客户怎么不和她直接联系，非要通过我去处理。她还发横说就是不回复，看我能把她怎么办。我一句句怼回去，失控得一塌糊涂，在办公室立刻引起围观。事后我想了很久，为什么会那么失控。有个领导曾经这样劝我，"这是你优先考虑的事（priority），到别人那里就不是了。"他说的时候我还很不高兴，但是我内心知道，他说的是事实。每个人都有一套自己的工作方式，不能用自己的标准去衡量其他人。我们没有站在别人的角度，我们怎么知道别人是不是真的有难处？借用我在育儿书里看到的一句话，"跟孩子相处，无论任何时候，都要保持耐心和冷静"，对工作来说也一样。

其实，我们完全可以用另外一种方式来处理这件事。我可以尝试理解同事 B 有很多事情需要处理，可以跟同事 B 去了解一下当时的情况，比如客户为什么会退货，然后告知客户。一方面稳住客户，一方面留给同事 B 足够的时间去查询以前的记录，如果有必要的话，自己亲自去回复客户，跟进这个事情。起码让客户知道现在这个项目（Case）有人在跟进。

面对每一天的工作，我们有两方面的事情需要管理。第一，管理期待值，每天的工作不可能顺风顺水，要对自己的工作性质有正确的认识。第二，管理事件，合理安排自己的工作，不要把重要的事情拖成又紧急又重要的事，每个人都不要给自己那么大的压力。当我们把这两件事做好了，我们的心态就能保持在一个平稳的状态。平稳是常态，也是最好的状态。

**敲黑板**

对一个业务员来说，昂扬的斗志和强大的心理素质是必不可少的，但是我们都是平凡的人，无法避免遇到一些烦心的事情。我们需要寻找一些方法，在我们心态出现问题的时候能帮助我们尽快走出低谷，这对我们事业的发展非常有帮助。

# 遇到瓶颈时，如何应对心态的变化

不管是刚迈出校门，还是已经在职场摸爬滚打了一段时间，都会遇到不顺心的事情。例如，没有得到公司的重视，没有拿到订单，没有得到同事或上级的支持，不能平衡生活和工作等。这个时候，我们都感到非常迷茫，也会怀疑自己的选择，怀疑自己的能力，从而觉得工作或生活失去了动力，甚至想逃避现实，不知道自己需要什么和怎样去做。这个时期，我们称之为瓶颈期。

## 为什么会有瓶颈期

大部分职场新人踏入行业之前，并没有足够的经验来分析这个行业，只是参考了身边朋友的建议或其他信息，有时候是盲目的选择，更多的时候凭借的是"直觉"。不久之后，他们会亲身感受到职场与校园的巨大差异，包括人与人之间的关系不再单纯，职责的承担不再简单，再加上身边朋友有意无意的攀比，很容易会产生自我否定和自我怀疑的情绪，从而影响自身的发展和提升。在这个过程中，有些人会选择退缩，认为换一家公司可能对自己更好，然而，我们更需要清楚自己的定位，从而调整自己的心态，来找到工作动力的源泉。

## 遇到瓶颈后的解决办法

### 📄 案例 1-12　外贸新人小 A 遇到的瓶颈

小 A 是一个很普通的英语专业毕业生，因为专业对口，所以小 A 很顺利地进入了一家工厂。由于是新人，工厂安排他在车间实习 1 个月，轮候不同的岗位，上级的要求是要他熟悉各个岗位的生产流程。小 A 认为这个安排很合理，他每天在车间非常努力地工作，觉得车间的工作轻松，是"不用动脑子的工作"。1 个月之后，小 A 被调回了办公室，开始做跟单的工作。业务经理交给他的任务非常琐碎，包括产品报价单的整理、各种包装尺寸的核对、装箱单发票的制作、样板的包装和寄出，甚至还有业务经理出差费用的报销等，有时候还需要当司机接送客户。

小 A 每次都会尽力把每件事情做好，可是他渐渐发现，业务经理老是因为一些小事而批评他。例如，装箱单发票的表格格式没有排好，导致有些字体显示不出来；更改相同内容邮件的标题，让业务经理无法很好地整理邮件；没有及时更新订单的生产排期、样板的进度等。虽然都是小事，但当受到批评的时候，小 A 总以自己的习惯为由，忽视掉了。

3 个月后，小 A 成了一名外贸业务员，他决心努力工作。工厂在历届的展会中有些没有开发的客户资源，上级就交给小 A 来跟进。小 A 根据网上学习的方法天天发推广邮件，然而，在做外贸业务员的 3 个月里，他没有成功开发一个新客户，也只寄过两个样品。主管在询问客户情况的时候，小 A 毫无头绪，觉得自己已经非常努力了，但就是没有客户下单。主管问他是否请教过其他有经验的业务员，小 A 表示很少跟其他业务员沟通，认为其他业务员没有告诉他拿订单的"绝招"，感觉老业务员提供的经验没有什么可以借鉴的地方。

小A逐渐感受到了没有业绩的压力。与此同时，小A感觉其他的同事在冷落他；他发现同事可以到国外出差拜访客户，自己却没有机会；他认为没有订单是因为市场行情不好，产品价格没有优势，产品没有特色，公司没有提供好的平台来帮助推广产品等。终于，小A提出了辞职，公司也非常迅速地同意了。事后，小A表示非常不理解，为什么自己这么努力却得不到公司和同事的认同？为什么公司的产品没有特色、价格这么高，公司不开发对应的产品来迎合客户的需要？为什么自己的同学都比自己成功？他感到非常迷茫，遭受了非常大的挫折。

小A在后来的一年里尝试在几家公司做外贸业务员，但是遇到的情况都一样。他灰心丧气，不断怀疑自己，再一想到他的同学都取得了一定的成就，现实跟自己当初要做一个光鲜亮丽的外贸人士，出入高档酒店，走遍世界的目标相差甚远，就更加失落了。

### 小A遇到瓶颈的原因

小A代表着大部分普通的职场新人。小A所在的公司也与大部分公司的情况相似，没有非常正式和高大上的培训体系，没有手把手教你的师傅。那么，我们需要怎样走出职场的第一个瓶颈期呢？

首先，我们分析一下小A的心态。当小A是一个没有经验的职场新人时，他对任何工作都充满了好奇，也勤勤恳恳地工作，希望在工作上能够做出成绩，得到同事和身边朋友的赞赏。但是现实非常残酷，他连在职场上出现的一些小错误都会受到无情的批评，并且他很长时间都重复着枯燥乏味的简单工作，看不到将来，跟当初自己设立的目标越来越远。

刚去车间工作时，小A就出现了一个念头——车间的工作是不需要动脑子的。公司要求新人进车间是有目的的，是要新人熟悉各个岗位的流程，思考为什么需要这样的流程，小A没有经验，不能判断流程是否可以优化，但是在车间

的实习中，可以看到产品的制造过程，可以在脑海中形成整个生产流程，便于在
将来对接客户的时候，显得更专业。在跟单的岗位上，小 A 忽视了业务经理对
自己的要求，导致业务经理在跟小 A 合作的过程中产生了隔膜。

小 A 成为业务员以后，没有主动或想办法搞好与前辈的关系，导致浪费
了时间却找不到有效的方法，出现心理落差，形成恶性循环。

**突破瓶颈的办法**

小 A 进入车间实习只是听从公司的安排，但是我们需要知道的是，公司
安排你到车间实习，并不是为了让你当一个生产工人。小 A 可以把每天工作
中思考的东西跟领导沟通，让领导帮助他分析需要注意的知识点。例如，哪
个岗位是影响产品质量的重要岗位？需要什么技术？哪个岗位可以体现公司
价值？检测使用什么仪器？得到了怎样的检测数据？他也可以跟质量管理人
员沟通检验方法和依据，跟厂长沟通产能信息等。把收集到的资料跟上级或
部门负责人验证［请参考第五节"老板总让你去工厂（车间）看看，到底看
什么"］。

受到的批评一定要重视。我们可以把别人对你的批评看作给你的提升机会。
如果小 A 能够把每个批评、意见都重视起来并积极改正的话，慢慢会发现自己
的进步；反之，没有人去批评你的时候，就证明你在对方眼里没有任何价值。

荀子说："假舆马者，非利足也，而致千里；假舟楫者，非能水也，而绝
江河。"意思是，借助于车马的人，不必自己跑得快，却能远行千里；借助于
舟船的人，不必自己善水性，却能渡江河。在上面的案例中，我们可以看到，
小 A 认为别人做的事情都非常简单，也认为前辈没有教导自己拿单的"绝招"，
从而忽视了借鉴别人宝贵经验的重要性。

每一个成功的业务员其实并没有什么"绝招"，他们是在不断重复很多非
常不起眼的小事的过程中拿下了客户。小 A 在做了很多无用功的时候，需要
思考自己的工作方式是否有问题；当凭借自己的能力无法在短时间内有突破

的时候，就需要"借力"。小A可以想办法跟前辈搞好关系，拿着自己手上的客户资料去虚心请教，让前辈帮忙分析哪些客户是目标客户；毫无营养的推广邮件是否可以改良；是否可以通过信息收集来对客户做基本的调查；是否可以通过谷歌来搜索客户信息等。

小A曾经有接送客户的经历，可以通过旁听业务员跟客户聊天或谈订单学习一招半式；可以邀请同事帮自己做角色扮演；可以通过请教品质或技术部门的同事来深入了解产品的特性，从而提炼出产品的卖点。

上述所有方法，都需要我们主动出击，迷茫的时候不要掩盖自己的不足，要主动去寻求帮助。职场上没有人可怜弱者，只有人崇拜强者。要相信，突破了职场上的第一个瓶颈后，我们将会拥抱更大的舞台。

**刻意练习**

找不同部门的同事聊天，看看他们对你工作状态的反馈，也可以自行进行一些心理测试。找外贸其他同行或者自己的导师一起聊聊职业瓶颈问题，看看有经验的他们是怎么处理和调整心态的。

# 第十节　外贸人的简易时间管理法

时间都去哪儿了？我们总觉得自己非常忙，特别是在这个信息爆炸的时代。我们觉得自己一直在学习各种知识，但是投入和产出似乎没有成正比。这主要是因为我们没有规划好碎片化的时间。

我们在日常工作中是否都会花费大量的时间去寻找某样东西？本节我们将分享一些实用的技巧去管理我们的时间，合理、高效地工作。

# 如何利用碎片化的时间

有这样的一个案例，老师拿着一个容器，旁边分别放着石子和沙子。如果先将沙子放进容器，则不能完全放进石子；如果先放石子，则沙子可以将石子之间的空隙填满，所有的沙子跟石子都能装进容器里。可以看出，在日常生活中，除了需要占用大量时间的事情之外，我们可以通过一些技巧，将碎片时间合理利用起来。

合理利用碎片化的时间对我们的帮助是非常大的。我利用碎片时间做了许多事情，例如，提升英语口语和听力能力、阅读纸质书和电子书、看 TED[①]演讲、看公开课、浏览行业资讯、学习健身知识、学化妆等，所有的学习都取得了不错的效果。其中以口语和听力能力的提升最为明显，甚至经常有人问我是不是有海外学习和生活的经历。在我看来，这是对我利用碎片化时间取得的成绩的最大鼓励。将看似不起眼的时间汇集起来，我们可以完成令人惊讶的蜕变。所以，我想告诉所有立志在外贸行业打拼的小伙伴们，合理利用碎片时间，将会给你的人生带来重大的改变。

合理利用碎片化时间，说到底，是为了完善我们自身的能力，弥补我们的不足。要做一个合格的外贸销售员，需要十八般武艺样样精通，而我们平时的工作那么繁忙，碎片化时间给了我们一个积累知识的机会。

然而，不幸的是，我们生活在一个信息碎片化的时代，打开手机，随时随地能刷知乎、刷 Quora（国外知名问答网站）、刷行业知名人士的公众号文章。当我们在阅读这些信息的时候，觉得他们写得非常好，对自己的事业、

---

① TED：指 "technology, entertainment, design" 在英语中的缩写，即技术、娱乐、设计，是美国一家非营利机构，以 TED 大会著称。每年 3 月，TED 大会在美国召集众多科学、设计、文学、音乐等领域的杰出人物，分享他们关于技术、社会、人的思考和探索。

人生有很大的启发，但是又有多少人在看完之后能够付诸行动呢？碎片信息不汇集起来，还是一个个零散的存在，特别是对归纳总结能力弱的人来说。这些给了我们一个假象，我们觉得自己在学习，但是我们的投入和产出不成正比。

真正有效的学习方式是给自己制订一个可行性的学习计划。没错，我们需要对碎片化的时间作系统的规划，制订可达成的目标。打个比方，计划每天利用碎片化时间背 10 个单词。这句话看起来没毛病，每天背 10 个单词而已，简直是非常简单的任务。可是仔细研究一下，是否觉得缺了点什么？如果换一种表达方式："每天利用碎片化时间背 10 个跟自己工作相关的单词。我们可以把这些单词写成句子，争取在第二天的工作中使用，每周和每月都要对这些单词进行抽查和复习。每周至少记住 50 个单词，最好是 70 个单词。争取在半年内掌握 1 300 个单词，并且能熟练地运用到工作中，能够以书面和口头形式展现在客户面前。如果我能达成目标，就给自己一次 5 到 7 天的国内旅游作为奖励。"

简单归纳，这个计划有几个要点：一是要学习的知识一定得用得上，一定是发自内心需要的；二是计划要有弹性，也要有约束，"每天"是个关键词，我们有时候确实会因为特殊情况打乱计划；三是要给自己奖励，小进步小奖励，大进步就好好犒劳自己，这是对自己的肯定；四是如果有可能，约上小伙伴一起互相监督。微信群是个不错的方式，微博打卡也行，能推动自己去做这件事的一切方法都可以去尝试。

时间管理说到底就是目标管理。想清楚自己当前的状态、自己的优势和短板、自身可以改善的地方，就会找到有效利用碎片化时间的方法。

## 做好资料管理，不将时间浪费在找东西上

我们在日常工作中是否都会花费大量的时间去寻找某样东西？是否遇到过客户突然需要我们提供什么文件，时间太久了我们不知道放在什么地方的

情况？我们是否遇到过为了寻找一个以前的信息而花费大量精力和时间，最后发现还是重新做一个更快的经历？我们是否丢过文件、钱包、公司工作卡、身份证、钥匙、手机等？要知道，一生中人人都会花大量的时间去寻找各种东西。我们都看过大量关于时间管理的文章，或参加过相关的培训，手机电脑上都下载过各种各样的软件去帮助自己管理时间，但是最终我们发现没有一个是可以坚持的。我们是否都感觉那些软件，甚至是客户关系管理系统（CRM）用起来有各种各样的不顺手？本节我将分享一些实用的技巧去帮助我们管好东西，帮助大家把寻找东西所花的时间节省下来。

### 如何快速查找电脑中的文件

我们每天使用电脑工作都会产生大量的文件，也会用不同的文件夹来区分里面的内容，注明文件的标题和时间。然而，文件夹一旦多了，我们还是要花时间来寻找我们需要的文件夹。我们可以在建立文件夹的时候，在文件夹名称上加一个字母，例如建立了一个名字叫"流程"的文件夹，我们可以在名字前面加上一个 L，变成"L 流程"。这样我们在一大堆文件夹所在的目录中按下键盘上的"L"键，电脑就会自动选中名字中带有"L"的文件夹，如果写有"L"的文件夹也很多，多按几下"L"键，就可以找到所有含"L"的文件夹。这样文件夹就容易找到了。

### 怎样快速跟进内部沟通结果

在日常工作中，我们大部分的沟通是跟内部人员或供应商完成的。这其中有相当一部分事情不能立刻解决，在等待对方回复的过程中，很容易就忘记了。另外，我们在工作过程中，经常受到干扰，例如电话、紧急的邮件或上级交代的事情。当我们处理完紧急的事情，往往会忘记刚才在做的事情。结果，当对方催促事情进展的时候，才去匆忙跟进，一天下来忙个不停，大部分的事情又没有解决好，效率低下，形成恶性循环。

上述需要等待一段时间才能解决，或是被其他事情打断的状态，我们称之为"断点"。"断点"的工作往往需要耗费时间和整理思路来重新组织和开始。在这种情况下我们的工作效率非常低下，那我们该怎样做呢？

我们要学会记录。当我们的工作被打断时，记录下"断点"时的情况。可以将废纸装订成一个小本子，主要用来快速记录各类事情。这个小本子可以帮助你记录任何内容，包括数据、时间、电话号码、联系人等。

比如，我们正在处理一个文件，完成这个文件需要翻阅一些资料，突然经理要求我们去查某个船运费用。这个时候，我们可以把正在处理的文件名称快速记录下来，把需要查阅的资料名称也写下来，然后打电话给船公司询问船运费用。船公司回复可能需要半小时，这时我们把船公司的联系人和电话号码也记录在小本上，并注明"查运费"，写上半小时之后的时间，告诉经理半小时以后给他答复。这个时候，我们再重新回到刚才的文件处理事项上，看看小本子上记录的"断点"是什么，就可以快速知道刚才进展到哪个步骤，需要查询什么文件了。

通过这样的记录，我们不但可以及时跟进每件事情的进展，也可以看到我们每天工作到底做了什么。如果事情的时间跨度很大，就需要使用便笺，在便笺上写下下次跟进的时间节点，方便我们日后跟进。

## 如何快速搜索所有客户的状态

我们除了内部沟通，更重要的是跟进客户。客户通常会在某个环节停滞非常长的时间，我们很容易忘记，最终失去合作的机会。当然，我们也可以利用各种客户关系管理软件、邮件归类法等来跟踪合作进展，但是总觉得这样做非常不方便，没法快速查阅，而且录入耗时多、操作复杂。作为业务员，我们除了了解目前各个客户的需求，更应该思考如何从客户手上获取更多订单，或在众多的客户名录中开发优质的客户。下面将会介绍一个以"销售漏斗①"为思维导向的方法，帮助大家快速查阅每个客户的状态，而且每天录入的时间不会超过 1 分钟，没有使用过客户关系管理软件，或觉得客户关系管理软件不顺手的朋友可以参考，定制一个适合自己的使用方法。

根据"销售漏斗"，我们把客户的状态（Status）分成 7 个部分。

（1）潜在客户（Potential）：包括所有你收集到资料的客户，比如来源于展会、网上搜索等的客户，我们将资料先全部收集到一起。

（2）第一次接触（First Contact）：联系过、回复过邮件的客户，产品对口，要留有正确的电话和邮箱地址。

（3）谈判（Negotiation）：内容包括价格、产品、数量、样板等。

（4）合同签订（Sign Contract）：意思是已经签订 PI，并且收到订金，开始安排生产的客户。

（5）第一次出货（First Shipment）：注明出货的数量、日期、收款的金额、单证的寄送要求等以及是否需要催款。

（6）交叉销售（Cross Sales）：完成第一笔交易之后，给客户推荐其他的产品，或跟进客户的销售情况，目的是深挖客户潜力。

（7）取消（Cancel）：不需要再联系的客户，注明原因，包括产品不对口、联系不上、价格问题解决不了等。这类客户虽然我们暂时不联系，但是有机会随时可以重新激活。

使用说明：

这个方法可以快速记录客户状态，并注明下一步的行动时间。这样我们可以

---

① 销售漏斗：科学反映机会状态以及销售效率的重要销售管理模型。

最大限度地清空脑子，有更多的时间和精力去思考更重要的事。

（1）自定义客户（AB）：方便我们通过"Ctrl+F"来快速搜索客户的最新状态。

（2）联系人（Contact person）：分为日常联系人和关键联系人（Key man）。在联系客户的时候，我们如果能够分辨出关键联系人的话，将会更快获得订单。如果能够记录得再细一点，还可以记录客户的爱好、家庭成员、生日等信息，方便我们拉近跟客户的关系。

（3）客户状态（Status）：用来把客户按照合作状态归类。当某个状态的客户数量很多时，我们就需要思考用什么方法将客户的状态推进到下一步。同时，也可以寻求上级的帮助，让状态停滞不前的客户进入下一阶段。客户的状态可以通过自己的习惯来描述，灵活运用。

（4）细节和行动计划（Details and Action plan）：这个部分将记录我们跟进客户的所有节点，和下一步的行动计划。同时使用不同颜色来标明重要或紧急的事情，来提醒自己每天优先处理它们。

（5）我们可以隐藏客户的历史状态记录，有必要的时候再取消隐藏，查阅当时的跟进状态，使记录的界面清晰、简单、方便查看。

上述是一个简单的记录方法，我们可以根据每个人自己的日常使用习惯，来更改需要的内容，目的是把所有的跟进状态归类，便于查询。

## 如何降低丢东西的可能性

如果我们有不好的习惯，比如乱放东西，就会经常丢东西，赶上出差丢了重要证件，就会有非常大的麻烦。这个时候，我们需要养成习惯，让每个物件都有个固定的"家"。

例如，我们到国外出差，护照是非常重要的证件，丢了护照意味着把自己也丢在了国外。所以我们需要注意，护照必须要放在一个固定的地方，每次用完都必须第一时间放回它的"家"，任何时候不能随便让它"搬家"。

如果是日常用品呢？我们也可以给它们一个固定的地方安放。例如，我们每天都要带手机、钥匙、钱包等，我们可以把手机和钥匙固定放在衣服前面的口袋，钱包固定放在裤子后面的口袋，每次出门，先检查这3个地方的东西是否放好，这样就不会丢了。女生身上没有口袋，而且还会经常换包怎么办？道理是一样的，在换包的时候，把固定存放的物品优先转移，这样就减少了丢东西的可能。

除了随身携带的日常物品，我们还有各种各样的资料、文件也需要遵循固定的"家"这个原则，这样可以减少我们寻找东西的时间。

### 灵活使用各种便笺

便笺最大的用处就是可以提示我们各种各样的事情，我们可以把它们粘在桌上、电脑显示屏上、笔记本上。需要注意的是，便笺很容易丢失，不利于保存。不要让便笺代替笔记本，笔记本可以用来长期记录和翻阅，便笺就很难实现这个功能。

聪明的你，一定有很多方法来避免丢东西。希望大家能够互相分享，坚持沿用好的方法，减少寻找东西的时间，做更多有意义的事情。

刻意
练习

记录自己工作日的一天都干了什么，和上级沟通，看你的时间浪费在了哪些地方。
找到你的工作节奏，合理、高效地利用时间。

第二章

# 3 个月后

稳扎稳打，先从跟单高手做起

## 背景

如何成为跟单高手，起步成长篇

# 第一节 专业报价表的制作

报价表是否专业、让客户满意，会直接影响客户是否选择和我们合作。怎样做一份让客户满意的报价表？报价表应该包含哪些要素？客户嫌价格高的时候我们应该怎样面对？这一节将一一解答以上问题。

## 什么样的报价表能让客户满意

报价是个技术活，报价是否专业，能否让客户满意，从而带来合作机会，都体现在报价表上。如果报价表的内容太少，客户就不能一次性得到想要的信息，他问你问题，你得向研发部门或者工厂去确认，一来一回，一两天就过去了。如果你的竞争对手是个老练的销售员，很有可能会很快把你踢出局。我们之前在环球资源网投放过企业信息，每天早上都可以看到收件箱里有几个报价请求（RFQ），可是几乎每次在上午九点之前，都有四五个人已经回复了。世界上真的不缺少勤奋的人，但是只有用正确的方式才能有更高的效率和更好的回报。

对于很多行业来说，价格的组成不单单只有产品而已，不同的需求会有不同的价格组成方式，如包装、研发、模具、检测、生产制造、样品等。需要根据自己行业的特点，总结归纳出适合自己的价格组成模板。最为常见的两种报价方式是：标准化产品报价和定制私模产品报价。

## 标准化产品报价

### 公司优势介绍

客户要求你提供报价表，是基于对你们公司的信任。客户首先选公司，然后才选产品，所以在报价表开头加入公司的优势介绍，让客户对公司有更深入的了解，可以吸引客户继续阅读报价内容。

### 客户信息

每个客户都希望自己能够受到重视，即使是小客户也如此。如果他们收到的报价是一份通用的表格，他们对这个供应商的印象也不会太好。所以，要让客户感受到自己收到的这份资料是独一无二的。简单来说，要在报价表的第一栏填上客户的信息，包括公司名称、地址、联系人、联系方式。

### 产品图片

可以在报价表上添加一张清晰的产品图，这样非常直观。如果是重点客户，你可以通过多宝箱（Dropbox）或者 WeTransfer（国外流行的文件专输工具）这样的网站分享产品的多角度高清图。

### 产品名称及型号

很多公司只在报价表上写了产品型号，没有写产品的英文名称。其实国外的客户很难记住产品的型号，你给产品取一个形象的名字，有利于后续客户在和你交流产品报价时，记住产品。所以，建议你给每个产品取一个英文名字。

### 条形码（Barcode）

在报价表中加上条形码是为了客户在下单时，方便将产品录入他们的企业资源计划系统（ERP），以及他们仓库收货时能直接扫描入库。

### 产品规格

报价上一定要清楚地注明决定你产品价格的重要参数。如果此参数和客户要求的参数有出入，要在邮件正文中向客户提出来。

**配件备注**

有很多行业可能是有相关配件的，报价表中一定要注明是否含配件，含什么配件，如果配置不同的配件，价格不一样，需要提出来。比如我们公司标配的充电线是 USB 连接线，但是有些美国或者欧洲、澳大利亚客户，要的充电器分别是按照美国标准、欧洲标准、澳大利亚标准生产的，那价格就会不一样。这在报价表中应该明确指出来。

**产品颜色**

一个产品往往有多个可选颜色，在报价表中列出来是为了让客户知道有哪些可选颜色，并且备注颜色可以定制。如果你们公司有这项服务的话，需要备注定制颜色的最小订单量（MOQ）或者相应的其他要求，要客户提供潘通（PANTONE）色号。

**产品包装**

注明产品的标准包装和定制化包装的价格。写清标准包装是什么样的，里面包含哪些东西，比如说明书、质保卡、纸盒等。定制化包材价格包含裸机价格和客户要求的包装报价。如果客户明确指出需要定制化包材，但是还没有设计好包材，你可以推荐定制化包材可选方案，让客户能进行前期成本评估。

**证书、品质标准**

不同国家或者说不同档次的客户，对于品质的要求是不一样的。这也会导致价格的差异化，所以需要明确指出品质标准。对于默认的一些证书，也要在报价表里面显示。因为巨头客户可能要求的证书会比常规的法律法规要求的多很多，在报价表里面可以备注我们的价格只含哪些证书，需要其他证书另外收费。

**最小订单量（MOQ）阶梯报价**

不同的最小订单量会有不同的价格，你报价之前应该对客户进行深入分析，根据客户的采购实力，推荐对应的最小订单量价格。有实力的客户的最小订单量可能是 1 000、3 000、5 000；而小型客户的最小订单量可能是

100、300、500。如果我们无法判断客户的真实需求，或客户是试探性地要求报价，我们可以在报价单上显示阶梯报价。

**装箱情况**

为了运输的安全性，我们要求客户的订单是整箱（集装箱）数。所以要让客户明白一集装箱能容纳的产品数量、要求的纸箱规格。告知这些参数是为了让客户核算产品运费，将其平摊到产品的最终采购单价中去。

**运输方式（出货方式）**

基于我们前面学过的外贸术语，常见的出货方式有 FOB、FCA、EXW，报价表里一定要清晰地标明出货方式。

---

**敲黑板**

贸易术语后面会写上具体的地点或港口，这涉及买卖双方的成本计算问题，例如"FOB GUANGZHOU"（……广州装运港船上交货）跟"FOB HONGKONG"（……香港装运港船上交货）就有很大差别。所以，我们必须注意这个问题。

---

**付款方式和条件**

不同的付款方式直接影响公司的资金流动，特别是付款交单（D/P）或者记账（O/A）这种风险很高的付款方式，报价应该预留更多的利润空间。业务员针对不同的付款方式，报价也需要进行相应变动。

---

**敲黑板**

在确认付款方式的时候，一定要注意公司是否可以接受客户提出的要求。例如记账（O/A），成本计算时就要考虑收汇风险、资金周转成本、保险费用等。我们在做报价单的时候先列明公司可以接受的付款方式，如果客户提出其他的付款方式就需要再商议报价。

---

**样品及大货的交期**

如果能在报价中体现样品及大货的交期，客户会比较容易根据自己的情况来做综合评估。

**报价有效期**

每份报价单上一定要注明报价是基于哪个汇率制订的，以及报价的有效期，以免汇率及原材料价格等变化带来价格的波动。

**折扣条款**

为了长期合作，针对一些客户我们会进行返利。所以报价表里面可能会注明采购金额超过多少会有相应的折扣。

**质保期**

中国的大部分电子产品有一年的质保期，而国外最少要求两年的质保期。报价表里面需要标示质保多久。针对一些客户要求的 3 年、5 年质保期，费用该怎么收取，这也需要在报价表中明确写出。

**联系方式**

客户会同时收到很多不同供应商的报价，你在报价表里面一定要留有自己完整的联系方式，让客户想找你的时候，能迅速和你联系上。

**其他备注条款**

比如有些客户要求独家包销，就要在报价表上写明这些条款，产品最小订单量是多少或者年采购金额是多少，此产品在哪个区域包销给客户等。

**客户签字栏**

如果客户同意报价，会签名和写下确认时间，回传给你确定价格。

例："I,（name）, accept the above terms and conditions. Signed _____.
Date _____."

**文件命名**

第一，非常不建议直接把报价表贴在邮件里，因为每个人收到的邮件都很多，我们希望客户在想看报价的时候能快速找到我们的报价单；第二，文件如果按照一定的规律来命名，客户可以直接保存；第三，你自己在做文件管理的时候也方便搜索。举个例子，将文件命名为"Customer Name，Quote on ××，×× Company，Jan. 2，2017"（客户姓名、事项、公司名称、日期），这其中有双方公司的名称，有产品名字，有日期。

标准化产品报价表模板如下（见表2-1）。

表2-1　标准化产品报价表模板

1. The exchange rate is 6.3：1 between USD and RMB in this quotation.The price will be reevaluated when the exchange rate fluctuates by 10％.

2. Quotation validation：60 working days.

3. Payment terms：30% of payment made against PO and the balance made before shipment.

4. Shipment terms：FOB Shenzhen

5. Sample Leadtime：7 working days after the PI confirmed and payment made.

6. Order Leadtime：25 working days after the PI confirmed and payment made.

7. Discount：When the annual purchase amount reaches 100 000 USD，you will get a rebate which is 5% of orders you placed.The rebate will only be used as a part of deposit of new orders.

8. Warranty：1 year.The unit price goes up 10% if it extends to 2 years.

| HD Pic | Model No./ Product Name | Barcode | Spec. | Parts | Available Color | Packaging Photo | CERT | PL | Packed Price FOB SZ MOQ: 3 000 | Packed Price FOB SZ MOQ: 1 000 |
|---|---|---|---|---|---|---|---|---|---|---|
| | | | | | | | | | | |

"I,（name），accept the above terms and conditions.Signed＿＿ .Date＿＿."

## 定制私模产品报价

定制私模产品可能会增加前期的研发费用、模具费用、模具的材质和模具的一些参数（比如一模出多少个产品）以及手板费用等，其他的报价和标准化产品是一样的。表2-2是报价模板。

表2-2 定制私模产品报价表模板

1. The exchange rate is 6.3：1 between USD and RMB in this quotation.The price will be reevaluated when the exchange rate fluctuates by 10％.

2. Quotation validation：60 working days.

3. Payment terms：30% of payment made against PO and the balance made before shipment.

4. Shipment terms：FOB Shenzhen

5. Sample Leadtime：7 working days after the PI confirmed and payment made.

6. Order Leadtime：25 working days after the PI confirmed and payment made.

7. Discount：When the annual purchase amount reaches 100 000 USD，you will get a rebate which is 5% of orders you placed.The rebate will only be used as a part of deposit of new orders.

8. Warranty：1 year.The unit price goes up 10% if it extends to 2 years.

9. The customer will pay for the tooling cost and they will have the exclusive contract for selling the product worldwide.

10. MOQ for the 1st order：3 000/per item. MOQ for re-order：1 000/per item

| HD Pic | Model No./ Product Name | Spec. | Available Color | CERT | ABS Injection Mold Cost | Silicone Injection Mold Cost | 3D Drawing Cost | Constru- ction Design Fee | PCB Fee | Protot- ype Cost | Bulk Price FOBSZ MOQ: 3 000 |
|---|---|---|---|---|---|---|---|---|---|---|---|
| | | | | | | | | | | | |

"I,（name），accept the above terms and conditions.Signed_____.Date _____."

报价表的两个主要特征

**准确性**

这是对所有信息的一次复查。报价表就等同于一份契约，发出去之后不能轻易反悔或更改。之前我们公司发生过这样一件事，销售员给研发部门传递信息的时候，把客户的需求弄错了，客户的产品需求是由4个结构组成的，只需开一套模具。结果销售员误解成4个结构分别开一套模具，一共开4套模具，价格相差4倍。客户回复报价的时候直接说这个价格太无理了，比他前一个供应商多了××万美元。幸好是老客户，通过解释之后才没有计较，如果是新客户，大概直接就掉头走了。所以公司应该对报价表建立相应的审核机制，比如业务主管审批再加上财务审批，以确保产品报价的准确性。

### 时效性

对于询盘，特别是来自新客户的询盘，我们要在最短时间内给出报价。就像之前提到的询盘，如果客户发出询盘后能很快收到回复，他对这家供应商的配合度是比较满意的。而且，如果这些先回复询盘的公司又有很不错的产品优势，客户凭什么给后回复的你机会呢？即使客户有特殊要求，我们没有办法第一时间拿到价格，也应该快速告知客户我们已经收到邮件，报价表需要和相关部门进行认真评估，并告知什么时候会发出报价表。

---

**敲黑板**

如果我们能够"秒回"客户的邮件，我们会给客户留下深刻印象。有时候向我们询价的客户不一定是决策人，如果我们能够在短时间内回复对方的话，他们也可以尽快完成手头上的工作，将情况汇报给领导，这样我们成功的机会就会更大。

---

有句话叫"细节决定成败"。作为采购员，当他们看到一份完整的报价时，他们会对供应商建立基本的信任，他们会认为一份报价都做得这么认真，那么合作的配合度应该有一定的保障。

## 客户嫌价格高怎么办

"客户嫌价格高"是销售员每天都要面对的问题，解决方法就是分析价格高在哪里？是否是同等产品？同等质量和同等材料的产品对比情况如何？

首先，我们要分析客户说"价格高"的原因。客户说报价高或低，一定是参考了所谓的一个标准，甚至是同类产品。这个时候最重要的不是争论，而是要冷静下来分析客户现有供应商体系的定位。

然后，对比我们自己的供应商体系和排名，搞清楚何为价格高？何为价格低？找到原因后，就有了说服客户的足够理由，否则我们除了降价别无选择。

我们的产品成本构成主要分为三个部分，第一是原材料成本，原材料的等级不同，成本也不同；第二是金属表面涂层的厚度不一样；第三是技术处理水平不同，不同的涂料对技术的水平要求不同，加工的成本也不同。以上三个部分只是针对产品成本而言，还有其他成本构成成分，例如客户要求的产品证书、管理体系标准，这些都会影响产品的最终成本。

我们出口德国的产品需要达到德国的标准，德国标准要求从原材料到产品涂层、产品结构都必须拿到相应的标准体系证书，这样客户才允许我们生产。所以，我们需要把这些标准体系证书的费用分摊到产品上，这样就会使产品的成本结构发生变化。

出口非洲的产品，因为非洲的产品标准体系是按照中国的制订的，也就是说，产品只要满足国标就可以进入非洲市场。欧洲标准跟国标要求不同，成本上就会有差异。

有时候同一个国家也会有成本构成不同的情况。我们出口美国西部地区和美国东部地区的产品成本和标准是不同的。美国西部常年不下雪，而美国东部常年下雪，产品表面涂层的技术处理方式不同，单个产品的成本会相差 10 美元左右。

由此可以看出，当客户向我们询价的时候，我们要清楚地了解客户的需求，包括客户的目标市场、技术要求、法律法规要求，还有具体的包装运输要求、合作条款等。在深入了解客户的需求之后，我们才能为客户提供量身定制的服务，让客户满意。

**敲黑板**

客户永远不会说，"你的产品非常便宜！"就像我们日常外出购买东西一样，我们也永远不会买最便宜的产品。我们跟客户达成价格上的共识，其实就是让客户觉得我们的产品"值得这个价格"。价格除了产品的单价之外，还包括我们的服务态度，以及客户对我们公司的信任。

刻意
练习

1. 与同事根据不同的客户要求，制作专业的报价表，相互评审报价表的准确性、完整性、高效性。

2. 对客户和我们讨价还价的过程进行"角色扮演"，以邮件、在线沟通、面对面交流三种方式进行。

# 第二节　形式发票及样品发票的制作

形式发票（Proforma Invoice，PI）作为外贸工作中最为重要的单据，其中的条款等同于我们和客户签订的一份合同。形式发票发给客户的时候如果有错误的话，会让客户觉得我们非常不专业，并且会使公司信誉严重受损。所以开具形式发票一定要谨慎，特别要注意把条款写清楚，文字表述要精确到位。样品的形式发票是敲门砖，要写清样品有哪些需要注意的事项，避免给客户带去麻烦。

## 怎样制作样品发票及进行后续跟进

样品发票（Sample Invoic）作为进入客户合格供应商目录的敲门砖，地位尤为重要。如果在样品发货的过程中，样品发票出现问题，就会给客户带来不必要的麻烦。比如样品发票上没有写清该样品仅用于测试，不用于销售，而产生了关税；或者有些业务员私自低开样品单价，使价格与客户付款的金额不符，导致在海关清关时被扣。样品发票和批量订单的形式发票有哪些区别？样品又有哪些特别注意的事项？这些是本节要讨论的重点。

表2-3  样品发票范本

| Sample Invoice | | | | | | | | | |
|---|---|---|---|---|---|---|---|---|---|
| Prototype for demonstration only. Not for sale. | | | | | | | | | |
| Supplier：×××××××××××<br>Address：××××××××××××××××××<br>Contact person：×××××  Email：×××××××  Tel/Fax：×××××××××，<br>Mob：×××××××××× | | | | | | | | | |
| Manufacturer：×××××××××××<br>Address：××××××××××××××××××<br>Contact person：×××××  Email：×××××××  Tel/Fax：×××××××××，<br>Mob：×××××××××× | | | | | | | | | |
| To：Customer's company name<br>Address：×××××××××××××××××<br>Contact person：×××××  Email：×××××××<br>Tel/Fax：×××××××××<br>Mob：×××××××××× | | | | | | Invoice No.：×××××××××××<br>Date：×××××××××××× | | | |
| Picture. | Commodity Description | Tariff Code | Spec. | Color | Model No. | Unit Cost | Qty | | Total Price |
| | | | | | | | | | |
| Shipment fee | | | | | | | | | |
| Total fee | | | | | | | | | |

表2-3是样品发票范本。首先，标题"Sample Invoice"（样品发票）非常醒目，而且下面备注了一句话："Prototype for demonstration only. Not for sale."，指明了样品是手板，仅用于展示，不会再次销售。这种备注能让客户在样品清关的时候不交关税。表格下面的内容也备注了"Tariff code"，也就是海关编码，这样能让样品在清关的时候快速被归类。

样品发出后，业务员应该每天追踪其状态，确保客户收到样品。当物流状态显示客户已签收后，一定要截图发邮件给客户说很高兴看到他们收到样品，期待他们对样品的反馈。特别是如果签收人不是客户本人的话，需要告知客户。之前我们就遇到过客户仓库和办公室不在一起，样品发到仓库的情况，这个时候我们发邮件能很好地提醒客户查收样品。

一周后可以通过电话联系客户，追踪样品测试的结果，与此同时，样品的相关参数、高清图片、测试报告、证书等资料也可以通过邮件发给客户，持续跟进。

## 样品订单的制作流程和发货注意事项

### 样品订单的制作流程

样品订单和批量订单的制作流程不一样，一般来说样品订单的要求更高。我们会安排工程师做样品，由品质部严格检验后，业务部自身需要再次测试，确保样品能够高质量地发给客户（如图 2-1）。

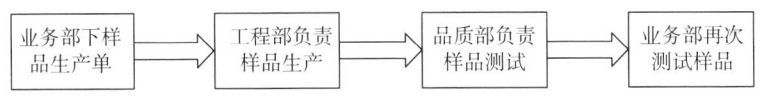

图 2-1　样品订单制作流程

### 敲黑板

　　样品的重要性等同于面试。面试前我们需要把自己从头到脚仔细打扮一番，给面试官留下好的印象。样品也是一样，如果我们因为不够仔细而让样品出现问题，我们在客户面前就会掉价，在同行的竞争中就会失去先机。

### 样品订单的发货注意事项

注意事项包括以下几点：

（1）样品发票的抬头必须写 "Sample Invoice"。

（2）如果客户有到付账号，必须事先核对到付账号是否有效，可以打联合包裹（UPS）、敦豪快递（DHL）、联邦快递（FedEx）客服电话核对，他们会问你客户到付账号是什么，你告知公司名字、客户地址、客户邮编后，他们会告诉你此账号是否有效。

（3）考虑到俄罗斯清关非常麻烦，寄往俄罗斯的样品，一般都使用邮政快递（EMS），而且收件人要写个人而非公司，发货之前务必和客户确认好。

（4）寄往墨西哥的样品只能发联合包裹，发敦豪快递会出问题，而且样品上面必须贴"sample only, not for resale"（仅作为样品，不再次销售）的标签。发货之前选择何种快递，要根据不同国家的要求而定，必须和客户确认，有特殊要求的，必须按照客户的指示操作。

（5）巴西的样品接收地址必须写清楚接收公司的 注册税号，如"CNPJ：××××××××"，所以一般也由私人代收，需要和客户核对。

（6）使用联邦快递寄送含电池类的产品的要求非常多，流程也比较复杂。"联邦SNA运费到付保证函—企业"第2页、公司营业执照盖章复印件、形式发票盖章3份、装箱单（PL）盖章3份、联邦运单。如果产品是充电的，则必须提供"航空运输条件鉴别报告书"（UN38.3）、"运输测试报告"，这两个文件都要盖齐缝章，并且要在首页手写 "复印件与原件一致"（签字加盖章），盖章都要是中文章。需要在发货之前打电话给联邦客服问清楚所有要求，以免发货当天因资料不齐耽误发货。

（7）样品快递单的报关：货物价值超过5 000元人民币或者重量超过100kg，这两个条件满足其一就需要准备报关资料。

（8）如果要寄往中东的某些国家或地区，需要咨询快递公司是否有当地的派送服务。由于政策问题，不是每家快递公司都可以接收快递服务，只能走中东专线。

## 样品是否该免费

每个公司对样品的费用有不同规定，产品不一样，样品的价值差别很大。对于普通的消费类产品，样品价值低于 50 美元，我们可以灵活应对，而不至于因为公司死板的制度导致错过一个优质客户。当然，如果你们的产品独一无二，客户非从你们那里采购不可，就另当别论了。一般情况下，如果客户不愿意付样品费用，我们可以考虑以下几种应对方式：

（1）针对客户进行认真分析，如果确实是行业知名度非常高，非常有实力的企业，建议向上级说明情况，申请免费样品。毕竟这种客户排队给他们送免费样品的供应商都很多，客户能管你要样品，说明这对你来说是个不错的机会。

（2）如果客户属于中小型客户，确实想买样品测试产品质量，我们可以这样回答："我们知道你们测试样品只是为了确认我们的产品质量，我们在世界各地都有分销商，你可以从当地直接采购样品，这样成本更低，更方便快捷。

（3）客户如果有到付账号，我们可以发免费的样品，运费由客户承担。

（4）由客户负担样品费用，但当其订单金额超过 ××× 美元时，我们会在付款时抵扣样品费用。

## 形式发票范本

表 2-4 为形式发票的范本。和样品发票不一样的是，批量订单的形式发票多了很多合同条款，而这些条款如果不在形式发票里面显示，可能出问题的时候就没有依据了。这也便于完整地和客户确认订单的所有要求。

（1）产品单价的范围：是否含配件？是否含包材？

（2）汇率问题：如果汇率波动太大，客户付款的时候需要按照实时汇率进行支付。

（3）订单要求：定制化的 LOGO、包材、纸箱等。

（4）交货期的要求：我们一定要备注确认订单所有细节以及使用形式发票确认付款后，交货期是多少个工作日。特别是在定制化的情况下，客户的包材确认时间会直接影响交货期。

（5）付款方式：如果客户的付款方式是记账（O/A），那更应该在形式发票里写清楚。因为形式发票相当于合同，需要客户签字返回正本，以此作为付款依据。

**敲黑板**

如果双方确认记账（O/A），需要谨慎对照所有信息，信息需要互相印证，建议做 O/A 之前咨询律师或保险公司。

（6）发货方式：使用哪个货代？是卡板出货还是纸箱出货？发货条款是 FOB 还是 FCA？清关需要哪些资料？这些都可以清晰地在形式发票里面表达。

（7）保质期除了写在形式发票里，公司还应该有具体的保修条款，以书面或者合同形式签订的保修条款，以免后续有质量问题的时候，出现扯皮现象。

表 2-4　形式发票范本

| Proforma Invoice | | | | | | | |
|---|---|---|---|---|---|---|---|
| From：×××× | | | | | | | |
| Address：×××××××××× | | | | | | | |
| Contact person：×××× Email：×××××<br>Tel/Fax：×××××× Mob：×××××××××× | | | | | | | |
| To：Customer's Company name<br>Address：×××××××<br>Contact person：×××××××××× | | | | Invoice NO.：××××××××××<br>Date：××××××××××××<br>PO：××××××××××× | | | |
| Pic. | Our Model No. | Your Product Model No. | Spec. | Color | Unit Price（full packaged）FOB SZ | Order QTY | Total Price |
| Total Fee | | | | | | | |
| Bank Account Information | | | | | | | |

续表

| Contract Terms |
| --- |
| The unit price includes one product，one USB cable and the customized packaging fee. |
| The exchange rate is 6.3：1 between USD and RMB in this quotation. The price will be reevaluated when the exchange rate fluctuates over 10%. |
| Customization part：LOGO，packaging，user manual，no sticker，USB cable. |
| Payment terms：Full payment must be made 30 days after the goods arrives in the destination port.The date is referred to the arrival date on BOL. Buyer cannot reject to pay for the goods for any reason. |
| Lead time：about 40 working days after the invoice and details are confirmed. |
| QC：The products will be shipped to you when they pass the UL inspection. |
| Terms：FOB Shenzhen |
| Shipping Method：customer defines |
| Shipment by plastic pallet |
| Bank charges：We will pay for the local band fee only. |
| Shipping documents for clearance customs：PI and PL by email |
| Allow 15 days free storage fee and thereafter will charge 100 USD perm 2 area occupied on monthly basis. |
| Marks：customized cartons |
| Warranty：One year starts from the shipping date. |

| ××××  Signature： Date：×××××××××× | ××××  Signature： Date：×××××××××× |
| --- | --- |

刻意
练习

从生产部随意借用 5 张不同类型的生产订单，自己把生产订单转换为形式发票。在制作过程中记录自己的用时并找上级或者同事帮忙核对，一起纠错。总结出做形式发票的注意事项，以便下次自己做形式发票时，拿出来对照。

# 第三节　怎样下生产订单及怎样跟单

业务员在把客户的采购订单（Purchase Order，PO）转换为公司内部订单的过程中，如何避免一些错误？生产订单格式怎样才算完整？OEM 和 ODM 生产订单有哪些区别？跟单的人如何高效跟进，确保订单顺利出货？这些需要每个业务员在实践过程中不断总结和优化。

## 如何制作生产订单

业务员在把客户的采购订单转换为公司内部生产订单的过程中，出现任何细微的错误都会给公司带来巨大损失，怎样避免订单出错？怎样面对客户取消订单的突发状况？生产订单有哪些细节需要注意？这些是本节要解决的问题。

### 怎样避免订单出错

我们一再强调，做业务要非常细心，但是再仔细也没有人能保证100%不犯错，而避免订单出错的方式，有以下4种。

**加入审核机制**

比如订单由业务员下单，则需把报价表、形式发票、采购订单、生产订单提交给业务员的上级主管进行审核，审核完再交给业务员跟单，由业务员再次审核。这种双重审核，大大降低了出错的风险。

**不断地优化生产订单的模板**

订单出错很多时候是因为生产订单本身没有提及相应的细节要求，结果业务员漏说了订单的一些要求。举个最简单的例子：明天要出货，业务员今天突然想起来需要打木质卡板，但生产订单上根本没有这一栏，所以生产部不知道需要木质卡板。我们需要定期总结生产订单中出现过哪些错误，不断优化生产订单格式，使生产订单能全面、清晰地反映出所有生产要求。

**有条件的公司，可以引入 ERP 系统来下订单**

只要前期对录入系统的资料进行严格审核，后期的生产订单就不会因为某业务员个人的疏忽而出错。

**确认每个细节**

在生产过程中，特别是 OEM 或者 ODM 订单，需要对每个细节进行拍照，把最终的样品发给客户或者把样品照片、视频用邮件发给客户确认。这是避免订单出错的最好方式。

## 客户取消订单怎么办

**长期合作 OEM 订单的客户，合作的时间较长，信誉也非常好**

某次客户说一个订单非常紧急，需要我们加急处理。于是我们在客户没有支付订金的前提下开始帮客户采购物料。过了一个星期，客户的钱还没有到账，10 天后客户通知取消订单，理由是他们的客户取消了订单。遇到这种情况该怎么办？

很多业务员会把订单的风险全部转移到自己身上，总觉得老客户没有问题，一定会付钱，还有些业务员私自隐瞒，不上报实情，希望赶紧生产订单，生怕得罪客户，这是订单被取消造成损失的主要原因。面对这种情况，考虑到是老客户，我们可以优先申请处理。比如只采购常规材料、通用物料，即使这个订单不能用，还能用到其他订单上。通知客户我们已经在备料，但是如果一周内没有收到订金，备料将会被用于其他订单并取消生产该公司的订单。这样做既没有得罪客户，也不会给公司造成损失。

---

### 敲黑板

很多业务员为了争取订单，跟客户谈判的时候都会不断做出让步，但是这种让步往往会增加交易的风险。交易是一个条件交换的过程，风险跟利益一定要平衡，不能为了拿下订单而随便答应客户的条件。上述案例中，客户可能没有收到他自己客户的订金，所以把风险转嫁给了我们，如果我们能够坚守交易原则，客户也会衡量这个订单的风险。

---

**客户已经支付订金，订单在生产的过程中，因为客户自身的原因需要取消订单**

如果是这种情况，业务员应该马上通知公司生产部门停止生产，及时止损。然后召开公司内部会议讨论生产订单的进度，拍照发给客户。分析客户这笔订单的原材料是否可以用于其他订单，给客户一份报告，告知客户我们损失了多少，争取让客户部分出货，或同意将此产品销售给我们的其他客户。这是客户自身的问题，但我们还是要站在相互协商、尽量降低损失的角度提出一个双方都能接受的解决方案。

### 内部生产订单的格式

每家公司内部的生产订单都会有差别。我们公司的生产订单类型主要分为 3 类：自主品牌、OEM、ODM。以下将以我们公司生产订单为例跟大家讲解内部生产订单的格式。

自主品牌的内部生产订单（见表2-5）

表2-5　内部生产订单（公司自主品牌标品－内部生产订单）范本

| 公司名字 ×××××|||||||||
| :-- | :-- | :-- | :-- | :-- | :-- | :-- | :-- | :-- |
| 内部生产订单（公司自主品牌标品）|||||||||
| 编号： |||||||||
| 下单日期： | 物控部门给的出货日期： | 实际出货日期： | 下单人： || 订单号： || 是否报关： | 是否要验货？是 | 页码：1/1 |
| 编号 | 产品图片 | 型号 | 产品描述 | 颜色 | 数量 | 充电器 | 商标丝印 | 彩盒 | 条形码 | 其他特殊要求备注 | 出货方式是纸箱还是木质卡板、塑料卡板以及具体要求 |
| | | | | | | | | | | | |
| 业务主管签字和评审意见 | 财务负责人签字和评审意见 || PMC[①]主管签字和评审意见 | 品质主管签字和评审意见 ||| 总经理签字和评审意见 |||

需要注意以下几点：

（1）出货时间：物控部给的出货日期和实际的出货日期可能不一样，这有利于内部统计订单的交货准时率。

（2）出货方式：根据客户的要求列明，如果是木质的托板需要熏蒸。

（3）是否需要验货：如果客户需要来验货，是否有验收的标准？是在线验收还是货物100%完成后验收？这需要品管部和生产部来配合。

**敲黑板**

如果客户不来验货，我们需要代表客户验货。在生产客户订单的时候就要提供各个生产环节和检测岗位的图片，也需要提供所有包装的细节图片。

如果客户或第三方来验货，则需要预先安排好接送和陪同人员、抽检相关事宜（具体可参考第一章第四节），务求做到心中有数。

---

① PMC：即 Production Material Control，指生产及物料控制。

### OEM 内部生产订单

OEM 产品的内部生产订单（范本见表2-6）比自主品牌的内部订单内容多。OEM 订单涉及客户对产品的颜色、定制 LOGO 和包装设计的要求。定制化 LOGO、包材的订单相对来说更加复杂，需要业务部签字确认样品，给客户发一套完整的样品或者用照片、视频的形式让客户确认后，才能批量生产，避免出现差错。另外，定制化的包装比较复杂，单独下单会更好，主要需要搞清楚客户要求的工艺，除了客户给的设计文档（artwork）以及说明外，最好要求客户提供样品。为了节约印刷成本，很多客户会印刷比较多的 OEM 订单，然后分批出货，有一栏用于填写实际出货数量和下单数量。

表2-6 OEM 内部生产订单范本

| 公司名字 ××××× | | | | | | | | | | | | | | |
|---|---|---|---|---|---|---|---|---|---|---|---|---|---|---|
| OEM 内部生产订单 | | | | | | | | | | | | | | |
| 编号： | | | | | | | | | | | | | | |
| 下单日期： | 物控部门给的出货日期： | 实际出货日期： | | 下单人： | | 订单号： | | 是否要验货？ | | | | 页码：1/1 | | |
| 编号 | 产品图片 | 我方产品型号 | 客户产品型号 | 数量 | 产品描述 | 颜色 | 充电器 | 商标丝印（可以附图纸说明） | | | 客户包装 | 客户说明书 | 客户贴纸 | 外纸箱 | | 备注特殊要求 |
| | | | | | | | | 内容 | 位置 | 潘通色号 | 编号 | 编号 | 编号 | 规格 | 一箱多少个 | |
| | | | | | | | | | | | | | | | | |
| 备注：定制化 LOGO、包材、说明书、贴纸、纸箱都需要拿给业务部签字后才能批量生产！ | | | | | | | | | | | | | | | | |
| 业务主管签字和评审意见 | | 财务负责人签字和评审意见 | | PMC 主管签字和评审意见 | | 品质主管签字和评审意见 | | | | 总经理签字和评审意见 | | | | | | |
| | | | | | | | | | | | | | | | | |

需要注意的是，我们在通知大货生产之前，一定要把整套的包装资料以寄送样品或发送样品照片、视频的形式让客户确认，最后由业务员确认所有的包装资料再安排生产。

如果是一些复杂的包材，需要另外增加包材的内部生产订单，见表2-7至表2-11。

表2-7　OEM包材精装盒订单范本

| 公司名字 ×××××  | | | | | | | | | |
|---|---|---|---|---|---|---|---|---|---|
| 内部生产订单（OEM包材：精装盒） | | | | | | | | | |
| 编号：×××× | | | | | | | | | |
| 下单日期： | 物控部门给的出货日期： | 实际出货日期： | 下单人： | 订单号： | 是否要验货？ | 页码：1/1 | | | |
| 我方产品型号 | 客户产品型号 | 精装盒编号 | 实际出货数量 | 下单数量 | 提供刀模图[①]的时间 | 烫银LOGO尺寸和颜色 | 潘通色号（没有的按什么标准） | 样品确认时间 | |
| | | | | | | | | | |
| 业务主管签字和评审意见 | | 财务负责人签字和评审意见 | PMC主管签字和评审意见 | 品质主管签字和评审意见 | | 总经理签字和评审意见 | | | |

表2-8　OEM包材纸套订单范本

| 公司名字 ×××××  | | | | | | | | | | | | | |
|---|---|---|---|---|---|---|---|---|---|---|---|---|---|
| 内部生产订单（OEM包材：纸套） | | | | | | | | | | | | | |
| 编号：×××× | | | | | | | | | | | | | |
| 下单日期： | | 物控部门给的出货日期： | | 实际出货日期： | | | 下单人： | | 订单号： | | 是否要验货？ | 页码：1/1 | |
| 我方产品型号 | 客户产品型号 | 纸套编号 | 实际出货数量 | 下单数量 | 提供文件的时间 | 文件格式必须是PDF、AI，检查是否转曲 | 亚光/亮光 | 局部UV | 激凸 | 烫银LODO尺寸和颜色 | 纸套是否需要挂钩 | 潘通色号（没有的按什么标准） | 是否打扫收缩 |
| | | | | | | | | | | | | | |
| 业务主管签字和评审意见 | | 财务负责人签字和评审意见 | | PMC主管签字和评审意见 | | 品质主管签字和评审意见 | | 总经理签字和评审意见 | | | | | |

---

① 刀模图：为制造刀模而画出的图形。

表2-9　OEM包材说明书订单范本

| 公司名字 ××××× | | | | | | | | | | | | | |
|---|---|---|---|---|---|---|---|---|---|---|---|---|---|
| 内部生产订单（OEM包材：说明书） | | | | | | | | | | | | | |
| 编号：×××× | | | | | | | | | | | | | |
| 下单日期： | 物控部门给的出货日期： | | 实际出货日期： | | | 下单人： | | 订单号： | | 是否要验货？ | | 页码：1/1 | |
| 我方产品型号 | 客户产品型号 | 说明书编号 | 实际出货数量 | 下单数量 | 提供文件的时间 | 文件格式必须是PDF、AI，检查是否转曲 | 亚光/亮光 | 彩色/黑白 | 打钉/折叠 | 印刷纸张要求 | 烫银LOGO尺寸和颜色 | 激凸 | 尺寸要求 | 是否需要页码 |
| 业务主管签字和评审意见 | | 财务负责人签字和评审意见 | | PMC主管签字和评审意见 | | 品质主管签字和评审意见 | | | 总经理签字和评审意见 | | | | |

表2-10　OEM包材海绵订单范本

| 公司名字 ××××× | | | | | | | | |
|---|---|---|---|---|---|---|---|---|
| 内部生产订单（OEM包材：海绵/吸塑） | | | | | | | | |
| 编号：×××× | | | | | | | | |
| 下单日期： | 物控部门给的出货日期： | | 实际出货日期： | 下单人： | 订单号： | 是否要验货？ | 页码：1/1 | |
| 我方产品型号 | 客户产品型号 | 海绵编号 | 实际出货数量 | 下单数量 | 提供刀模图的时间 | 颜色要求 | 样品确认 | 厚度要求 |
| 我方产品型号 | 客户产品型号 | 吸塑编号 | 实际出货数量 | 下单数量 | 提供刀模图的时间 | 颜色要求 | 样品确认 | 厚度要求 |
| 业务主管签字和评审意见 | | 财务负责人签字和评审意见 | | PMC主管签字和评审意见 | 品质主管签字和评审意见 | | 总经理签字和评审意见 | |

表 2-11　OEM 包材纸箱订单范本

| 公司名字 ×××××  ||||||||||||
| 内部生产订单（OEM 包材：纸箱） ||||||||||||
| 编号：×××× ||||||||||||
| 下单日期： | 物控部门给的出货日期： || 实际出货日期： || 下单人： | 订单号： || 是否要验货？ || 页码：1/1 |
| 我方产品型号 | 外纸箱编号 | 内纸箱编号 | 实际出货数量 | 下单数量 | 下单打印样品的时间 | 提供文件的时间 | 文件格式是否符合要求 | 打钉/粘胶 | 纸张要求 | 备注 | 样品确认时间 |
|  |  |  |  |  |  |  |  |  |  |  |  |
| 业务主管签字和评审意见 || 财务负责人签字和评审意见 || PMC 主管签字和评审意见 || 品质主管签字和评审意见 ||| 总经理签字和评审意见 ||

### ODM 订单

相比 OEM 订单，ODM 的订单（见表 2-12）更复杂一些。除了包材全部为客户定制之外，产品也是按照客户要求定制的。

表 2-12　ODM 产品内部生产订单

| 公司名字 ××××× ||||||||||||||
| ODM 产品 内部生产订单 ||||||||||||||
| 编号：×××× ||||||||||||||
| 下单日期： | 物控部门提供的出货日期： | 实际出货日期： || 下单人： || 订单号： | 是否要验货？ || 页码：1/1 ||||
| 编号 | 产品型号 | 图片 | 功能要求 | 有多少个马达?马达的位置 | 充电器 | 充电器接口多长? | 充电指示灯的要求 | 材料要求 | 防水等级 | 按键是否有灯光?灯光要求 | CE标识和垃圾桶标识的位置、尺寸 | LOGO的大小和位置 | 产品颜色 | 订单数量 |
|  |  |  |  |  |  |  |  |  |  |  |  |  |  |  |
| 业务主管签字和评审意见 ||| 财务负责人签字和评审意见 | 设计主管签字和评审意见 | 工程主管签字和评审意见 | PMC 主管签字和评审意见 || 品质主管签字和评审意见 ||| 总经理签字和评审意见 |||

在安排产品生产之前，我们必须和客户确认每个产品的参数表，并发样品给客户确认。因为 ODM 产品的研发周期太长，容易遗漏细节，批量生产之前必须召集各个部门进行订单评审，提前发现并解决问题。

## 如何跟单

如何让订单按时按质交货，跟单工作在其中发挥了至关重要的作用。生产过程中的跟单主要是为了了解企业的生产进度能否满足订单的交货期，产品是否按订单要求生产。因此，跟单员要深入企业的生产车间查验产品的质量与生产进度，发现问题要及时处理。

### 外贸业务跟单人员的职责是什么

主要包括以下几点：

（1）按客户要求传达订单细节要求，完成生产订单的下达，跟进客户订单交期及生产进度，协调处理订单生产过程中出现的问题，使货物按期交出。

（2）制作箱单、订舱出货、报关、给客户寄送单据、联系海运事宜以及回签报关费用对账单等。

（3）与客户保持密切联系，及时向客户汇报订单情况，确保订单顺利出货，负责货款的收回、相关资料的整理和归档工作。

（4）我们可以简单地用以下示意图（如图 2-2）来表示跟单的主要工作，如果是贸易型的公司，跟单人员还需要协助选厂和验厂。

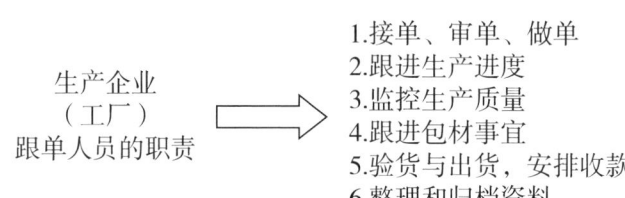

生产企业
（工厂）
跟单人员的职责

1.接单、审单、做单
2.跟进生产进度
3.监控生产质量
4.跟进包材事宜
5.验货与出货，安排收款
6.整理和归档资料

图 2-2　跟单人员的职责

## 为什么不同的跟单人员差别那么大

为什么有些跟单人员可以同时跟进很多订单而完全不会混乱，非常有条理，而有些跟单人员只跟不到 10 个订单却摸不着头脑？是什么导致了这么大的差别？

虽然可能是因为订单的复杂程度不太一样，也可能是因为跟单人员经验有所差异，但是核心的问题在于跟单人员的思维方式，我们需要有一个系统的思维和一些规范化的表格去理顺所有跟进的项目。比如我们同时跟进很多订单的包材，可以采用表 2-13 来汇总。在这个过程中，跟单人员需要及时和业务员沟通或者与客户沟通包材文件最后确认的时间。与此同时，需要及时和采购人员沟通打印样品的时间和批量生产的时间。当包材到达时，及时和品管部门确认印刷内容和包材质量是否合格。

表 2-13　包材跟进汇总表

| 生产单号 | 业务员姓名 | 包材编号 | 包材品类 | 文件确认时间 | 打印样品回来的时间 | 业务部样品确认时间 | 批量生产下单日期 | 批量生产回仓库日期 | 生产部包装前业务部答首样日期 |
|---|---|---|---|---|---|---|---|---|---|
|  |  |  |  |  |  |  |  |  |  |

如果跟单人员同时跟进很多生产订单，就需要一份汇总表（见表 2-14），让其清楚地知道每份订单的进展情况。

表 2-14 生产订单跟进汇总表

| 订单号 | 业务员姓名 | PMC给的交货期 | 实际出货日期 | 通知客户的交货期 | 订单生产进展 | 订单问题 | 是否要验货 | 是否订船和确认发货方式 | 确认发货证书是否齐全 |
|---|---|---|---|---|---|---|---|---|---|
| | | | | | | | | | |
| 订单号 | 是否收齐余款 | 做装箱清单 | 联系货代安排发货 | 提供报关资料 | 发货通知客户并且追踪货物是否送达客户手上 | 预计货快到港，需要重新发形式发票、装箱单给客户清关 | 客户收到货后，收集客户反馈 | 追要退税联 | 安排支付货代费用 |
| | | | | | | | | | |

## 跟单人员如何处理交期延迟的问题

跟单过程最常见的问题是交期延迟，我们来分析一下造成延迟的原因。

**客户的原因**

比如定制化的包材，客户在规定时间内没有提供或确认包材文件，最终导致交货期延迟。一般这种情况需要业务员在做形式发票的时候明确指出，交货期是在包材样品确认后多少天。

客户推迟支付余款的情况经常出现，客户的产品已生产完，在仓库放了很久，客户也没有打余款，导致推迟交货。这个时候业务员或者跟单人员需要联系客户，可以用以下几种方法催客户交货。

（1）最近我们公司订单非常多，考虑到贵公司是我们长期合作的客户，我们优先安排生产你们的订单，工人经常加班到晚上10点，非常辛苦才完成贵公司的订单。

（2）我们仓库积压了很多货，空位非常紧张，能否分批出货，帮忙减少一些库存压力？我们非常感激！

（3）我们生产的是电子类产品，都是充满电出货的，如果存放时间太长，再加上海运，估计到你们手上就需要重新充电，这样会造成比较大的麻烦。

（4）贵公司的订单早已全部生产好，我们也已经付清所有采购商原材料的款项，财务部压力比较大，已经多次催款。如果贵公司确实遇到了一些资金周转方面的困难，能否告知将要付款的计划？也可以采取分批付款的方式来减轻彼此的压力。

另外，这种情况是很常见的，公司应该预先采取措施。比如在做形式发票的时候将一些要求写进合同条款，货不能积压在仓库超过1个月（具体视公司情况而定），余款必须在货物生产完后15天内付清，否则将按照什么比例进行罚款等。

**我们自身的原因**

（1）海运或空运并不是每一天都会有合适的航次或航班，所以我们不能在货物完成之后才开始订船，建议在货物完成前10天联系货代来安排出货事宜。

（2）业务员或者跟单员忘记催客户付余款，等货物生产好的前两天才催客户打余款，而客户安排货款到账需要3~7天的时间。为了避免这样的问题，跟单人员、业务员必须严格备注时间节点以提醒自己，货物生产好前15天提醒客户打余款，然后每隔两三天再提醒客户一次，直到收到余款为止。

（3）如果产品有内置锂电池，出货的时候需要出具"化学品安全技术说明书"（MSDS）、"航空运输条件鉴别报告书"（UN38.3）。如果我们未能及时安排实验室出具这些证书会导致推迟出货。

（4）其他原因。

①机器设备故障；

②外购材料没及时送达；

③不良率和报废率过高；

④临时工作或特急订单的影响；

⑤员工工作情绪低落、缺勤或流动率高，此种情况大多出现在春节前后；

⑥订单计划错误。

**解决办法**

不管是以上哪种原因导致货物延误，作为跟单员或业务员需要第一时间跟客户反应情况，并给出一些可执行的建议，例如：

（1）部分影响：为了避免影响整批订单的交期，考虑是否可以先出其他型号的产品，受到影响的产品跟下一批货一起出；

（2）如果是第一次生产的产品，可以告诉客户遇到了技术或品质的问题，需要确保问题解决后才能继续生产；

（3）协商是否需要安排空运货物。

如果是我们自身的原因引起的货物延期，需要坦诚地告诉客户情况，并提供解决的办法，让客户知道我们在尽力地解决问题。

**敲黑板**

我们在告诉客户交货期时，一般都会预留一些时间，通常是一周或10天左右，以应付突发情况的出现。

**刻意练习**

1. 从外贸主管那里借用不同类型的形式发票，自行转换为生产订单，然后与实际的生产订单进行比较，看出错在哪些地方，自己总结生产订单中常见的错误和注意事项。

2. 模拟跟单员跟单的整个过程并向业务员汇报交接的过程。

3. 找同事"角色扮演"客户交货期推迟的情景，并思考如何应对。

# 第四节　团队协作

在现实社会中，个体是很难独立存在的，我们无法单独完成工作。要想高效、快速地完成工作，并且达到自己或公司的要求，我们必须学习如何利用团队的力量。

## 怎样利用人格魅力协调和处理各部门关系

你是否难以融入一个团队？本部门的同事总是看你不顺眼？其他部门的同事也总是不帮你解决问题？大家总是建立自己的"小团伙"，而把你孤立在外？

从我们来到这个世界开始，每个人都不能独立存在。在现今社会中，团队的合作尤为重要，就算个人能力超强，我们也必须依靠团队的力量才能达成目标。如果我们能够处理好人与人之间的关系，则会事半功倍，否则，我们将陷入无尽的麻烦，无法顺利开展工作。

### 常见问题

**什么是个人魅力**

个人魅力是由自身的修养、文化储备、性格、做事风格等对周围人形成的一种向心力、凝聚力，可以使周围的人通过与你共事，获得满足感。

**我们需要具备怎样的特质来吸引别人**

我们不能要求身边所有的人都喜欢自己，但是我们需要具备几个做人的基本原则：诚信、谦虚、积极向上。与此同时，我们还需要具备一些特质，例如乐观、知识丰富、幽默等。

## 怎样塑造自己的人格魅力

从进入一家公司开始，我们就接触了各个工作岗位的同事，包括公司的老板和管理层、下属，还有各个平行部门的同事。作为一名业务员，我们最主要的目标是达成业绩要求，然而我们需要知道，一张订单要多个部门协作才能够完成，例如生产部门、品质部门、财务部门。如果是新产品，还需要开发、工程等部门来协助。我们可以这样想，一张订单的完成是整个公司的努力，并不是业务员抓单回来就能完成的。所以，我们必须要尊重每个工作岗位的同事的劳动成果。

下面我们来分享一下，怎样塑造自己的人格魅力。首先，我们可以建立一个性格偏好表格，分左右两边，一边是我们喜欢的，另一边是我们不喜欢的（见表2-15）。

表2-15 性格喜好表

| 喜欢 | 不喜欢 |
|---|---|
| 微笑 | 整天板着脸 |
| 做事积极 | 懒散，不负责任 |
| 乐观 | 总是抱怨 |
| 知识储备丰富 | 什么都不会 |
| 谦逊有礼 | 高高在上，用鼻孔看人 |
| 按时完成任务 | 交代的事情永远都不能准时完成 |
| 诚信，说到做到 | 总是说谎，做错事还不承认 |

"喜欢"这栏是我们期望对方能够拥有的"完美"特质，不过，这样"完美"的同事是不会出现在我们面前的。不过通过这个表格，可以了解到其他

人所期望打交道的对象是怎样的，我们可以对照着喜欢那一栏的内容来要求自己成为那样的人。

如果我们觉得自己已经做得很好，但是对方还是冷冰冰的，那怎么办呢？这个时候就需要一些"破冰"的小技巧了。

（1）不管对方是男性还是女性，一定都喜欢被赞赏。例如见到对方，你可以简短地称赞一下："今天你看起来很精神""你的衣服很好看""这个事情做得非常棒"等。需要注意的是，赞赏必须点到即止，否则就有阿谀奉承的味道了。

（2）出差的时候带些小礼品回来，例如一包糖果或干果，这些小礼品不需要花费太多。

（3）如果需要去请教一个前辈，而这个前辈并不好沟通，喜欢"用鼻孔看人"，我们可以在平常留意一下对方的兴趣和爱好，投其所好，必要时可以约对方私底下吃个饭。所谓"伸手不打笑面人"，只要我们态度诚恳，并表现出积极的学习态度，相信大部分的前辈都会愿意对我们指点一二。

除此之外，切记一些职场上的禁忌。例如，打听和传播别人的隐私、推卸责任、抱怨公司、在背后说别人坏话等。这些一旦形成了习惯，其他的同事就会逐渐疏远我们，更不愿意去指导和协助我们的工作了。

## 怎样"利用"上级达成你的目标

我们在每一家公司都有自己的目标，增加收入或学习技能、开阔眼界。为什么工作这么长时间，我想外出参展，想开发新产品，想让公司同意这个客户的单价等想法都实现不了？是否是上级针对我？

其实不然，是因为我们没有站在上级的角度去思考问题。那么，我们的上级的思考准则是什么呢？我们可以将其概括为风险和收益。俗语说，"位置决定想法"，意思是位置不同，判断事情的依据也不同，同时承担的风险和收益也就不同。那么我们怎样才能做到换位思考？

举个普遍的例子，客户要求更低的单价，上级不同意，那怎么办？如果我们提出降价要求的同时提供客户的背景、年采购计划、客户的口碑、出口量的客户海关数据、竞争对手的报价，上级就会考虑如果降价达成交易，我们将会得到稳定的订单、降低采购成本；如果不能达成交易，这个客户有可能被竞争对手抢去，我们将失去市场份额等。上级是否同意我们的单价，关键在于我们列举的条件是否有足够的吸引力。

再举一个例子，我们想到国外拜访客户，以增加自己的见识和拉近与客户之间的距离，如果能够提供一份有足够吸引力的方案，上级同意我们出差的可能性就会大大增加。方案内容包括：（1）拜访的目的以及期望；（2）客户的背景；（3）通过拜访我们需要达成的目标（拜访内容）；（4）时间安排；（5）费用预算等。

通过上述两个经常碰到的例子，可以看出上司其实在思考风险和收益。第一个例子中的风险就是如果以较低单价成交，我们将失去部分的利润，收益就是这个客户能够给公司的管理水平带来提升，或形成采购规模成本效应，提高公司的知名度，从而让公司吸引更多同级客户，完成销售目标。在第二个例子中，风险是个人的能力和信用，我们是否有足够的能力达到方案中的预期；收益就是通过这次出差，是否可以带回有效的客户关系、市场信息，甚至是成交的订单。

同样的道理，如果需要在公司中达到我们的各种目标，必须学会换位思考，思考风险和收益是否合理。即使沟通不成功，我们至少累积了和上级沟通的经验，总结了上级为什么要拒绝你，你的想法是否没有足够的吸引力，或者你的能力是否还没有得到上级的认可。通过不断地换位思考和尝试，成功率也会慢慢增加。

# 领导赏识什么样的业务员

如果我们能够成为领导赏识的人，在日常工作中将会充满动力和激情。怎样才能让领导赏识呢？除了在本节第一点中提到的人格魅力之外，我们还需要有一些特质和技能，才能让领导赏识我们。

一篇广为流传的文章中曾提到，两个业务员被安排去机场接待一个客户，在前期准备时，其中一个业务员只是汇报了客户什么时候到达，另外一个业务员则把客户所有的细节都汇报清楚了，包括航班信息、到达客户的数量、车辆的安排、天气情况、客户的行程、酒店住宿安排等。如果我们是那个领导，收到第二个业务员汇报的信息，则可以放心地让那个业务员自行去安排，自己不用再过多地思考这个事情。

领导最希望业务员拥有以下特质。

## 有独立思考的能力

很多人认为，有问题就去找领导解决，因为领导的经验和资源都是我们不能比的，所以领导一定会给出答案，我们按照领导的意思来做就是了。但是我们要知道，领导请你来工作不是为了制造问题，而是为了解决问题的。另外，我们把问题推给上司去解决，从另外一个角度看是把责任推给了领导，这是不负责任的态度。遇到问题，我们第一时间不是拿着问题去"请教"，而是要带着答案去找领导来判断执行方案的可行性，我们可以尝试提供上中下3种方案，分别阐述选择方案的理由和依据，就算领导全盘否定我们的想法，我们也可以知道领导的观点和方法，从而学习解决问题的技能。

## 积极主动

积极的心态包括做事积极和学习态度积极。除了做好自己的本职工作，我们可以要求增加工作量，如有其他客户来的时候，主动参与接待或旁听，参与一些整理文件的工作等。不要认为领导看不到我们的努力，我们做的所有事情领导都非常清楚。另外一个就是学习态度积极。我们可以通过跟领导沟通，了解自己工作岗位所需要的技能和未来发展要用的知识，尝试向公司申请学习的费用，相信很多公司都愿意支持员工学习。也可以自己购买一些补充行业知识的书籍来学习，遇到不懂的地方再向领导请教。

## 责任心

每个人都有做错事的时候，做错事要主动承认，并加以改进。每个领导都非常讨厌推卸责任的员工，就算主要责任不在自己身上，也会有自己要承担的部分责任。如果我们态度诚恳并主动承担责任，公司一定会给你改正的机会。另外，我们对每一件事情都有责任心地完成，对每件事情的结果负责，领导会非常欣赏。

**刻意练习**

1. 通过私下沟通，了解同事对自己的看法，指出自己需要改进的地方。

2. 跟上级沟通，了解领导对自己职业规划的观点和建议。

3. 总结自己的工作状态，看看是否符合优秀销售人员的标准。

# 第五节　客户定制

中国作为制造大国，随处可以看到"中国制造"（Made in China）的标签。我国大部分的工厂给国外知名品牌代工，也就是客户定制，从 LOGO 到包材，合作 OEM 这种形式是最常见的。那么在定制化的过程中有哪些流程和注意事项呢？

## 定制 LOGO 的流程和注意事项

**定制 LOGO 的流程**

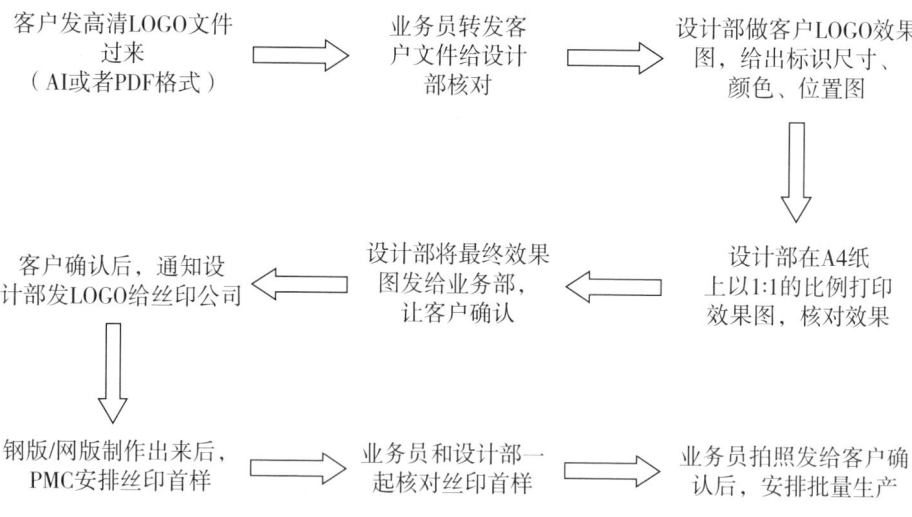

图2-3　定制 LOGO 流程图

大部分的中国工厂可能还是帮国外知名品牌进行贴牌生产，所以帮客户定制 LOGO 是常见工作（流程如图 2-3）。一般来说，摆放 LOGO 有 3 种方式：（1）连同模具一起压铸、注塑 LOGO（只有当客户开私模，定制专属产品时才有可能把客户 LOGO 做进模具里面）；（2）最常见的是在产品上丝印 LOGO（客户购买工厂现有产品，但是丝印客户 LOGO），丝印又有两种，一种是钢版，一种是网版，网版用于 LOGO 面积比较大、平面的丝印；（3）激光雕刻 LOGO。

### 定制 LOGO 的注意事项

定制 LOGO 要注意以下几点：

（1）检查客户发过来的 LOGO 图片是否高清。业务员需要告知客户发"AI"或"PDF"格式的文件，而不是"JPG"格式的文件，避免出现 LOGO 不够高清，设计部没法编辑的情况。

（2）定制 LOGO 的常识：LOGO 不能太大，否则会导致产品没有足够的位置丝印 LOGO。LOGO 不能过于复杂，比如一朵花会有很多细的线条，会导致丝印不清晰。LOGO 不能有太多颜色，一般的丝印机都是 4 色丝印，建议客户最多选择两种颜色，因为 4 色需要丝印 4 次，对版 4 次，人工成本非常高。LOGO 里面有时候会出现"TM"（商标）等小字，一定要相应地拉大，否则丝印出来会看不清。

（3）给客户做 LOGO 效果图，不仅要考虑标识的尺寸大小、颜色、位置图，还应该考虑产品的颜色不同时，能否清晰显示客户 LOGO。比如产品是黑色的，如果 LOGO 是黑色、灰色或者其他深颜色，就会看不清。

（4）设计部一定要自检。相关人员可以用 1∶1 的比例在 A4 纸上打印效果图，看 LOGO 大小是否合适，样式是否清晰，以免出现不合格的情况。

（5）定制 LOGO 一定要注意 LOGO 丝印在什么材质上，是否会掉漆、掉色。比如丝印完后，一般都需要高温烘烤，然后用酒精擦拭 100 次进行 LOGO 是否脱落的测试（具体测试标准以品质部规范文件为准）。

（6）另外，丝印 LOGO 的时候要考虑位置是否平整。一些有弧度的地方，可能丝印后LOGO会变形，这个时候需要提前告知客户，并给出正确的建议。

LOGO是客户形象的代表，颜色、形状、间距、位置等所有细节必须要符合客户的要求并严格执行。如果是客户定制的图案，可以根据实际做出来的样板，对有可能存在的问题跟客户协商，务求在满足客户要求的情况下再投入生产。

## 定制纸箱的流程和注意事项

专业的品牌公司都会有对应的定制化包装。对待这种情况时，业务员首先要直接按照客户给的文件（范本如表2-16），以1:1的比例打印在A4纸上，核对文字是否清晰。然后查看纸箱尺寸是否正确，再安排打样、试装。

表2-16　定制纸箱文件范本

| 纸箱正面 | | 纸箱侧面 | |
|---|---|---|---|
| 公司名称/LOGO | 公司地址 | 条形码 | 产品名称 |
| PO No. | Ctn/No. | 产品型号 | 产品颜色 |
| Made in China | CE | 数量 | 毛重、净重 |
| | | 出货日期 | 纸箱尺寸 |

之后需要进行进一步检查：

（1）试装产品，检查包装是否符合尺寸要求；字体是否清晰，印刷内容或图案是否因为太靠近装订或粘合部分而被覆盖；条形码是否能正常扫描，需要用扫描枪进行测试，确保客户收到货时能顺利扫描入库。

（2）纸箱可以打钉或者粘胶，如果客户用粘胶方式，而一箱货物太重，进行跌落测试后，发现纸箱有裂开的风险，需要通知客户改用打钉的方式。如果客户采用打钉的纸箱，需要考虑客户的彩盒是否会被刮伤，一般我们会在打钉的位置贴一层皱纹胶纸进行保护，或者使用亚光的彩盒，再用打印纸把每层隔开，避免彩盒刮伤。

（3）为了客户打开纸箱的时候不刮伤内部彩盒，需要上下加保护平板。

（4）纸箱材质有很多种，在选择的时候要考虑成本，做跌落测试，保证运输过程中不被损坏。一般"K=K"[①]的用于外箱比较多，内箱会选择"K=B"材质。

（5）产品在纸箱里面的摆放方式，要保证运输过程中产品尽量不被挤压，竖放会更好些。

（6）当产品裸机出货时，为了保护产品的运输安全，我们需要在纸箱里面做刀卡，把产品一个个分开。

如果客户没有提供定制纸箱的文件，需要业务员和客户简单沟通，推荐最佳方案。毕竟做定制纸箱的成本不是太高，只是多了一个纸箱开模的费用，但是帮客户定制纸箱，不仅可以提升客户的品牌形象，更重要的是方便客户扫描纸箱入库，节省大量的人工成本，客户也会为我们这种专业的服务点赞。

## 定制彩盒包材的流程和注意事项

客户定制彩盒对客户品牌形象有很大的影响，所以不能出任何差错。在这个过程中，可以通过规范流程，让业务员更清楚该做什么，也可以通过自检清单的注意事项避免错误的发生。不定期总结定制彩盒过程中遇到的问题并进行汇总、培训，要熟知印刷中经常遇到的一些专业术语，比如"亮光/亚光、UV、激凸、烫金、烫银"等。

---

① K=K：指瓦楞纸材质，前面的字母表示外层纸质，中间的符号（如"="）表示层数，后面的字母表示内层纸质。"K=K"表示，面纸、里纸均为K纸，层数为双层；K=B表示，面纸用K纸，里纸用B卡，层数为双层。

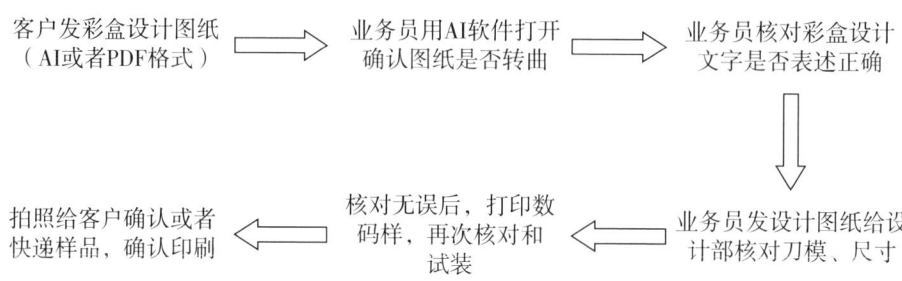

图2-4　定制彩盒包材的流程范本

定制彩盒包材中的注意事项（也可称之为自检清单）：

（1）收到客户文件，第一时间用 AI 软件打开，看是否缺失字体。如果缺失字体，说明可能没有转曲，可以自己去下载相应字体，或者发给设计部、印刷厂看他们是否能打开，如果他们打开也确定是缺失字体，需要客户帮忙发字体过来或者要客户转曲后再发过来。

（2）需要和客户确认是 4 色印刷还是专色印刷，二者价格有非常大的差别。

（3）检查上下左右的字是否离刀模线太近。如果太近，字容易看不清楚或者被盖住。

（4）一般来说，包材上出现的产品图片，应该与产品实际尺寸相同。

（5）如果客户同时下单同色的几款产品，包材设计的时候一定要对色值，印刷出来后也要对比。客户把几个产品摆放在一起推广的时候，色差明显就不好了。

（6）检查证书的 CE 标识和其他的符号是否符合要求（比如 CE 标识的高度至少要5mm）；法律法规对于无线产品需要标注联邦通讯委员会认证号码（FCC ID）、无线电及通讯终端指令（R&TTE）号码和频率（frequency）；是否有"Made in China"（中国制造）字样；出现的其他证书符号，如 RoHS[①]、FDA[②]、FCC[③]，我们是否有这些证书。

---

① RoHS：关于限制在电子电器设备中使用某些有害成分的指令。

② FDA：美国食品药品管理局。

③ FCC：美国联邦通信委员会。

（7）考虑产品怎么摆放更合理。同一个客户的几款产品是否要统一高度，这样客户在实体店摆放产品和参展都美观。

（8）确认是否需要"开天窗"，如果需要，把产品摆放进去，看能否完整展现出来。"开天窗"的彩盒 4 个角容易烂，尽量做宽一些。

（9）确认是否需要挂钩，如果有挂钩，需要测试产品能否挂直。问客户产品是挂起来还是平放。

（10）看到客户条形码，拿扫描枪扫描下，看是否易于扫描，尺寸大小、清晰度是否合适？

（11）如果客户标注了产品尺寸，需要看清单位，美国习惯用英寸（in）[①]。

（12）对包材上的产品参数进行检查，对应客户的按键说明、功能描述和其他描述进行核对，特别是防水等级是"防护短暂浸泡"还是"防溅"（splash proof）。

（13）印刷工艺的确定。使用 UV 工艺、凹陷（deboss）、凸起（emboss）、烫金、烫银、亚光还是亮光。拿其他客户的一些样品作参考，或者从印刷厂拿样品来和客户确定。

（14）如果需要做 UV、激凸或者烫金、烫银工艺，需要设计部核对客户的文件是否正确，避免偏位。

（15）确定是需要上机打样，还是只需要数码样。一般要求很严格，对颜色很敏感的客户一定要上机打样，这就需要问采购上机打样的价格，一般都会超过 2 000 元人民币。

（16）核对尺寸大小。如果是纸套的话，需要将产品装进去试试松紧，如果太紧，产品拉不出来不行，如果太松，比如套上精装盒后产品自己掉下来，也不行。

（17）与客户确认是否需要打热收缩包装（shrink）。

---

① 英寸（in）：英制单位，1 英寸 =2.54 厘米。

刻意
练习

从生产部借用 5 张定制订单。根据生产单上关于定制 LOGO、彩盒、纸箱的要求，进行所有单据的制作，与实际单据对比，找出错误点。

# 第六节　出货

出货是外贸业务的最后一个环节，确保货物安全到达客户手上，才算完成了整个交易。业务员在和货代交流的过程中，往往会浪费大量的时间。那么，怎样高效对接货代和简化出货流程呢？

## 怎样高效对接货代

作为业务人员，有一部分时间要花在和货代对接上，毕竟安全出货，让客户收到完整的货，整个订单才算完结。在这个过程中，怎样和货代对接才能高效一些？这需要有系统的思维，争取一开始把所有问题说清楚，而不至于今天问这个，明天又给货代打电话问另外一个问题，来来回回几十封邮件还没有搞清楚，浪费彼此太多时间。这就是我助理说自己忙死了，结果我发现她花一周时间沟通的事情，我一两封邮件加一个电话就搞定的原因。

### 外贸业务员第一次联系货代需要问哪些问题

根据自己公司的产品，公司业务部可以讨论下，在与货代联系的过程中询问过哪些问题，然后汇总起来，在业务员第一次联系一个新的货代时，统一要求按照汇总的问题进行沟通，以避免沟通成本太高。以下是我们公司第一次给新货代发的邮件范本，供大家参考。

### 📑 案例 2-1　给新货代发的邮件范本

亲爱的 ×× ：

　　我们收到国外客户的邮件，指定贵公司为此订单的海运货代（客户名字、订单号码，附上客户的邮件）。

　　我们想和你们确认的细节如下：

　　（1）产品名称（需要和报关单保持一致）。

　　（2）海关编码（HS Code，需要和报关单保持一致）。

　　（3）产品用途、产品材料。

　　（4）产品品牌。

　　（5）我们和客户确认的出货方式是 FCA、FOB HK、FOB SZ、EXW SZ 或其他方式。

　　（6）是否需要报关？我们需要正规报关，有自己的报关单证，请告知报关单证快递地址。

　　（7）产品是否有内置电池？（是的，我们的产品是充电的，里面有内置锂电池。）

　　（8）电池是否有证书？［是的，我们有"航空运输条件鉴别报告书"（UN38.3）和"化学品安全技术说明书"（MSDS），见附件。］

　　（9）是否有原产地证？（没有，客户没有要求，如果你们确定当地进口海关有这个需要，请告知。）

　　（10）出货是卡板还是纸箱？［我们是卡板出货。卡板为塑料卡板（长 1.2m，宽 0.8m，请问你们对卡板高度、宽度有什么要求）。木质托盘最好用免熏蒸的胶合板，原木托盘出口到美国要出具熏蒸证明，费用不但高，而且申请时间也比较长，证明有效期还有限制，建议使用三合板卡板（胶合板免熏蒸托盘）。]

（11）形式发票（PI）、装箱单（PL）见附件（告知对方可能有更改，以及最终的 PI、PL 的提供时间）。

（12）交货期是什么时候，也就是货什么时候会好，几月几日几点钟可以提货。如果是工厂交货（EXW）的话，通知具体的提货时间。

（13）公司上班时间是早上 8：00~11：30，下午 13：00~17：30。避免非上班时间货代上门提货的情况发生。

（14）我们的产品是否需要商检？是 / 否。

（15）公司的提货地址：××××；导航名称：××××；出货联系人：×××；座机：×××；手机：×××。

（16）提单：电放（如果客户要求出具正本提单，也需要说清楚）。

以上是我们公司和产品的信息，请帮忙核对，有问题随时沟通。以下是我们需要货代公司提供的信息：

（1）此订单客户要求的船期是什么时候？几截几开[①]？最迟什么时候把货交上船？

（2）客户订的是散柜还是整柜？特别是装箱单（PL）如果后期有更改，比如之前是散柜，现在需要订整柜，要及时通知客户和货代进行更改。

（3）除了我们上面提到的证书，是否还有其他的证书要求，请告知。

（4）什么时候可以发订舱委托书（booking）过来？

（5）货能免费在港口停留多久？逾期后怎么收费？避免节假日爆仓的时候货停滞在港口产生费用。

---

① 几截几开：截指截关时间，开指开船时间。例如，一截三开指周一货物必须通过海关，并把放行条交到码头，周三开船。

（6）报关资料怎么提交（快递还是直接给司机）？

（7）如果是 FOB 或者 FCA 需要和货代确认费用，并告知是否要开增值税发票，后续跟进开票事项。

基本上问完以上的问题，货代就很清楚此票货的基本情况，也能避免一些突发状况。

所以，还是那句话，每个公司都应该不断总结在和货代沟通的过程中出现过的问题，提前想好应对的办法，避免问题的发生，让跟单人员有整体思维的意识，高效与货代沟通，一次性把事情说清楚。

## 出货流程

如果外贸部门可以给外贸新人一个清晰的出货流程图（如图 2-4），新业务员就会对怎样操作一目了然，降低出错风险。

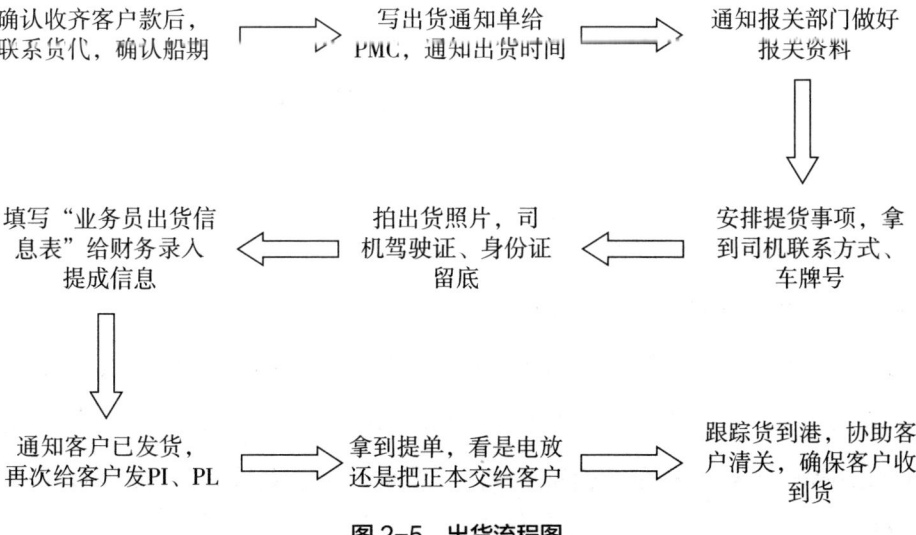

图2-5 出货流程图

其中的"业务员出货信息表"如表2-17。有了这个表，出货后业务员就可以和财务非常清晰地对接，方便他们计算订单的提成（因为运费是不算提成的，所以我们单独列了一项）。

表2-17　业务员出货信息表

| 年份：　　年 | | 月份：　　月 |
|---|---|---|
| 序号 | 业务员 | |
| 1 | 出口国 | |
| 2 | 客户名称 | |
| 3 | 出货日期 | |
| 4 | 生产单号 | |
| 5 | 发货方式 | |
| 6 | 收取运费 | |
| 7 | 实际运费 | |
| 8 | FOB | |
| 9 | FCA | |
| 10 | 异常情况 | |

注：无须填写的内容用"/"表示。

# 第七节　怎样对接财务

控制收款风险已经成为很多公司考核业务员的重要指标之一。业务员必须熟悉所有的付款方式，以免因此给客户带来付款风险或者让公司损失与客户合作的机会。因为害怕风险，只选择最保守的电汇（T/T），会让公司失去很大的竞争力。怎么和财务对接或者通过外部手段，类似于中国出口信用保险公司（简称中信保）来降低收款风险，是很多公司面临的重大课题。

# 业务部熟悉付款方式，恰当对接财务部，控制客户付款风险

现在外贸竞争越来越激烈，越来越多的公司在付款方式上做出了妥协，业务员对专业术语的不熟悉导致公司收款风险很高。总会听到一些业务员在外贸论坛或者微信群里问："我们第一次和客户合作，他们要求开即期信用证（Sight L/C），老板担心有风险，这种情况该怎么办？"这明显是业务员对术语理解不到位导致的误解。另外，也有一些外贸小伙伴和老客户合作用 O/A 付款方式，但是工作一忙起来，客户很多订单交叉出货，导致款项算不清楚，财务部没有对客户设置一定额度，没有定期对账等问题。这就需要外贸业务员熟悉付款方式，想到相应对策和财务部一起控制客户付款风险。

## 怎样与财务部对账最清楚

### 第一步：必须确保财务部收到的款项有人认领

可以做如下表格（见表 2-18）。要每天进行核对，特别是有些客户换银行账号打款又未事先通知，避免款到了，不知道是哪个客户的。

表 2-18  ××月打款水单核对表

| 水单号 | 打款日期 | 金额 | 生产订单号 | 发票号 | 款项（订金、余款） | 业务员核对 | 业务主管审核 | 财务复核 |
|---|---|---|---|---|---|---|---|---|
|  |  |  |  |  |  |  |  |  |

### 第二步：制作"订单付款追踪表"

有些客户一个月下 4~5 个订单，出货一起出，但是分开打款或者交叉打款，这样比较容易混乱或者出错。做汇总表（见表 2-19），一目了然，货的

状态和款项是否结清，每个月业务员和财务部核对一遍，并且发英文版的表格和客户以及他们的财务部核对一遍。对于长期合作的老客户，比如有些老客户签订的合同规定付款方式是 30% 订金加 70% 余款（货到港 30 天后付清），那财务需要对这个客户设置最高金额限制，假设客户连续下 4 个订单，第 3 个订单的余款到期还没有付清的话，第 4 个订单不能安排生产。这需要在一开始针对每个客户设定一个可用额度，设置提醒，假设客户资金出现状况，能及时止损。

表 2-19　订单付款追踪表（客户每下一个订单更新一次）

| 客户名称 | 客户代码 | PO | PI | 总金额 | 状态(发货 / 在生产) | 发货日期 | 到港日期 | 订金付款日期 | 订金付款金额 | 余款付款日期 | 余款金额 | 银行手续费 | 订单付款结余 |
|---|---|---|---|---|---|---|---|---|---|---|---|---|---|
| | | | | | | | | | | | | | |

**第三步：财务部一定要公布提成是怎么算出来的**

业务员最关心的是提成问题。可以用下面的表格（表 2-20）和业务员核对，也能同时发现一些问题，比如此客户的款项是否都记录清楚了，避免有些货分批出货，款项不清晰。

表 2-20　提成计算核对表

| 客户代码 | 客户名称 | 订单号 | PI号码 | 出货日期 | 订单总金额 | | | | | | 打款信息 | | | | 合作条款 | 付款方式 | 是否有折扣 |
|---|---|---|---|---|---|---|---|---|---|---|---|---|---|---|---|---|---|
| | | | | | 产品总费用 | 出货运费 | 证书费用 | 模具费 | 包材费用 | 银行手续费 | 打款日期 | 打款水单号 | 打款金额 | 余款 | FOB HK/EXW SZ | T/T | 否 |
| | | | | | | | | | | | | | | | | | |

备注：只有产品总金额算入提成，出货运费、证书费用、模具费、包材费用、银行手续费不计入提成。

## 常见付款方式的特点和风险

业务员和财务部除了通过一些规范化表格对接外，控制付款风险也在于业务员对付款方式的特定术语的理解。这里举一些常见付款方式的例子供大家参考。

**电汇（Telegraphic Transfer，T/T）**

T/T 分为"前 T/T"（Payment in Advance）和"后 T/T"（Defferred Payment）两种。

（1）所谓"前 T/T"，即"预付货款"，是卖方在发货前已经收到货款，然后，在合同规定的时间内，将货物发给买方的一种结算方式。这是一种对出口商最有利的结算方式。出口商在发货前就已经收到了货款，实际上等于得到了进口方的无息贷款，其出口的风险已经得到了控制，从而掌握了出口的主动权。然而，"预付货款"是一种对进口商较为不利的结算方式，因为进口商货未到手就付了款，等于向对方提供了无息贷款，造成了利息损失；进口商实际承担了贸易中的风险，即出口商可能在收款后，不按时、按量、按质发货，使自己处于被动地位。

（2）"后 T/T"，即"货到付款"，则刚好相反，是一种有利于进口商，而不利于出口商的结算方式。具体的做法是，出口商货款的收回往往要等到进口商收到货物的一段时间之后。因此，出口商要承担进口商可能不付款、不按时付款或不付足款的风险；假设进口商收到货物后，认为货物质量不符合要求，或者市场行情发生了变化，可以拖延付款、少付款，甚至不付款，风险可能完全由出口方承担。所以，"汇款"的交易方式实际上完全建立在买卖双方相互信任的基础上，也被称为"商业信用"。

（3）为了降低"货到付款"的风险，针对一些信誉度良好的长期合作客户，很多公司会采取 30% 订金加见提单付余款的方式。在金额特别大的情况下，可以考虑"分批发货、分批收汇"，降低结汇风险。

### 承兑交单（Documents against Acceptance，D/A）

承兑交单指出口方发运货物后开具远期汇票，连同货运单据委托银行办理托收，并明确指示银行，进口方在汇票上承兑后即可领取全套货运单据待汇票到期日再付清货款。承兑交单和"付款交单，凭信托收据借单"，都是在买方未付款之前，即可取得货运单据，凭单提取货物。一旦买方到期不付款，银行无责任，出口方便可能钱货两空。因而，出口商承担的风险相当大，除非信誉非常好的老客户，进口国的法律环境也不错，否则不会选择这种方式。

### 付款交单（Documents against Payment，D/P）

进口方付款后才能向代收银行领取单据。进口方必须先交钱才能拿到提单，如银行私自放单，责任在银行。按付款时间的不同，"付款交单"可分为即期付款交单和远期付款交单。即期付款交单（D/P sight）指出口方按合同规定日期发货后，开具即期汇票（或不开汇票），连同全套货运单据，委托银行向进口方提示，进口方见票（和单据）后立即付款。银行在其付清货款后交出货运单据。远期付款交单（D/P after sight）指出口方按合同规定日期发货后，开具远期汇票，连同全套货运单据，委托银行向进口人提示，进口方审单无误后在汇票上承兑，于汇票到期日付清货款，然后从银行处取得货运单据。

付款交单的风险是如果客户不付款赎单，出口商将面临无法按期收款的风险。不过，客户不付款就拿不到提单等全套单据，无法提货，你不会丢失货权，不会出现钱货两空的情况。风险是客户一旦不要货，你就得把货物再运回国内，支付运费和海关等费用。

### 赊销（Open Account，O/A）

买卖双方约定卖方先将货物交付买方，买方在约定的时间内付款。一般后面常跟一个时间段，如"O/A 30/90 days"（发货30天或90天后付款），这属于贸易信用的付款方式，完全取决于买卖双方本身的信用，是各种结算方式中收汇风险最大的。一般采用这种付款方式的客户都是公司长期合作的优质客户，商业信用好，货物发出后全凭买方信用支付货款。如果采用赊销方式交易，首先需要衡量公司自身的资金周转情况，其次需要联系有实力的保险公司来咨询，如中信保等，此类公司会对客户进行一些资金调查，综合评估后会给出一个保额的范围。在客户提出需要使用赊销方式结算的时候，我们可以直接告诉客户需要咨询保险公司才能够确认。

**×× 后 ××× 天付款（Net ××× days）**

比如"Net 30 days"，可以理解为发货后 30 天付款、开船日后 30 天付款、提单签发日后 30 天付款，也可以理解为货到港后 30 天付款，或者收到货后 30 天付款。具体需要和客户确认。这种付款方式和赊销一样，风险非常大。

**信用证付款（Letter of Credit，L/C）**

（1）信用证产生的原因和信用证的定义。

在国际贸易活动中，买卖双方可能互不信任。买方担心预付款后，卖方不按合同要求发货；卖方担心在发货或提交货运单据后买方不付款。因此，需要两家银行分别作为买卖双方的保证人，代为收款交单，以银行信用代替商业信用。银行在这一活动中所使用的工具就是信用证。于是，"信用证结算"在国际贸易中成了最广泛的一种结汇方式，买卖双方的安全感都增加了，从而大大促进了国际贸易的发展。

信用证是开证银行根据申请人（进口方）的要求和申请，向受益人（出口方）开立的有一定金额、在一定期限内凭汇票和出口单据，在指定地点付款的书面保证。信用证是开证行向受益人做出的付款承诺，使受益人有了收款的保障，因此是对受益人有利的支付方式。受益人只有在按信用证规定提供了信用证要求的单据时才能得到款项，只有单据相符，开证行才会付款。因此，信用证是银行有条件的付款承诺。

（2）信用证的分类。

① 信用证以其项下的汇票是否附有货运单据划分为：跟单信用证和光票信用证。在国际贸易的货款结算中，大多数情况下使用的是跟单信用证。

跟单信用证（Documentary Credit）是凭跟单汇票或仅凭单据付款的信用证。此处的单据指代表货物所有权的单据（如海运提单等），或证明货物已交运的单据（如铁路运单、航空运单、邮包收据）。

光票信用证（Clean Credit）是凭不随附货运单据的光票（Clean Draft）付款的信用证。银行凭光票信用证付款，也可要求受益人附交一些非货运单据，如发票、垫款清单等。

② 信用证以开证行所负的责任为标准可以分为以下两类。

不可撤销信用证（Irrevocable Credit）：该信用证一经开出，在有效期内，未经受益人及有关当事人的同意，开证行不能片面修改和撤销，只要受益人提供的单据符合信用证规定，开证行必须履行付款义务。

可撤销信用证（Revocable Credit）：指开证行不必征得受益人或有关当事人同意，有权随时撤销的信用证，信用证上应注明"可撤销"字样。

最新的《跟单信用证统一惯例》（UCP 600）规定银行不可开立可撤销信用证（常用的都是不可撤销信用证）。

③ 根据付款时间不同，可以分为以下3种。

即期信用证（Sight Payment Credit）：指开证行或付款行收到符合信用证条款的跟单汇票或装运单据后，立即履行付款义务的信用证。

远期信用证（Usance Credit）：指开证行或付款行收到符合信用证条款的单据时，在规定期限内履行付款义务的信用证。

假远期信用证（Usance Credit Payable at Sight）：该信用证规定受益人开立远期汇票，由付款行负责贴现，并规定一切利息和费用由开证人承担。进口商之所以愿意使用假远期信用证，是因为这样可以使用银行提供的资金以解决资金周转困难，但是要支付利息和相关费用。这种信用证对受益人来讲，实际上仍属即期信用证，但对开证人来说则属于远期信用证。

（3）信用证的开立流程

① 买卖双方就交易的商品签订正式的买卖合同，并在合同中注明使用信用证方式结算；

② 进口方根据合同规定填写开证申请书，连同合同副本及"进口付汇备案表"（如需）提交当地外汇指定银行，同时将信用证项下所需对外支付的资金足额存入银行的保证金账户中，向银行提出对外开立信用证的申请；

③ 如只能存入部分保证金，不足部分可向银行申请办理备用贷款，与银行签订备用贷款合同；

④ 开证行根据申请书的内容，开立正式信用证，并通过合适的国外代理行，将信用证正本交给出口商，同时将一份信用证副本交给进口方；

⑤ 银行根据信用证的金额和期限向开证申请人收取一定比例的手续费。

（4）信用证的局限。

① 由于信用证结算方式是一种纯粹的"单据买卖"行为，只要"单证相符"，开证银行就一定要付款，进口商也一定要"付款赎单"。因而，进口商有可能得到与信用证规定完全相符的单据，但不一定能得到与单据条款完全相符的货物；

② 在信用证业务中，有可能存在欺诈行为。无良商人利用信用证的上述特点，进行不法活动，如提供无货单据、假冒单据等；

③ 出口商在执行信用证条款时，由于种种原因，会出现"单证不符"现象，导致开证行拒付；

④ 开证行和进口商可能无理拒付或无力支付；

⑤ 开证行在开立信用证时，通常向进口商收取一定数额的押金，由于信用证结算的周期较长，该资金会被银行占用；

⑥ 信用证的手续烦琐、费用过高；

（5）信用证的其他具体内容，可以认真阅读 UCP 600。

《跟单信用证统一惯例》英文全称是 Uniform Customs and Practice for Documentary Credits，简称 UCP 600，由国际商会起草，新版本于 2007 年 7 月 1 日起实施。是信用证领域最权威、影响最广泛的国际商业惯例，包括了 39 个条款。

**怎样降低收款风险**

（1）卖方对买方的资信情况及经营作风应有所了解，比如通过美国邓白氏公司① （http://www.dnbchina.com）进行一些客户信誉度调查；

（2）及时了解市场行情；

（3）了解买方海关等当局的规章制度；

（4）尽可能做"即期付款交单"（D/P at sight），不做或者少做"承兑交单（D/A）"或者赊销（O/A）；

（5）要求对方预付一定数额的订金；

（6）进口国最好有代理人，万一发生意外，也可以代为处理存仓、保险、转运或运回等事宜；

（7）通过"中信保"买保险；

（8）另外，在报价的时候，可以根据不同付款方式，进行不同的报价，因为成本不一样，比如将前 T/T（T/T in advance）的价格定得比即期信用证（Sight L/C）的便宜，引导客户使用前 T/T 付款。

**遇到客户不付款的情况怎么处理**

（1）搞清楚客户是否是因为市场变动太大，产品销不出去才不付款。可以适当给客户一些折扣，帮其渡过难关，或者和客户签订分批付款协议。

（2）另寻买家。如果是因为市场不景气，货卖不出去，可以在当地或者邻国寻找其他买家。

---

① 邓白氏：国际上最著名、历史最悠久的企业资信调查类的信用管理公司。

（3）威胁信誉。告知对方，如果不付款，将会被中国所有同行及信保拉入黑名单。

（4）委托收款。找当地别的客户、朋友或者当地安保公司谈判。把账转给他们去收，能收回多少是多少。

（5）使馆协调，找当地大使馆协调。

（6）找有客户展位的展会，当面去展位上催款，并告知客户，我们会一直在其展位上等候，并将其欠款的情况告诉他的客户。当然，在展会开始之前就要威胁客户，目的还是希望客户付款。

（7）找信保公司处理。

**刻意练习**

1. 每个月和客户对账，和财务清账。做一些规范性表格，定期和财务对账，特别是做好不及时付款的客户的跟进工作。

2. 找业务员进行"角色扮演"，模拟客户进行付款方式谈判的场景，特别是一些特殊付款方式的流程和出错点，比如 L/C、D/P、D/A、O/A 的操作流程和注意事项。

3. 与财务部一起找应对付款风险的策略，比如了解中信保的操作流程等。

第三章

# 6 个月后

**背景**

按部就班，做好客户开发与维护

# 第一节    市场调研

对于一个新的市场，我们必须有正确的开发方向，一旦开发出来的产品没有遵循当地的"游戏规则"，就会越做越错，到最后损失大量的时间、人力、物力。所以，我们在进入一个市场之前，必须做好市场调研，研究当地的游戏规则，避免在源头上出现严重错误。

## 熟悉品牌

20 年的外贸经验告诉我，最快的市场调研方式是参加行业内最大的展会。在展会上可以看到行业内所有的公司及其产品，可以了解行业知名品牌的影响力和每个品牌的特色及代表产品。

市场调研最重要的是找对产品的方向。每个行业都有自己的内容导向，这需要潜心进入自己的行业，分析、积累，再分析、再积累，才能得出调研结果，不能闭门造车。

新产品的研发和发布，主要立足于两个层面。

第一个层面：产品外观（可核对专利查询网站 http://www.uspto.gov ）。

外观设计和产品市场的文化背景息息相关。这是中国外贸企业在产品调研阶段最薄弱的环节。

第二个层面：产品技术（可查询 http://www.uspto.gov ）。

产品技术专利以产品实用性和功能性为导向，技术专利无疑是公司的核心竞争力。

### 案例 3-1  2016 年美国市场调研

在做美国市场的调研时，我们首先进行了实际走访，通过对大客户、中型客户、小型客户的走访，实地考察实体店的产品线，对有专利和知识产权的产品，重点调研并备案。这个阶段我们用了大概 3 个多月，通过不断的积累，我们对专利产品做到了心中有数，尤其是在新产品的开发上，避开了知识产权的陷阱，避免从产品研发阶段就"中招"。

在这个过程中，你也能看到市场的变化和发展方向，基本了解行业内各品牌的情况和行业动态、产品趋势。

然后，我们联系了国际律师事务所。一般来说，聘请美国专业的知识产权律师的费用都不是天价，基本上一个外观专利在 2 000 美元左右。中国企业找个专业的知识产权律师是必要的，尤其是产品深入市场后，就有了保护伞，在销售过程中就没有后顾之忧了。

我们从商标注册，到产品外观专利注册，投入了大量的人力、物力，才使产品进入市场之后不出问题（表 3-1 中的费用仅供参考）。

表 3-1　市场调研和专利费用清单

| 项目 | 内容 | 备注 | 时间 | 费用（美元） |
|---|---|---|---|---|
| 1 | 新产品分类 | 实体店考察 20 个客户 | 30 天 | 2 000 |
| | | 分析产品性价比，提出修改方案 | 15 天 | 1 000 |
| | | 确定产品方案 | 20 天 | 2 000 |
| 2 | 注册外观专利 | 找国际律师事务所，一次性付费 | 30 天 | 2 000 |
| 3 | 商标注册 | 找国际律师事物所，一次性付费 | 30 天 | 2 000 |

分析：中国企业要进入国际市场，就必须知道国际市场的"游戏规则"和市场法则。在调研阶段，不仅仅要调研产品，更重要的是调研市场准入

机制，这一点的重要性甚至超过了产品的研发。

　　结论：调研是以市场准入机制为导向的，产品是其次。

**刻意练习**
　　找同事相互抽取任何一个品牌，准确描述该品牌的特色产品及其最新产品的功能特性，注意用英文对话。

# 第二节　目标市场及客户分析

　　客户并不是从天上掉下来的，也不是知道邮箱或联系方法之后，提供了产品目录和报价单，就能等来客户的订单。我们必须对客户的信息进行收集，判断客户是否是我们的目标客户。当收集到足够的信息之后，我们需要建立客户档案，利用手头上的信息，集中精力来跟目标客户谈判，主动争取订单。

## 怎样正确浏览客户网站

　　网站是一个公司市场营销的重要部分。它就像一个无声的销售人员，24 小时为浏览者提供丰富的信息，包括产品信息、公司背景、企业新闻、售后服务等。

　　对我们来说，这些信息能够帮助我们描绘出一个大体的客户肖像。特别是对于开发新客户来说，这些资料的建立，有助于让你更好地了解客户需求。试想，如果你给一个客户写开发信，标题就是他正好需要或者感兴趣的内容，你说他会不会打开你的邮件仔细阅读呢？

我们要带着问题和目的去浏览网站，寻找我们需要的信息，这些信息包含以下内容。

## 网站首页

有关调查显示，首页是一个网站被浏览次数最多的页面，它是一个网站的重中之重，在很大程度上决定了客户的去留。所以，你可以得出的结论是：一个不错或者优秀的网站首页关注的问题，就是其目标客户关注的问题。

## 公司介绍

这是网站的重要组成部分，一般来说，会使用"About Us、About、Corporate、Profile、Who We Are"等来表示。我们可以利用这个版块了解客户几个方面的信息：成立时间、规模、产品线、目标客户、目标市场、专业度等。这些信息可以帮助我们判断这个客户是否属于我们的目标客户。

以智能家居行业为例，我们的一个客户官网上的公司信息非常典型。下面，我们一起来分析一下。

## 📄 案例 3-2　智能设备客户官网信息

"×××,a leading provider of personalized automation and control solutions,allows you to control virtually any device at home or in business,automatically. Founded in 2003,the company mission is to deliver an elegant and more affordable way to control and automate lighting,music,video,security and energy in a single room or throughout the entire house.

At × × ×, we believe life is better when everything works together. × × × solutions inter-operate with nearly 11 000 third-party consumer electronics devices—and that number is rapidly growing.

Leveraging a distribution channel that includes over 5 500 custom integrators,retailers,and distributors in 100 countries authorized to sell the full-line of × × × products,we're delivering intelligent solutions for consumers,major consumer electronics companies,hotels,and businesses around the world.

我们来梳理一下这家公司的信息。

"× × × 于 2003 年成立，是一家领先的个性化智能设备公司，能够让用户远程控制家庭或商务场所中的智能设备。"一般来说，欧美客户在描述自己的时候如果用 "leading"（领先的）、"advanced"（先进的）、"oldest"（最悠久的）、"well-known"（著名的）等字眼，说明他们在行业里是比较权威和有影响力的。这与国内的公司不同。国内不少公司动不动就说自己是行业领先的供应商，而事实与之相去甚远。在谷歌搜索这个公司的名称，有 500 多万个搜索结果，这在智能家居行业是比较庞大的一个数字，像 Amazon Echo（亚马逊公司研制的智能音箱）这样火遍大江南北的智能单品，谷歌搜索结果也才 100 多万个。该公司在 2013 年上市，有评论说这是 "First pure-play home automation IPO ever"（有史以来第一家公开募股的专业家居自动化企业）。可见，这个公司果然如其所说是个行业巨头。

"产品范围是家庭或商务场所的灯光、音乐、视频、安全、能源等方面的控制装置。"这些是智能家居产品中最常见也是销量最好的品类，跟我们所在企业做的产品类型比较吻合。

"我们的系统可以跟 11 000 多个第三方商家的智能设备联动，并且这个数字还在迅速增长。我们在全世界 100 个国家有 5 500 多个集成商、零售商、经销商。这些智能解决方案主要面向终端客户、消费类电子产品公司、酒店、商务场所。"这几个数字说明这个公司不但有强大的系统，而且影响力非常大，得到了很多第三方公司的认可。这类客户对供应商来说，产品种类固定，有很强的议价能力，订单数量大，质量要求高。从另一方面来看，巨头客户是不少人的目标，想要进入他们的供应商系统，不是一件容易的事。

只有经过认真的调查和分析，才能针对他们制订有效的销售策略。当然，经过综合的评估，当时我们公司还很年轻，没有足够的经验去应对这种超级大客户，所以，当时选择了放弃这种类型的客户。

然而，一些企业并没有在自己的网站上对公司进行详细介绍。这时，我们可以通过谷歌搜索，或在维基百科、领英上查找客户公司简介。

此外，跨界整合是常常被大家提及的一个词。对我们来说，跨界整合的意思就是去观察客户的行业，如果跟我们的行业不同，我们就要认真分析是不是在那个行业里我们可以找到同类型的客户。例如，智能家居软件公司一直都不是我们的目标客户，可是现在有一种趋势，当一款软件做得比较成熟，而且在市场上有一定用户量之后，这些软件公司就开始寻找硬件合作伙伴。所以，这些公司也被我们定义成一种新型的客户。

## 产品介绍

当了解客户的行业及规模等信息之后，我们需要查看产品详情，进一步判断与客户有没有合作机会。首先，我们要了解自己的产品是否能满足他们的基本需求。比如，我们做 ZigBee[①] 通信协议的产品，而客户只做 Z-Wave[②] 的

---

① ZigBee：一种短距离、低功耗的无线智能家居技术，传输速率快，可容纳的节点数多，开放性强。
② Z-wave：一种无线智能家居技术，相比于 ZigBee，结构更简单、成本更低、接收灵敏度更高。

通信协议，那我们合作的机会就微乎其微。

其次，了解客户的产品定位是什么样的。如果客户卖的是高端产品，而我们只做入门级产品，客户可能下单吗？

再次，清楚客户产品的主要卖点。我们的产品是否能满足其需求？或者，我们产品的卖点是否可以成为客户产品新的亮点，帮助客户去扩充产品线？

最后简单归纳一下，通过对客户的产品进行分析，我们可以找到对口的客户，并且找到一个突破口。如果我们不是"独角兽"公司①，而客户已经有了供应商，那么我们需要考虑的是怎样让客户对我们产生兴趣。

## 敲黑板

通过积累，我们会学到很多相关的技术知识。特别是对于技术含量比较高的行业来说，懂技术的销售才会在行业里长久地、健康地发展下去。另外，我们还需要关心周边产品的发展趋势，如果能够融合一些跨界的产品或行业卖点，更容易打动客户。

## 企业新闻、人才招聘等信息

客户会在企业新闻等中公布自己的动态、新产品发布信息、参展信息等。我们可以从侧面了解这个公司的活跃程度，分析它是一个积极进取的公司还是一个保守稳健的公司，是不是在迅速扩张。我曾经在一个潜在客户的网站上发现客户正在招聘采购人员，其要求是"具有向中国企业采购的经验"。通过分析，这个公司之前没有直接向中国采购的习惯。于是我打电话到那个公司找到了相关的负责人，证实了我们的分析是正确的。

---

① "独角兽"公司：指估值10亿美元以上，创办时间较短的公司。

## FQA 和博客

客户的客户关心的问题，就是你需要关注的问题。客户在网站上试图给他们的客户解释的问题，就是你打动他们的突破口。帮助客户关心他们的客户，帮助客户解决问题，就是帮他们赚钱，客户是不会拒绝一个想要帮他们赚钱的人的。

## 怎样分析客户

刚做外贸的时候，我在展会上遇到一个客户，那是一个非常大的美国连锁超市的中国采购员。我一开始喜出望外，心想这么有实力的客户，他们在北美有 2 000 多家连锁店，要是合作下来，前景不可限量。随着了解的深入，他们要求我们在北美建自己的售后服务中心，24 小时解决终端用户的问题。那时我们公司没有这个实力，当时外包业务也没有现在这么发达，这个要求就把我们拦在了合作的门外。

老一辈的人都爱说门当户对，这句话在寻找潜在客户的时候也同样适用。没有最好的客户，只有更合适的客户。客户太大，我们没有匹配的软硬件实力，达不到别人的要求，就无法合作；客户太小，连我们的最小订单量都达不到，我们也不会接这种订单。

所以，寻找"门当户对"的客户是我们必须修炼的技能。我们可以通过多方面的信息搜索来整合分析，找到匹配的客户。

### 敲黑板

不是所有的客户都是我们的目标客户。所以，在现今这个讲究效率的时代，我们一定要在开发客户之前，寻找一个正确的方向，对公司、对客户有一个清楚的认识，不要在虚无缥缈的事情上浪费时间。

## 客户分析之现有客户

你有没有想过我们需要一个什么样的标准来界定我们的目标客户？这个标准不是凭空捏造出来的，而是我们根据实际经验总结出来的。

每个公司都有不少客户，目标客户一般是在现有客户类型内挖掘出来的。当然，一段时间之后，通过自己的经验我们可以判断，是否可以开拓不同类型的客户。

对于现有客户，我们要了解以下信息：

（1）所属国家；

（2）行业；

（3）公司规模；

（4）市场角色；

（5）研发实力；

（6）产品类型；

（7）设计能力；

（8）营销方式；

（9）销售渠道；

（10）每年的采购量及采购规律；

（11）产品的价格区间；

（12）付款方式。

通过梳理以上信息，我们可以清晰地了解现有客户的组成情况。这样非常有利于我们将这种模式进行复制。

---

**敲黑板**

挖掘现有客户的成本比开发一个新客户的要低很多，效率也高很多。所以，要对现有客户作更多的分析，找到规律，寻找类似的客户。

---

## 客户分析之潜在客户名单

第一，行业协会、展会、论坛。这些就是在现有客户分析中提到的所属国家及行业的内容。每个行业都有一些自己的行业协会、展会、高峰论坛等。这些是我们可以批量获取潜在客户信息的地方。我们可以通过现有客户的数据进一步筛选潜在客户名单。

第二，利用海关数据找到更精准的客户名单。

第三，利用领英的搜索功能，寻找相关行业的兴趣小组。查找同一个小组里相关的企业和员工。

对于寻找潜在客户，每个人都有不同的思路。除了上述方式之外，你还可以根据所在企业的情况去发掘客户集中的地方。

## 客户分析之常见分析工具

**企业官网：收集公司基本信息**

现代企业的第一个对外的窗口就是企业官网。所以，浏览官网是我们了解客户的最基本、最重要的一步。

**领英（LinkedIn）及维基百科（Wikipedia）**

给我们补充信息。很多智能硬件创业公司的官网以展示产品信息为主，没有我们想要的详细的企业资料。这时就可以借助领英及维基百科获取额外的资料。在领英搜索公司联系人，首先关注跟采购（Sourcing/buying/procurement/purchasing）相关的职位，其次是产品开发经理（product development manager）。为有技术含量的产品寻找供应商的，主要是这类懂产品、懂技术的综合型人才，最后是公司的主要"C-level"[1]成员。

---

[1] C-level：指企业高管，常见的有首席执行官（Chief Executive Officer，CEO）、首席运营官（Chief Operations Officer，COO）、首席财务官（Chief Financial Officer，CFO）等。

**彭博（Bloomberg）**

著名的商业、金融和财经信息提供商。我们可以在该网站上看到很多公司的信息，包括公司的基本介绍、管理层情况等。

**公司注册信息查询网站**

**公司注册商标信息查询网站**

可以使用 http://www.trademarkia.com，不过这个网站的功能主要是查询欧美的商标信息。

**社交媒体及 B2C 平台**

了解目标客户的网络营销模式。

**产品的移动端软件（APP）**

如果这个公司的产品带 APP，最好自己下载一个，实际操作一下，如果有机会跟客户交流，可以告诉 ww 他／她，这个软件的使用情况，这将是加分项。

**产品列表**

制作客户公司的产品跟市场上主要产品的对比列表，越详细越好。

**海关数据**

搜索客户的供应商，了解客户供应商的规模和优势，如果可以的话，了解一下价格。

**谷歌**

搜索这个公司的名字及行业，有时候会出现大大的惊喜。有的网站会对这个行业内开展相似业务的企业进行归纳。查阅这些信息有助于拓展你的潜在客户名单。

我相信，在实际操作的过程中，你还能找到更多、更适合你们行业和自己公司的方式和网站。分析客户是一件有意思的事情，做得越多思路越清晰。

# 建立客户档案

一直以来，让我非常欣慰的是，大部分的客户和我都像好朋友一样，关系非常好，客户很喜欢和我聊天。经常有很多外贸小伙伴羡慕地问我怎样才能像我这样。

其实这个问题的答案很简单，是我对每个客户都建立了非常完善的客户档案。客户的情况，不管是公司、家庭、兴趣爱好、所属国家的文化我都了如指掌。能够投其所好，客户自然觉得我专业，也很愿意和我聊天。接下来，我们分享一下关于"客户档案"的话题。

**客户档案应该包含哪些内容？如果公司规模比较小，没有专业的客户管理系统，应该用什么方式建立客户档案**

其实很简单，我们可以用表格的形式对每个客户建立客户档案（见表3-2）。每个公司可以根据自身情况进行调整，表格里面可以插入超链接，链接一些文件，比如报价表、生产订单等。

表3-2　客户档案

| 公司名称 | 联系人的联系方式 | 联系人职位 | 公司卡片、LOGO或者客户照片 | 是否合作、合作次数和时间、合作金额 | 认识客户的途径 | 是否来参观过工厂 | 公司的主要推广途径(线上、实体店、B2C、参展直销、团购、Homeparty) |
|---|---|---|---|---|---|---|---|
| 客户公司规模、面积、成立年限、年采购额等 | 我们的产品销量和客户的采购习惯及要求 | 客户个人习惯或者爱好 | 客户对交货期的时效性要求是否加急 | 客户对品质要求的严格程度 | 客户主要卖哪些品牌 | 客户卖得最好的品牌 | 是否做OEM业务 |
|  |  |  |  |  |  |  |  |

续表

| 是否参观客户公司 | 客户公司的特别之处、优势 | 重要邮件的内容 | 客户给我们的建议 | 客户是否认识其他公司、其他公司对其的评价 | 公司图片或者和客户的合影 | 是否报价、对价格是否满意 | 付款方式 |
|---|---|---|---|---|---|---|---|
| | | | | | | | |
| 合作条款 | 客户是否有指定的货代及联系方式 | 客户订单的要求 | 是否签订过合同 | 证书要求 | 上次订单中的错误 | 客户投诉 | 接下来重点跟进的内容和主要的工作项目 |
| | | | | | | | |

### 哪些客户该建立客户档案

从严格意义上来说，你应该为每个客户建立档案，只有这样，你才能随时了解客户的动态，深入挖掘客户的需求，精准分析后，筛选出你该跟进的重点客户。这里需要强调一点，客户的档案随时在变化，随着我们与客户接触的时间越来越长，对彼此的了解越来越多，我们合作的概率也就越来越大。

### 在实际工作中，如何建立客户档案

请查看拉页，在实际工作中，我们建议使用 XMind（商业思维导图软件）思维导图的形式来建立客户档案。这样可以清晰地对客户进行深度解剖，有针对性地制订客户跟进方案。

**刻意练习**

对不同类型的客户，进行分析、建档，并且拿给比你有经验的上级或者同事进行评审，看整体思路是否有问题。如果没有问题，前期做 20 个以上客户的建档工作，培养自己辨别客户的灵敏度。

# 第三节　开发客户

能否开发客户拿到订单，是衡量一个业务员能力的主要标准。那么，你是否有足够的能力去打败你的竞争对手，得到客户的信任，从而拿到订单呢？在开发客户之前，我们必须要了解自己手上有什么资源、用什么工具和有哪些渠道去更快地开发客户。

## 找客户的有效途径

一般来说，作为刚入行的新人，公司不会给你分配过多的资源，所以你自然不会有很多的客户资源。如果你是这本书的读者，我想你大概会按捺不住内心的想法，想进一步了解没有资源的人怎样利用一切可用的资源获取更多的客户。

万事开头难，对于没有太多行业经验的人来说，复制别人的成功经验是向正确的方向前进的第一步。这条正确的路是日积月累慢慢走出来的，不是一夜暴富的神话。

### 研究客户购买模式

本书在前面提到过，要学会建立现有客户档案，想想哪些条件是你的理想客户的必备条件。例如，哪个行业的公司最有可能成为你的客户？什么职位的人会是决策者？他们的采购周期是多久？你的产品是不是非常简单，客户自己一个人就可以作最终购买的决定？还是你的产品购买的周期非常长，需要几个部门的人一起决定是否向你购买？

下一步，你需要好好思考，这种典型的买家是如何寻找你这种类型的供应商的。他们会到中国来了解供应商吗？他们在社交网站上活跃吗？当他们要购买你们公司这种类型的产品时，他们一般会怎样了解市场需求？你可以把这些信息记录下来，看看能不能找到一些客户购买行为的固定模式。接着，就是把你总结出来的信息放到这些潜在客户关注的地方，增加客户关注你的机会。

## 研究成功的竞争对手

看看你的竞争对手是如何做线上营销的。他们做广告了吗？他们的营销策略如何？看看他们在哪个社交媒体上最活跃，对他们有用的方式对你来说也应该适用。

## 运用免费海关数据

有些提供免费海关数据的网站，可以查到有真实购买记录的买家。你可以用这个方法积累自己的第一批潜在客户。不过，也不能高兴得太早，如果没有特殊情况，客户一般不会轻易更换供应商，毕竟跨国培养一个供应商的成本太高。但是你可以以备用供应商的姿态出现在他们面前，向他们推荐一些新品。千万要记住，就算他们的现任供应商在行业里声名狼藉，也不要在潜在客户面前说他们的坏话。切记不要把客户当傻子，他们之所以选择和这家供应商合作，一定是因为这家供应商有打动客户的地方。况且，贬低别人的同时并不能抬高自己。

## 目标市场的行业协会、联盟等组织

很多行业都有自己的行业协会，在这些组织里可以找到成员名单。这不但可以让自己更多地了解当地市场的信息，也能为自己的客户名单添砖加瓦。

## 领英

你可以直接在领英网站上搜索潜在客户公司名称，看看这个公司有哪些人在领英上。不是每个人都会同意和你建立联系，不过不要紧，我们还有其他的方法。

领英上有个功能叫"群组"（Group），根据它自己的解释，"LinkedIn Group provide a place for professionals in the same industry or with similar interests to share content, find answers, post and view jobs, make business contacts, and establish themselves as industry experts."（领英"群组"为同一个行业或拥有类似兴趣的专业人士提供分享内容、寻找解决方案、发布及查看职位、建立业务联系和成为行业专家的场所。）

一般来说，加入群组需要向群组的管理员申请。据我的亲身体验，只要行业对口，管理员都会让你顺利通过。

这些群组是你的潜在客户扎堆的地方。很多公司会在群组内进行内容营销，包括新闻、"怎么做"（How To）类型的文章、博客等，提升公司的知名度和影响力。你可以在这些文章下互动，获得一定的关注度。然后你可以打造自己的专业形象。如果你想达到这样的效果，就必须积极参加群组内的讨论。根据领英的数据，如果你在群组讨论下面回复，别人查看你的简介（Profile）的概率是普通人的 4 倍。更多的浏览量会带来联系人数量的增加以及一些真实的询盘。

# 大小客户是否该通吃

## 大小客户的定义

我们不应该仅用订单金额的大小去衡量客户的大小，而应该从客户公司的背景、经济实力、销售渠道、品牌知名度、产品品类、现金流、订货频率、利润、未来的爆发力、发展趋势等综合地去判断客户的大小。

客户的大小不是永恒不变的。我们要时时关注其动态，想办法培养有潜力的小客户跟着自己所在的公司一起成长，在客户变强大的同时，客户的黏性和忠诚度就会高很多。

## 大小客户的特点

**大客户的特点**

（1）公司规模化，规章制度正规化。

对应的供应商（supplier）：要有正规化、系统化的管理体系，特别是使用软件化管理方法或者ISO9001工厂管理体系，完全能应对客户验厂。

（2）订单数量很大，要求及时交货。

对应的供应商：产能要能满足大的采购订单对时效性的要求。

（3）客户品牌知名度高，要求严控质量。

对应的供应商：严控品质，有实验室和很多法律法规要求的证书测试。

（4）办事人员专业、效率高。

对应的供应商：有专门的大客户小组或者专业性很强的服务人员，能够高效解决客户的问题。

（5）单价和利润压缩严重。

对应的供应商：成本控制要非常严格，供应链管理能力很强，不然一出问题，可能整个订单就会处于亏本状态。

（6）付款方式常是 O/A 或者 D/P。

对应的供应商：雄厚的资金实力，熟悉国际上常用付款方式的操作，特别是要通过考虑购买中信保等方式降低自身风险。

（7）合作周期很长（特别是研发自主产品的客户很多需要半年到几年的合作时间），一般不会临时下采购订单，而是有详尽的年度采购计划，返单率不一定很高。

对应的供应商：在不影响生产或没有订单生产的时候，安排优化产品结构，提高生产效率或减少成本，同时也可以按照客户的要求，开展内部提升工作。

（8）主动性很强，谈判更加艰难，特别是当出现客户投诉问题的时候，要求供应商负责到底，损失大的时候杀伤力很大。

对应的供应商：投入更多资金在研发和设计上，生产专利性的产品，让差异化带来更多的溢价空间。

认真看清所有合同的条款，提升公司质量把控能力。做有信誉的公司，在小范围进行试错，不成熟的产品和工艺要多次测试其稳定性。

（9）具有引领市场的能力，对研发新产品、挑战新技术有较高要求。

对应的供应商：公司要投入大量的设计、研发费用，对员工的工匠精神提出了更高要求。

**小客户的特点（对应大客户的特点）**

小客户的谈判周期较短，订单零散，返单频繁，付款方式为 T/T，对供应商的资质要求没那么高，对产品品质的要求也没有那么高，合同条款比较少，没有那么难伺候。

## 公司的客户定位

公司要根据自身实力定位目标客户群体，再去选择适合自己的客户。有的公司定位的是做自主品牌的客户，有的公司定位的是做代工的客户，有专门对接大客户的贸易公司，也有对接中小型客户的中小企业。

客户定位会随着公司的发展而变化，因此，一个公司合作客户的类型也是变化的。

## 不要"把鸡蛋放在一个篮子里"

为降低风险，中小公司可以通过定制产品，分区域管理不同品类的产品，采用多品牌策略等渠道开发不同类型的客户。我曾经听说一个公司因为一个大客户的订单量占了公司销售额的 80%，而那个客户突然更换供应商，杀他们一个措手不及。也有的公司因为集中做几个大客户的订单，利润非常低，客户一再压价，最终没法继续合作。

### 敲黑板

不管是大客户还是小客户，在接触客户的第一时间就应该判断出该客户是否适合自己的公司。在与客户合作的过程中，最重要的一点就是风险控制，其中包括贸易条款、资金周转、开发费用、质量管理等。与大客户还是小客户合作取决于公司的定位，以及该客户与公司实力的匹配程度，建议大家找"门当户对"的客户合作。

# 怎样分配开发客户的时间和精力

我们花费在新客户身上的时间和精力要比花在老客户身上的多得多。那么，在开发新客户的时候需要做哪些具体工作？是否群发了推广信，就可以等客户从天而降？或是在展会之后等客户自己联系我们？为什么我们不能开发一个比较大的、有质量的客户？报价单石沉大海之后怎么办？我们怎样开发那些既符合公司利益，又能在市场上有一定知名度的客户？

当我们手头上有大量客户信息的时候，不要第一时间群发推广邮件，要先花时间去整理和研究客户的背景。在整理客户资料的时候，必须思考下面几个问题。

## 开发客户前必须思考的几个问题

### 这个客户是否正在经营你们公司现有的产品或周边产品

有些客户未必正在经营你们公司现有的产品，有可能只是对你们的产品感兴趣，想初步了解一下，并没有成熟的想法。这个时候，你需要进行更多的沟通去了解客户的想法，辨别这个客户是否值得我们花时间去开发。不要忽略此类客户，有可能客户会把他们原有的产品类别带过来，使其成为你们公司的新产品项目。

### 客户的规模

通过客户公司的官网和行业内的各类信息，可以了解客户的规模。能在网络上搜索到各种新闻、大事件、展会信息等的客户往往是行业的标杆，如果什么都搜不到，证明此类客户的规模比较小，订单不一定稳定。

### 合作的可能性

如果客户是行业标杆，则需要评估自身公司的条件是否符合客户的要求。一般欧美大客户都对工厂的资质有一定要求，例如倡议商界遵守社会责任组织（BSCI）认证、瑞士通用公证行（SGS）认证、法国国际检验局（BV）认证等。

## 有针对性地开发客户

通过上述几点，我们基本可以按照国家和地区、客户类别和客户需求把手头上的客户资料归类。下一步，我们就可以有针对性地开展工作了。

### 大客户

如果有合作的可能性，我们可以从细节着手，例如，通过客户网站、其他客户或合作伙伴的推荐来获得联系人的信息。我们给客户发的邮件总是石沉大海的重要原因是我们没有找到真正的关键人物，例如采购经理、公司老板等。

我们需要准备整套的谈判流程。前面已经介绍过怎样制作公司的 PPT，除此之外，我们还需要提供公司的热销产品介绍、质量管理体系介绍、同行的数据分析结果、公司实力展示、帮助客户占领市场的方案、生产能力信息等。

### 一般客户

我们也需要了解客户的基本信息，例如公司的规模、决策人信息等。与这类客户成交的概率比与大客户成交的要大，其是公司主要的利润来源。

前期我们需要准备好报价单，包括阶梯式的报价。在沟通的过程中，我们可以提及对客户公司的了解，包括与客户竞争对手产品的对比结果，我们产品的卖点，力求让客户在不选择你的情况下记住你。

### 小客户

我们可以相应地提高产品单价，但是也要在市场可以接受的范围内，切忌漫天开价。这类客户往往订单量比较小，我们可以通过利用生产淡季来说服公司接受此类小订单，来维持公司的工人开支。

# 电话客户：怎样打电话给客户

提到给客户打电话，很多人的第一反应是害怕，怕自己的口语不好，怕自己临场发挥不好。更重要的是，没有办法把自己推出舒适圈（comfort zone），接受不了被人拒绝的结果。所以到头来，很多人没有勇气给客户打电话。然而，如果观察一下你身边愿意推自己一把的人，最后得到的结果是不一样的。

所以，自己的心态很重要。

我们应该将注意力更多地放在交流上，而不是放在关注自己到底会不会被拒绝上。然而，就算被拒绝又如何？那是你成长路上必须经过的关卡，必须打败的小怪兽。你会慢慢学习到，哪些话该说，什么时候适合打电话。

（1）在打电话之前，要想清楚自己打这个电话的目的，跟目的相关的话题都要做充分的准备。我的建议是，你可以把这些句子一个个写出来，读到非常熟悉为止。这样在谈话的过程中，你就不会出现磕磕巴巴的情况。一个说一个句子要想几十秒的人，客户不会花那么多时间在你身上。如果你准备好了，但是客户的语速很快或是其他原因造成你听不懂，你可以对他们说"May I beg your pardon?"（您能否再说一遍）。不要害怕，只要你不是每句话都这样问，客户会给你重新解释的。

（2）学会适应当地文化，礼貌问候。不要一说完"Hello"就气都不喘地直接进入主题。如果是非英语国家，学会一两句目标市场的问候语是一个不错的开始。如果是英语国家，学会用"Mr./Mrs./Ms."（先生、女士、小姐）这样的称呼。例如，"Good morning, Mr. Smith"（早上好，史密斯先生）。因为在一般情况下，你想要沟通的这个人的职位并不低，他习惯受到大家的尊重。

（3）简明扼要地介绍自己和公司。"My name is A from ××× Company.

We're a manufacturing facility of smart home products in China. We specialize in helping companies like you to develop smart devices."（我是来自 ××× 公司的 A。我们公司是一家在中国生产智能家居产品的工厂，专门帮助你们这样的公司开发智能设备。）只要客户不是特别忙，都会给你一点时间做自我介绍。对于非英语国家的客户，你要放慢语速，保证你说的话能够被别人听懂。

（4）要让客户感觉到你是真诚地在表达感激。"Thank you for taking my call. It will take you a moment and I will get you back to your busy schedule."（感谢您接听我的电话。我只占用您一点时间，之后您就可以回到自己紧凑的日程中。）

（5）背景调查的重要性。如果你很认真地分析过客户，那么这个时候就可以体现出你对他们和对市场的了解。如果没有的话，建议你别急着打这通电话。因为你被拒绝的概率提升了至少 10 倍。你打电话的目的就是为了拿到邮箱，让他记住你，而且不要让客户感觉到他在被骚扰。如果你打电话是为了跟进你的开发信，你更要让他感到你值得他花点时间去垃圾邮件里翻你的邮件。

（6）如果你很怕自己听不懂客户的话错过了重要的信息，你可以把你们的对话录下来。之后反复听，或者请你熟悉的人帮助你确认你听到的信息的准确性。我之前有个同事每次和客户开电话会议的时候都会把内容录下来反复听，时间一久，她的语言表达也越来越流畅了。

说到底，打电话是需要练习的。你的表达和思维能力会在这个过程中变得越来越好。而且，如果客户在电话里讲的内容你都可以听得懂，那在面对面交流的时候，你就可以更自信。

## 催单的各种"招数"

我们都遇到过客户一直不确认订单、不回复邮件，或找各种理由推脱的情况。这种情况会花费我们无数的精力，患得患失的感觉会打击我们的积极性。这个时候我们需要的是一个明确的答复，以免过多地消耗时间和精力。当然，我们会尽自己的努力去争取，就算失败了也可以知道自己的不足在哪儿，以便加以改进。我将通过以下两个案例进行讲解。

### 案例 3-3　高要求的德国客户

某个德国客户，我们给其提供了样品并通过了客户的检测。催单的时候，客户突然说我们的样品有瑕疵，告知我们所报的单价跟他的其他供应商一样，但是他们担心质量问题，所以选择了其他供应商。这个时候我们应该怎么办？

分析：德国人对品质的重视程度大于价格。我们需要承认工作上的失误并加以改进，如果有可能，重新提供样品，向客户保证大货生产会符合标准要求，必要时出具质量保函。不建议提供价格上的优惠以促成订单，这有可能让客户觉得你们降低了质量标准。如果你面对的是一些对质量要求没有这么高的国家或地区的客户，可以考虑使用降价这个方法。

### 案例 3-4　如何应对不付预付款的客户

客户收到样品，价格已经确认，发了形式发票之后迟迟不肯支付预付款，无法安排生产。

分析：

（1）形式发票的有效期：给出一个最后的期限，告知客户在最后限期还不确认支付的话，形式发票将会作废；

（2）价格变动：告知对方，①近期由于汇率或原材料价格的变动，需要在某个期限之内支付预付款，否则需要重新调整价格；②由于生产线的调整，提升了生产效率，所以单价有下调；③运费将会发生变化。

（3）货期的调整：告知客户，①目前是生产旺季，请尽快落实预付款，否则无法保证原定的货期；②其他市场有大客户下了大订单，某个型号的交期会缩短，单价也有相应优惠。

（4）物料的调动：表明我们已经准备好该订单的原材料，如果客户还没有落实订单的话，我们会先将这批物料用于其他客户产品的生产。

（5）竞争对手的动态：某品牌采购商近期也在采购同款产品，客户如果还不尽快落实订单，市场份额将会丢失。

（6）新品的推出：①告诉客户这款新品在其他市场卖得很火，给出具体的网站链接，让客户明白这是市场认可的爆款；②这款新品可以帮助客户占领市场，销售单价可以更高。

（7）活动：针对节假日做促销、满减、赠品活动。

## 敲黑板

作为业务员，订单是王道，不要因为所谓的面子问题而不给客户压力。生意是谈回来的，不是等回来的，在跟客户谈条件的时候要给客户一定的压力，以体现自己的信心。

## 激活"僵尸"客户

2017 年"经营绩效基准研究报告"（Business Performance Benchmark Study）显示，留住老客户以实现公司利润的增长已成为公司发展最重要的策略。我们都知道，开发一个新客户的成本远远要高于维护一个老客户的成本。你是否知道，如果一个公司的老客户的保持率提升 5 个百分比，那么利润将提升至少 25%？

努力使那些"僵尸"客户重新活跃起来，是每个企业必做的工作。

## 弄清楚事情的来龙去脉

没有哪个客户会莫名其妙地不跟你联系。把你们之间的邮件重新拿出来梳理一遍，看看在跟这个客户接触的过程中，他是不是一直强调某些东西而你却一再忽略？这种忽略不是因为你故意不满足客户需求，而是因为你的经验不足，或者是你没有花太多的心思在这个客户的身上。

如果你实在想不明白，那么打电话是最直接的方式。放下你心中所有的猜想，认真地倾听一下客户的想法。

## 思考是否值得把这个客户争取回来

不是每一个客户都是优质客户。一旦你清楚这个客户的情况，就应该向领导请示是否值得重新争取这个客户。如果客户很难相处，或者付款很拖沓，你可能要考虑是否要放手让他走。之前有个同事遇到一个客户，邮件里动不动就说脏话，每天很多怨气，非常难相处，要求很多，付款也不及时，整个公司的人都很怕和他接触。后来公司决定，直接放弃这个客户。

## 研究客户离开的原因并分析是否能避免

如果你决定把客户赢回来，就必须要把导致客户离开的原因分析清楚。比如，这个问题是否是公司的内部流程造成的？会不会影响到每一个客户？如果是，向领导反映，了解公司内部的流程是否可以改善。如果可以，告诉客户你们已经在更改流程，并感谢这个客户在这件事上的贡献。

从另一方面来说，这个客户遇到的问题只会影响这一个客户。如果确实是自己公司的原因造成的，要诚恳地向客户道歉。双方可以共同努力去解决这个问题。

## 问客户是否愿意跟自己再次合作

一旦你将客户和你之间的障碍清除，就可以问问他们是否愿意再给彼此一个继续合作的机会。要清晰地表达出你们之间的问题已经完全解决，他们没有后顾之忧的现状。在这样的情况下，询问客户是否愿意继续向你们采购产品。问问你的老板能不能根据实际情况，给客户一定的优惠。不过，要注意衡量这个客户是否值得持续给予优惠，还是只给予一批或几批的优惠。

有的业务员向客户承认错误的时候并不是很情愿，别让这种别扭的情绪影响到你。根据一份市场调查，你有 20%~40% 的机会赢回一个客户。同时你也要知道，赢得一个新客户的概率只有 5%~20%。

## 如果客户暂时不愿意合作，该怎么办

有时候，客户就是不愿意更换供应商，至少在现阶段不会换。这并不影响你竭尽所能地联系他们、解决横跨在双方之间的问题，让他们对你们产生积极的看法。他们也许只是暂时不需要你们，也许在不久的将来，他们开发新产品的时候，你们的机会就来了。

重新获得客户的信任是一件非常困难的事，但它比争取一个新客户要容易。这是一件值得尝试的事。

### 敲黑板

业务员在潜意识中会害怕被客户拒绝，或收到负面的反馈，例如投诉。我们需要学会并接受这样的现实。自己犯了错就勇敢承认，或代表公司承认。客户是不会针对我们个人的，学会处理这样的情绪，对我们的职业生涯来说有很好的推动作用。

# 如何用细节打动客户

来盘点下自己感动过客户的细节。在与客户接触的过程中，这些细节起到了润物细无声的作用，一点点拉近了彼此的距离，建立了值得信任的合作伙伴关系。

这些细节可以归纳为 4 个方面：人文关怀、售后支持、品质监工、专业意见。

## 人文关怀

### 做有心人

在展会上见到客户一起拍张照，把照片放在很漂亮的相框里快递给客户作为礼物。参展时留下客户的照片并记录名字，下次参展再见到客户直接喊出客户名字。

### 有人情味

客户提前一天来到中国，他太太第二天到。我们陪他一起去接太太，并且买了很漂亮的鲜花。重要客户的样品订单，除了附有彩页、名片、样品、产品证书、报价表之外，我们还手写一封感谢信，表达对客户的谢意和期待长期合作的诚意。

### 营造氛围

客户来参观工厂，签订保密协议，客户和我们的老板都在，我们提议拍照纪念这个美好时刻，并且鼓掌说"Congratulations！"（祝贺），以此表达我们对客户的高度重视。客户的老板当时特别开心，表示很欣赏我们的诚意，期待与我们长期合作。

### 保持黏度

随时关注客户的新闻动态，比如客户公司搬进了新的办公室、公司周年庆，我们需要发祝贺信并且充分肯定该公司在行业内的贡献。另外，在脸书、领英关注客户动态，给客户的动态点赞，通过交流成为亲密的朋友。

### 适当夸赞

客户是设计师，收到他们的设计图纸，夸奖客户设计的灵感，或者产品非常高贵典雅。夸赞的时候要有针对性，越具体越好，不能违心和敷衍。另外，客户的经理来公司参观，夸奖他的助理非常高效也会让客户很开心，说明他用对了人。

### 解决客户的痛点

一个月电话沟通一两次，了解客户的需求，聊聊为什么最近没有合作，客户在电话里还是会和你说一些实际的顾虑的。

### 关怀备至

当客户生病时，一定要持续关注，过一两个星期再打电话问候一下现状。千万不要只谈生意，要说一些暖心的话表达关心。比如我有一个澳大利亚客户，某次展会没有来，听他的一个朋友说是因为身体不舒服。我马上打电话问客户怎么了，说大家都很想见到他，客户觉得特别贴心。

### 找突破点

有的客户可能被骗过，很难相信别人。很多年前还用MSN（微软公司的一款即时通信软件）的时候，有个客户，不管我怎么联系她，她都不相信我。我想了各种办法，经常发邮件，也在线和她聊天，她还是那句话："我不信任你们"。终于有一天，她的MSN头像换了，我看出那是她女儿，于是就一直夸她女儿漂亮、看起来聪明伶俐，后来慢慢和客户有了话题，她说她被我的坚持和执着打动了。

**尽地主之谊**

带客户去吃最地道的中国菜，送有中国特色的礼品（茶叶、桃木梳子、丝绸围巾、中国结、亲手绣的十字绣等），带客户游览中国的著名景点。之后，我也会偶尔快递一些中国小吃给客户。

**把客户当自己人去照顾**

帮客户安排中国的行程时，尽可能提供有用的信息，考虑客户的便捷需求、购物需求、娱乐需求，安排司机接送，帮忙订机票酒店，提供签证邀请函等中国行的协助服务。当客户要找其他行业的供应商，去其他工厂参观时，主动帮忙翻译或者帮他安排供应商行程，最大化地节省客户的时间。

**敲黑板**

如果客户能够成为我们的朋友，我们可以从他们身上了解很多东西，例如当地的风土人情、行业信息。他们对我们来说是非常重要的信息来源。

**售后支持**

**展会支持**

（1）客户与我们同时参加展会，我们可以提前约好客户，在装修展位那天花半小时去他们展位给他们做业务培训。告知我们品牌的特征、产品卖点、产品操作方式，让客户的销售人员更自信、专业地展示产品。

（2）如果客户有实体店，我们可以专门按照客户实体店的风格为客户设计海报，并且为其产品做展架。

（3）客户参展，需要打样新产品包材，来不及印刷，我们曾直接驻扎印刷厂，通宵加班让工人出货。之后请大家吃消夜，拍照留念，再发给客户诉诉苦，告诉客户我们有多拼。

（4）展会谈下来的客户，需要改手柄颜色和材质，一般需要 3~5 天，我们当场给工厂打电话要他们马上安排，第 2 天快递出去。客户惊讶于我们的办事效率，最终决定与我们合作。

### 培训

（1）定期和客户开会、培训，分析产品的卖点、产品参数。

（2）一起讨论怎么发邮件或者策划产品的推广方案。

### 推广活动

参与客户的广告或推广活动，特别是我们品牌的客户在做杂志广告或者展位推广时，我们需要给予一定力度的支持，比如费用分摊或者免费样品支持、人员支持等。

## 品质监工

### 印刷部分

（1）客户的彩盒发过来，经过认真检查，发现 CE 标识的字体很小，长宽不足 5mm，不符合规定。需要告知客户，并且将相关的证书要求发给客户。法律规定、证书条款等的要求要很清楚，要帮客户再三核实。

（2）我们曾经有个俄罗斯客户，他们产品的说明书是俄语，我们完全看不懂，但是功能参数明显错了。于是我们通过在线翻译了解了说明书的内容，然后将情况反馈给了客户，客户非常感动，夸我们细心。即使语言不通，也要帮客户检查一遍，数字总看得懂吧？

（3）我们有一个法国客户每次都要求定制产品标签，他们会从法国用 UPS 把标签快递给我们。我收到一看，就是一个不干胶贴纸，问了印刷厂，成本 50 元人民币，完全没必要从国外快递过来。这是我们法国最大的客户，于是我直接和客户说，我们可以免费帮他们印刷，客户特别开心。

**品质部分**

（1）客户第一次出大货，我们用SGS的范本做了一份验货报告，告诉客户，我是他们在工厂的监工，会帮他们监控产品质量。

（2）客户发过来的精装包装盒，我们在检查的时候发现有点松动，而交货期又很赶。于是我们帮他们加了热收缩膜，不仅精装盒松动问题解决了，而且热收缩膜能让消费者在收到货的时候更放心。

（3）当客户担心产品质量的时候，我们必须要提供有用的证据，去告诉客户我们的产品质量好在哪里。可以把实验室的测试报告发给客户。

（4）遇到客户投诉时不要逃避，当天必须回复客户，表明我们高度重视的态度。另外，如果不能立即给出处理结果，要先给出处理过程，比如品质部门和工程部门正在开会讨论，并对库存进行检查，稍后将给出一个解决方案。态度一定要诚恳，最后一定要提供解决方案。

（5）新产品的信息反馈表必须清晰明了，并且再三强调我们进行大量的调研是为了对产品的细节进行优化，为了提供更符合市场需求的优质产品，体现我们对产品精益求精的态度。

**专业意见**

以下是我们总结出的28个打动客户的细节：

（1）客户在官网推广我们的产品时，功能描述有误，发邮件告诉他们正确的版本，提醒更正。随时关注客户网站，留意他们怎样推广我们的产品，核对参数是否正确。让客户明白你很关心他们。

（2）帮客户分析哪些产品好卖，哪些产品是同一类型的，没必要重复选择，降低客户第一次采购的风险。后来，有的客户把订单完全交给我把控。

（3）有一次，客户上午来参观工厂，提到一个喜欢的功能，我们没有现成的。于是我马上安排做样品，下午就拿到了客户面前。客户对我们的效率很惊讶。

（4）把客户通过亚马逊销售的产品回顾一遍，分析产品的优点、缺点，并给出优化方案。帮他们设计新产品，保留他们的风格和优点，解决他们产品的问题，将分析结果发给客户。

（5）建立"邮件链"，分层次清晰地回复客户的每一个问题。与客户通过skype讨论过的内容也需要发邮件再次确认。

（6）当客户做新品牌时，选品或做彩盒包材的时候我们要有足够耐心，帮客户分析销售渠道，然后根据我们在其他市场相同销售渠道的成功经验，给客户提供专业建议，并给出不同的彩盒风格样式、核算报价，以方便客户估算整体成本。

（7）经常合作的客户且付款方式是月结或者货到付款的客户，需要做一份付款明细表（payment list），把每次的订单、形式发票、金额、打款日期、应付款金额、银行手续费汇总起来，每出一次货更新一次，让客户知道所有款项的详细情况。

（8）特殊情况特殊对待。有位德国客户每次下单都是单品，按照正常的流程排单需要两个星期，他每次都着急要货。我们特别安排3天出货，配合客户的快销方式，让客户非常感动，双方的合作十分愉快、高效。

（9）定制产品的客户，出完货整理一份表格给客户（包含图片、我们的产品型号、客户的产品型号、客户条形码、颜色、充电方式、电池类型、使用时间、充电时间、证书、防水等级、整箱数量、单价），方便客户下次下单或者便于录入他们公司的ERP系统，方便他给他的客户提供下单资料。始终要站在客户的角度，帮客户省时间，让合作变得更加高效。

（10）开私模产品的讨论周期非常长，可能要一年多。开模之前需要做模具参数确认，将所有的细节整理在一张表上，以免遗漏任何细节。

（11）客户对纸箱一般都没有要求，但是为了体现他们的专业度，我们专门把文字设计都放在纸箱上而且加上了条形码，便于客户扫描入库。

（12）发很多样品的时候要分类。每个类别分别放在一个小包裹里，并且附上一份总的包裹清单。将每个包裹里的产品名称用标签贴在小包裹外面。

（13）研发新产品一定要有进度表，帮客户严格控制进度，并且随时汇报最新情况。

（14）大客户下单时，通知其他小客户下单。这样可以降低他们的成本，还可以给他们一点折扣。

（15）针对大客户建立大客户小组，加入助理、跟单人员，高效配合客户。在开模前进行风险评估，让客户对开出来的模具质量放心。

（16）做一个专业的PPT，在客户参观工厂或者我们去拜访客户的时候，介绍公司情况。讲的时候，要有停顿，给客户时间去思考和提问。

（17）给客户的LOGO做效果图，"TM""Ⓡ"等标识要拉大，以免丝印出来看不清楚。

（18）在收到订单的第一时间将所有要确认的细节（包括LOGO、包材、交货期、发货方式等）列出来，附在一封邮件里发给客户，节省时间。

（19）在展会上与客户面谈，或者参观工厂时，用笔记本认真做好记录，面谈结束后，必须当天将交谈内容整理好并以邮件形式发给客户。另外，客户喜欢的产品要拍照记录，拍摄新产品时要把一支笔放在产品旁边作为尺寸参考。

（20）解决客户的难题。有的时候，客户在其他供应商那里购买的产品需要和我们的一起发出，因为其他的工厂小，没法报关。我们帮客户收齐所有货，集中准备报关资料，帮客户核对所有货物，制作汇总的形式发票和装箱单，保证客户的货能顺利清关。

（21）经常传递给客户一些好消息。比如我们又接了一个大订单，正在聚会庆祝，让客户知道我们公司的发展速度以及他们选对了供应商。

（22）用心记录客户的喜好。有的客户喜欢亚光效果，不喜欢亮光效果，出新产品时，我们会直接给他做亚光的，并且告诉客户我们知道他们喜欢亚光效果，因为更显档次，我们会按照他们喜欢的风格去生产产品。不要一次又一次地问客户要亚光还是亮光效果，把客户喜欢的风格记录下来，客户会觉得你懂他要的东西，沟通会很省心。

（23）每次参展见到同一个客户，哪怕不合作，也要礼貌地打招呼。要持续保持热情，想好和客户谈什么，比如新产品、市场行情或者客户的公司信息等。久而久之，客户不与你合作都不好意思。我与一个美国大客户就是这样合作起来的。4 年间，我去参加每一个展会，都过去热情地和他打招呼，推荐我们的产品或者问候一下。

（24）帮客户介绍客户。比如客户 A 想拿下某一市场，我们在和客户 B 商量之后，在双方都同意的情况下，我们帮客户 A 写介绍信。再比如我们在某个国家有独家代理公司，我们会把当地的询盘或者那个国家的客户转给独家代理公司去联系。

（25）收集反馈。每年年底需要使用邮件和电话与客户进行双向沟通，并且由经理出面来完成。这样可以让客户说出自己真实的想法，特别是有的客户对业务员不满意，可以换其他业务员，让客户感受到他们的意见非常受重视。

（26）配合客户的时间。调整自己的上班时间与客户在线洽谈或者开电话会议，高效解决客户疑问。特别是在新产品的开发初期，有非常多的细节需要确认。

（27）有一次，有个客户第一次从中国采购，希望我们帮忙找货代。于是我把其他客户合作过的货代整理了一个表发给客户，并且告知哪些货代我们合作过。

（28）提供有用的参考信息。收集市面上最热卖的产品和链接发给客户参考。

## 谈判技巧

外贸业务员要经常出席展会等商业活动、拜访客户。所以，和客户面对面地交流和谈判就成为一项必不可少的技能。

参加展会和拜访客户需要掌握一些技巧，以便完成找客户、谈客户和确定订单3个步骤。

在开始谈判之前，业务员要清楚以下基本原则：

《孙子·谋攻篇》中说："知己知彼，百战不殆；不知彼而知己，一胜一负；不知彼，不知己，每战必殆。"意思是说，在军事上，打仗之前，既了解敌人，又了解自己，百战都不会失败；不了解敌人而只了解自己，胜败的可能性各半；既不了解敌人，又不了解自己，那只有每战必败的份儿了。

作为业务员，如何理解这段话呢？

首先，要了解自己的企业和产品的每一个特点和细节；其次，要了解谈判客户的需求和标准，以及客户的特点；最后，找到我们的企业和产品与客户需求相匹配的东西，形成供需关系。

在实际场景谈判中，外贸销售员要掌握4项技巧。

### 细节决定一切

谈判是一个建立互动的过程，如果不主动跟客户互动，客户很可能就与你擦肩而过了。你可能想象不到，一个小小的互动，会给获得对方关注带来多大的影响。

拜访客户前，所有文件都要准备好，进入客户公司或客户来访时，业务员的准备工作，也要关注细节！细节！细节！一定要注意自己的外在形象，特别是永远保持微笑！

业务员受过的仪态训练实在太少，常会抱胳膊、抖脚、塌背、撇嘴。在展会上，同事之间要互相监督，出现上述行为的惩罚是晚上的一瓶可乐或一瓶啤酒。久而久之，你就会远离这些不好的习惯。

## 谈判对象的类别

### 主动来访的客户

对于那些主动来访的客户，你需要密切关注他们的需求。客户来到中国就表示他已经有了购买的诚意及意向。你要尽可能地展示你的诚意并挖掘客户的需求。

展会上有一些没有经过参展训练的人员，对他们周围的情况总是毫无察觉。客户走进展位，参展人员都没有发现，对方只能站在那里等，简直是浪费别人的宝贵时间。

参展人员需要把展位当成自己的"家"，自己作为这个"家"的主人，要熟悉展位的一切情况，跟在展位停留的人打招呼，询问他们有什么需求。

### 业务员去拜访的客户

拜访客户是为了更好地接近客户。合理安排拜访的时间和线路，在出国前做好准备，做到知己知彼。

无论是客户来访还是拜访客户，展示诚意和挖掘客户需求是业务员的首要工作。

## 谈判中的策略

业务员需要了解客户的"BANT"——Budget（预算）、Authority（权限）、Need（需求）、Timing（时机）。下面几个问题就是围绕这4个要素问的：

（1）Who are your main suppliers in China？（你们在中国的主要供应商是谁？）

（2）What would you keep or change with your current supplier？（你们在什么情况下会保持或更换供应商？）

（3）What's your biggest headache when it comes to dealing with suppliers？（你们在与供应商合作的过程中最头疼的问题是什么？）

（4）If you see the need for change，when would that change process start？（如果你觉得需要更换供应商，那么大概会是什么时候？）

（5）Who would need to be in on a decision of this kind？（谁是决策者？）

预算（Budget）：确保这个潜在客户有合作的预算。

权限（Authority）：找到决策者，了解对方的决策过程很关键。业务员需要找对人并接近对方。

需求（Need）：询问潜在客户跟现有供应商在目前的合作中最不满意的地方在哪里，找到他们的痛点。只有察觉到对方的需求，才能有针对性地介绍自己的解决方案。

时机（Timing）：业务员都希望潜在客户已经做好了调整的准备。

在谈判中，业务员需要清楚客户的公司什么时候需要调整，什么时候会考虑更换供应商。你需要早点行动，不能晚，晚了成本就高了。

## 谈判后的细节

业务员谈判后，要做详细的记录，包括：

（1）客户名字；

（2）客户联系方式；

（3）客户需求；

（4）谈话内容；

（5）跟进信息。

当日的信息表当日收集和总结，做到"日日清"，不要等到展会或拜访结束几天后再去整理，信息更新和反馈要及时。

让客户对你的产品和介绍感兴趣是客户谈判或推广最完美的结果。如果有可能，和客户一起合个影，第一时间把合影和客户感兴趣的产品照片发给客户，为成功的谈判和拜访画一个完美的句号。

如果是重要的客户，可以适当准备一个小礼物，让来访客户永远记住你。

**刻意练习**

1. 同事之间相互打电话，模拟和客户对话的场景，找出所有对话的可能性，提前做好准备，提升电话沟通的质量。

2. 同事之间进行"角色扮演"，练习与客户谈判过程中需要运用的各种技巧。

# 第四节 如何成为合格的供应商

在这个世界上，唯一不变的是"改变"。客户在不断地变化，如果我们自己还在原地踏步的话，就会落后于竞争者。要想成为客户的合格供应商，除了找到跟自身实力相匹配的客户共同发展之外，还需要不断地进步。不管是公司还是业务员，都需要不断学习，只有这样，才能在竞争激烈的市场环境中稳步发展。那么，什么样的供应商是合格的？

# 什么样的供应商是合格的

这个问题问得好。其实最重要的是，我们要明白自己公司当下处于什么阶段？业务涵盖哪些市场？拥有哪些客户？这几个问题决定了你要成为什么样的供应商。

## 公司处于成长期

处于成长期的公司需要和绝对成熟的工厂合作。这个阶段是公司最脆弱的阶段，如果不快速成长就会被成熟的工厂"吃掉"。

新创立的外贸企业基本上在 3 年内都处于成长期，这个时候要靠工厂才能生存。

## 公司处于成熟期

处于成熟期的公司需要和品质控制稳定的工厂合作。这个阶段，公司可以自己设计一些产品，要品质稳定，交期准时。

一个外贸公司，在成立 5~8 年的时候步入成熟期，这个阶段外贸企业和工厂应该是共同发展的。

## 公司处于爆发期

处于爆发期的公司需要和做过大品牌订单的工厂合作。这个阶段，公司完全掌控产品的知识产权，需要工厂的高品质的生产系统提供保障。

### 案例3-5　我们与客户共同成长的18年

我们扶持的一个欧洲客户，合作第一笔订单的时候他们公司只有一个人，现在合作了18年，他们公司已经有了十几个人，业务能力已经可以排到行业的前几名了。

在这18年里，客户公司几经生死，遇到了金融危机、产业危机，我们和客户一同走过了曲折的发展道路。

分析：现在这个客户已经成为行业的佼佼者，供应商也从最初只有我们1家，发展到现在的8家。我们公司也在不断升级和调整产品线，否则当我们提供的产品数量和开发产品的速度赶不上客户的要求，或落后于客户的其他供应商时，我们就将面临被淘汰的危险。

结论：和客户发展速度同步，是进入客户供应商体系最重要的一步，也是达到供应商要求的必然条件之一。

客户是否选择你，无非就是通过价格、品质和信任3个方面综合考量。这3个方面发展平衡，基本就会进入客户的供应商名单，再经过小定单的尝试，最终确认为客户的合格供应商。

## 工厂参观：一张图搞定外贸访厂客户

经常有外贸小伙伴问我，客户来访需要准备些什么？特别是一些外贸新人，总是不知道从何着手，又怕遗漏细节或因为没有充分准备而导致客户丢失。客户来公司拜访说明合作意向是非常大的，接待客户前的准备工作尤为重要。

从2008年至今，我接待的来访客户，粗略计算有500个。以下我用

XMind 思维导图的形式（见拉页）总结了我这么多年接待客户的一些心得，希望外贸同仁可以借鉴并多思考总结，补充完善客户来访的准备工作，信心满满地拿下客户。当然，每个公司的情况不太一样，大家求同存异，也欢迎一起讨论补充。

# 第五节　客户投诉问题的处理

首先，我们要承认一个事实，就是不会存在绝对没有问题的产品，这就意味着客户投诉是一件非常平常的事情。关键在于我们如何处理客户投诉？是否在每个客户投诉中吸取了教训，改进了质量问题？是否让客户有足够的受重视的感觉？在处理每一次客户投诉时是否足够专业？我们在遇到客户投诉的时候，应该告诉自己"机会来了"。

## 客户来投诉？不要怕，你的机会来了

我们经常说，谈客户就像谈恋爱一样，在日常相处中，免不了磕磕碰碰，这个"磕碰"就是客户投诉。如果我们能够有效地、快速地处理客户的投诉，我们和客户的关系就会更加"甜蜜"和"长久"。在收到客户的投诉可以按照下面的几个方面来分类和处理。在处理客户投诉的过程中，我们需要具备强大的沟通和协调能力、良好的心态等。通过处理客户的投诉，我们能获得的最大好处是更加深刻地认识客户或市场对产品的要求，这也是一个在客户面前树立自身形象的机会。

# 怎样接待外贸访厂客户

**客户分类**

- 采购我们现成品牌产品（小客户）
  - 贴牌客户（默认为中型客户）
    - 实体店
    - 网店
    - 品牌商、经销商、批发商、Homeparty
  - 开私模客户（默认为大型客户）
    - 品牌商、经销商、批发商、Homeparty

**客户背景调查**

- 通过海关数据，谷歌搜索方式了解客户更多背景资料
- 官方网站
  - 公司发展历程
  - 公司销售模式、客户分类
  - 最新产品：分析每款产品的特性，对应我们的产品作分析
  - 最热卖产品：分析热卖的原因，对应我们的产品作分析
  - 产品品牌、品种分类，分析客户缺什么产品，看哪些是我们可以为客户补充的
  - 公司定位（低、中、高）：有些客户会标示零售价格，看产品的整体档次
  - 新闻：摘录有用信息
  - 客户参展情况：展会照片、规模
  - 合作模式分析
- 邮件汇总　汇总邮件里面提到的所有问题，并把核心内容打印出来
- 城市分布、人口规模、收入水平、经济发展进程、外交关系、汇率浮动

### 客户投诉的问题，是否责任都在我们

不一定。我们需要客户的配合来收集信息，从而判断问题所在。出现问题，客户是非常焦虑的，希望能够尽快解决，甚至一开始就要求赔偿。在这种情况下，我们需要冷静下来，一边安抚客户，一边快速找出问题点及识别责任方。

### 客户提出赔偿要求的时候，我们该怎么办

在认定是我方产品质量问题的前提下，不能盲目答应客户提出的所有赔偿要求。有时候客户提出赔偿要求只是表现他的一种态度，我们可以通过沟通，了解客户的心理底线，打感情牌，让客户明白长期的合作伙伴之间需要相互理解、支持。态度诚恳地表明我们会承担责任，并提供解决方案，避免以后再次出现该问题，但是公司的利润也确实比较低会尽力弥补损失。

在这个过程中，尽量降低赔偿的金额。当然，我们不能糊弄客户，需要站在客户的角度，最大限度地弥补客户的损失。

### 常见的品质问题及解决措施

我们把客户投诉的具体问题进行分类并给出了相应的处理办法（见表 3-3）。

表 3-3　客户投诉的问题及解决措施

| 问题类别 | 问题描述 | 解决措施 |
|---|---|---|
| 产品质量问题 | 1. 联系客户提供详细的问题描述。通过图片、视频以及检测报告、检测标准来判断问题所在。 | 通过客户提供的视频和文件，可以很直观地了解投诉的内容。双方的检验和判断标准可能会有差异，或双方在制订检验标准的时候有遗漏的地方。这个时候首先要提炼问题点。 |
| | 2. 检查封样，对照客户的描述来检查。扩大检查范围，对现有的库存或相同型号、功能的产品进行检测。 | 在做大货之前，双方都会有封样，还有样品，这些是非常重要的判断质量问题的依据。 |
| | 3. 如果在自己的封样或现有的库存没有发现客户描述的情况，要求客户提供有问题的产品，收到后再做进一步的测试。 | 有些问题我们自己可能找不出原因，或验证的时候发现不了，这个时候需要客户提供问题样品来检测。问题产生的原因有可能是包装在运输的过程中出现问题，也有可能是用户使用的问题，需要客户提供详细的说明，帮助发现问题所在。 |
| | 4. 需要客户在现有库存中统计问题发生的比例，这可能会产生当地的人工费用，可以在抽查之前跟客户协商费用的问题。 | 国外的人工费往往比较夸张，所以在动用任何人力来做事之前，先问问客户是否可以自己来抽检。双方协商抽查出一定比例的产品问题时，费用的承担范围。如果没有规定费用的范围，而客户给出了账单，会比较难处理，只能自己承担。 |
| | 5. 如果经公司检查发现问题并且给客户提供解决方案，但是客户不认可，可以根据双方协定的方法来委托第三方检测机构来判断问题所在，并提交第三方检测机构的报告、视频。 | 不专业的客户自行检测，需要跟客户说明为什么委托第三方机构来检测，检测的方法是什么，以便判断问题所在。 |
| | 6. 如果在封样或现有的库存中检验出客户描述的问题，用最快的速度提供解决的方案。例如在当地更换配件等。如果不能达成协议，则考虑让利，批量退货是逼不得已的做法。 | 主动、快速地制订候补方案以及之后的整改方案。建议内部制订几个方案，不要让自己处于完全被动的状态。之后，按照排序一个个跟客户沟通，而不是一下子把所有方案都提供给客户，尽量减少公司的损失。 |

| 问题类别 | 问题描述 | 解决措施 |
|---|---|---|
| 客户验货不合格 | 1. 将不合格产品的问题进行分类，致命问题需要返工；<br>2. 外观问题，轻微的灵活处理，严重的需要更换；<br>3. 提供改善报告；<br>4. 安排重新验货的时间，但这可能会产生额外的费用。 | 客户验货时，根据情况灵活处理。第三方验货没通过，如果属于挑刺类的问题，可以直接跟客户沟通看是否可以放货，尽量处理好与验货公司的关系。值得注意的是，我们在跟客户沟通前，需要慎重处理，不能在第三方不知情的情况下跟客户沟通验货不通过的问题，这样有可能引起双方的不快，违反游戏规则。 |
| 退货问题 | 出现严重的质量问题，客户要求退货。 | 判定责任，如果是工厂引起的质量问题，由工厂负责，否则由客户负主要责任。 |
| | 判断是否是由于双方未检验到位，而产生的当地市场无法接受的质量问题。 | |
| | 在交易过程中，或产品推出市场前，双方没有及时预判到法规更新的情况，导致产品无法在市场销售。 | 这种状况需要考虑退运或找第三方处理。责任划分的比例需要跟客户协商。 |
| | 办理退运。 | 用退运的方式来向海关提出申请，如果直接退运，需要把之前退的税交还有关部门，不产生进口税，没有时间限制；如果办理退运再复出，则有时间限制，为期3个月（各地区可能不同）。部分退货时，退还已经退税的税金给有关部门。<br>注意：办理退运或退运复出，一定要对照出口前所有的产品细节和数量，特别是产品的细节，包括产品型号、包装、铭牌，要跟出口的时候一样。 |
| 维修问题 | 1. 大货中一般配备一定比例的免费配件，客户可以自行更换和维修。 | 一般会在签订形式发票之前跟客户商谈免费配件的数量以及类别。如果是第一次接触产品的新客户，则可以给出建议，哪些产品是易损的，哪些是有可能更换配件的，并说明为什么，告知客户如何更换。 |
| | 2. 如果客户无法维修，则在下一批货物中或以发送即时快递、空运等方式免费提供整套产品。 | 针对客户提出的问题提供"更正措施申请单"（Corrective Action Request, CAR）。根据客户的要求在尽量减少费用的前提下选择补货的方式。要求客户尽量帮忙全检产品，注意其中可能会产生费用。 |

续表

| 问题类别 | 问题描述 | 解决措施 |
|---|---|---|
| 维修问题 | 3.通过跨境电商平台销售的产品，客户无法自行维修，则需要在产品进入市场之前，就建立售后维修点，如果不能建立维修点，就要做好整机免费替换的准备。 | 跨境电商平台的售后是一个问题，在产品进入市场之前就需要考虑售后问题，在当地建立售后服务点提供售后服务，或考虑直接更换产品。这个时候需要充分了解自己产品的品质和维修率。如果能够在当地设立售后服务点，产品在当地的销售情况会有很大改善。 |
| | 4.客户无法维修时，可聘请第三方来维修或返工。 | 跟客户协商聘请第三方来维修产品。需要注意国外的人工费用相对国内较高。 |

## 交期问题

因交期产生的客户投诉是比较常见的。我们需要在接订单的前期就对订单作出评估，一旦出现交期问题（见表3-4），及时跟客户沟通。

表3-4 常见的交期问题

| 订单状态 | 问题描述 | 解决措施 |
|---|---|---|
| 订单已经确认（包括已经预付款、签订形式发票等） | 新产品。 | 新产品的不确定性或意外情况比旧产品要多。在新产品的研发阶段跟客户制订时间表，一旦出现情况，及时跟客户反应。如果中途客户提出改进产品的要求，商量是否可以在下批货物生产时再改进，以免延迟产品推向市场的时间。 |
| | 某材料供应商拖期，没有准时交货，导致我们延期出货。 | 收到PMC通知的时候，和客户保持沟通，说明实际情况，看客户是否需要更换产品型号，或者是否可以接受延期交货的现实，千万不能等到最后一天才告诉客户。 |
| | 订单量太大，特别是旺季，交货期严重推迟。 | 客户下单之前就应该给客户打"预防针"，告知现在的交货期大概是什么时候，因为订单量太多，排单时间太长，不是太准确，但会每周更新。因为是旺季，所以请客户谅解。旺季也是催单的理由之一。 |

续表

| 订单状态 | 问题描述 | 解决措施 |
|---|---|---|
| 订单已经确认（包括已经预付款、签订形式发票等） | 客户包材文件给得太晚，或者一直在修改，导致交货期变动。 | 随时和PMC沟通，看印刷文件是否已确认。交货期必须写明在包材确认后多少天交货，而不是在收款后多少天交货，以免因包材影响交货期。 |
| | 产品已经生产完毕，客户不打余款，只能拖着不出货。 | 告诉客户我们的库存压力很大，对方货物的体积比较大，如果库存超过一个月会产生多少仓租。告知对方产品已经生产好，希望能尽快出货，减小对方的资金压力。告知哪些产品是新产品，希望客户尽快出货占领最新市场，以免其他客户抢在前面。客户如果长期有这种行为，则要考虑多收订金。 |

刻意
练习

总结公司所有的客户投诉案例，并熟读所有的案例分析。当有同类事件发生时，快速处理并有效地回复客户。

第四章

# 1年后

**背景**

如何向大客户发起"进攻",成为金牌业务员

# 第一节　海外参（看）展

　　海外参展是个系统工程，从参展前，到布展中，再到参展后有各种细节工作。这些细节工作的安排，将会影响整个展会的效果，甚至会影响公司在展会之后相当一段时间的策略与市场布局。所以参展这个系统工作必须注意所有的细节。

　　看展是参展的另外一种形式，是收集市场信息和建立客户关系的一种方式。展会的时间是有限的，客户的时间也是紧凑的，在看展期间如何合理安排时间特别重要。你需要在非常短的时间内作出判断并采取行动。所以看展也是一个检验个人应变能力、判断能力、知识储备等综合素质的过程。

## 参展前

我们公司从参展前 6 个月就开始准备参展产品，具体包括：

（1）选定展位的装修风格。

（2）培训参展人员。

（3）按参展手册制订时间表。

　　只有充分准备，才能做出成绩。这个阶段需要在展会前 6 个月开始，可以从以下 3 个方面着手。

　　第一个方面：人员。

（1）签证材料：邀请函正本、公司证明、机票和行程单等。

（2）口语培训：参展口语和参展礼仪培训。

（3）辅助工作：翻译驾照、办理出国医疗保险、罗列常用药品清单等。

第二个方面：产品。

（1）图册的制作：风格和颜色的确定。

（2）展架的定制：与展品相匹配。

（3）正确的展品：符合当地市场的产品。

第三个方面：邀请客户。

（1）邀请老客户来展位看新产品。

（2）邀请之前沟通过、有意向的客户来展位面谈。

（3）邀请有展位的参展商进行面谈。

（4）邀请未联系过的陌生客户来展位了解情况。

出发前：最后检查一遍物品清单，包括护照、零用钱等。

落地后：

（1）清点行李和携带的物品，到酒店登记入住。

（2）到展馆后，领取入馆证件，清点参展产品，开始布展。

（3）布展结束后，检查图册和展品及客户问询表等。

## 参展中

"今日事，今日毕"。对当天客户的提问及特殊要求进行记录并做出反应。

展会期间客户提出的问题，如果当天在展会上不能解决，可以请教工厂技术人员，得到答案后，当天发邮件给客户或打电话给客户，让客户在记忆没有消退的情况下得到答案。不要过几天再找客户，以免客户对不上号。

只要客户在，销售就应不厌其烦地介绍产品。在3~4天的展会中，每天晚上总结当天客户的问题和资料是必须做完的功课。只有每天总结才能做好第二天的工作，如果客户提出的问题，你在回答的时候卡壳了，客户会认为你不专业，你就可能失去与客户深度交流的机会，订单成交的概率也会大大降低。

## 参展后

撤展前，需要再次核对以下事项：

（1）展品的包装以及运输要求。

（2）与展会会务、物流公司对接展品回运事宜。

（3）整理所有面谈客户的信息沟通表格。

（4）确认个人物品（护照、机票、酒店退房单等）。

参展后的客户跟进工作也尤为重要。展会上的许多客户也会去参观其他展位，如何让客户记住你、想起你，是展会后最重要的工作。

所以在与客户交流的过程中，要注意以下几点：

（1）交流内容。

（2）内容中的重点。

（3）客户在公司形象墙合影的照片。

这 3 个资料是直接让客户在展会后想起你的最重要的依据。

## 一个人观展需准备些什么

除了参展，很多时候我们也会选择观展。这两者有什么区别？在什么情况下我们选择观展？观展业务人员应做好哪些准备？下面让我们一起看看"一个人观展需准备些什么"。

## 观展和参展的区别是什么

（1）从费用上来说，观展肯定比参展要便宜。因为参展需要展位费，而观展不需要这些费用，我们可以把这部分的费用省下来去做展会杂志、展会刊物等宣传资料。

（2）从人员配置上来说，观展一般由公司老板、外贸主管或骨干一人或两人结伴完成，而参展一般是一个团队共同参与，需要的人员更多。

（3）从客户成交量上来说，观展因为没有固定的展位，所以没办法邀请客户到展位来，不能把公司的一些产品罗列出来。这对观展的准备工作和人员的整体素质和灵活性提出了更高的要求，客户成交的难度也相应地增加了。如果观展的准备足够充分，做到有的放矢，客户成交量也可能比参展还高。因为观展是有目的性、有针对性地邀请客户面谈，而参展可能被动地接触非对口、非专业客户，针对性相对没有那么强。

## 在什么情形下应该选择观展而不是参展

（1）对于一些新的、公司之前没有参加过的展会，不知道参展是否有效果时，可以先安排人去观展，了解展会的规模，调研当地的市场，看下一年是否值得去参展，并写出"市场分析报告"。

（2）对于一个需要开拓的新市场，公司在这个市场没有任何客户，不知道如何找到突破口，想了解这个新市场有什么特点，可以采取观展的形式。对当地参展商进行摸底，对展会上的产品进行深度分析，了解新市场的特殊性，找到开拓新市场的突破口。

（3）公司连续多次都设有展位，但是效果不佳，参展变成了"客户见面会"，展位变得不是那么必要。这时候可以选择观展，提前约好客户进行面谈。

（4）做自主品牌的客户或者大型代理商不希望你们有自主展位，他们感到有威胁，你们变成了他们的竞争对手。这个时候，你们选择观展而不是参展更有利于与现有客户稳定和长期地合作。

### 我一个人去观展都做了哪些准备

观展需要准备些什么？你可以先看看第四章第五节中的"出国常识"，做好出国的准备，以及前面我们提到的参展该准备的事项，这里不再赘述。下面我会根据观展与参展的不同，列举需要额外准备的东西。

**展会门票**

问清楚你要观展的展会门票怎样获取。有些可以直接在展会官网上申请，有些是在现场登记免费或者付费获取，也有的可以向合作的老客户寻求帮助，他们是参展商，可以多注册一个登记牌。有的展会禁止中国供应商进入，这种特殊情况，你需要提前搞清楚，是否能让客户带你进去，还是你压根儿进不去；如果完全进不去，只能约客户到其他地方见面。我去美国观展就曾遇到过这种情况。合作的老客户本来答应带我进去，结果不知道被谁举报了，我被赶了出来，而且展馆在一个酒店内，我因为没有入住那个酒店，所以在酒店大堂待着都不行。这种情况需要你提前搞清楚，事先入住该酒店，并预约客户到酒店大堂或者咖啡厅等地面谈。

**酒店预订**

如果是参展，可能你为了省钱，在预订酒店的时候会按照预算来预订酒店，但如果是观展的话，你一定要预订离展馆最近或者展会推荐的合作酒店。因为这样的话你可以遇到很多客户，也方便约客户一起吃早餐或者晚餐，进行深入面谈。

**合理安排时间**

因为没有固定展位，你处于游离状态，在观展之前一定要提前分配好自己的时间。

（1）提前约好客户，约定时间、地点，每个客户之间可能需要间隔30分钟，以防客户不准时。

（2）在参展之前，取得参展商的分布图，下载参展商名录，从中筛选对口客户，提前预约，约到的客户按照行程表推进，没有预约到的客户，设定参观路线，到他们展位一个个谈。最好在第一天他们快布置完展台的时候，提前预约他们的主要负责人，或者在每天展会结束前半小时，或者展会结束前一天，他们没有那么忙的时候去面谈。

（3）对于在展会或者酒店随机遇到的客户，你需要睁大眼睛辨别。因为每个入场的人胸前都会挂牌写着公司、姓名、职位，这要求你有足够的行业知识储备，包括与你们对口的客户公司的名字、客户公司的主要负责人的长相，这些需要平时的积累。在逛展会的过程中偶遇这些客户时，你可以上去打招呼洽谈。

（4）抽出时间来拍摄每个参展商的展位图和产品图，以及收集到的参展商的彩页或者宣传资料（包括客户还有同行的，一般午饭时间人比较少，或者每天展会结束前一小时），特别是新产品或者热销产品以及产品的陈列方式，客户展位主推的产品。这样方便你回国后给公司研发部门介绍市场的最新情况，也方便你自己记忆各个展位及客户的情况。

**客户来源**

和参展不同，你没有办法主动让客户来找你。观展的客户来源于你去之前的预约工作，主要有以下几种情况。

（1）已经合作过的，在展会上有展位的老客户。面对这种类型的客户你应该做如下准备工作：

① 约定给客户销售团队培训的时间。因为他们推广的是我们的产品，我们希望他们展示得更专业，所以在去之前要先发送产品的培训手册，到现场之后需要再讲解、演示一遍。

② 收集产品在展会现场推广的反馈信息，以及大家对我们公司或者产品的建议。

③ 给客户的展位拍照，有我们产品的展位更要细拍，以备将来的宣传推广。

④ 留意客户展位上的产品摆放方式。思考我们的彩盒是否需要带挂钩或者怎样让我们的产品在客户展位上更显眼。

⑤ 要求客户给我们介绍他们最新或者最热卖的产品，问客户为什么那些产品热卖，并认真、完整地记录下来。这对我们将来开发新产品非常有用。

⑥ 展会开始前一个月给客户我们的新产品样品，和客户沟通，表明希望他们展示我们的新产品，收集现场反馈，以便我们发给公司的研发部门，改进产品。

⑦ 谈新的合作项目，比如客户对我们的新产品是否有批量卜单的意向。

⑧ 去之前约客户吃早餐或者晚餐。

（2）未合作过的客户，来源可能有以下几种：

① 展会官网的参展商名录。这需要提前一两个月进行预约，然后对客户进行分析，提前准备好面谈内容和相应的资料。预约不上的，只能挨个走访展位。另外，在进入展馆之前一般会发放一些展会刊物或者杂志，上面会有很多公司的广告，这些都是潜在的重点客户，你可以打电话看客户是否来看展或者参展。

② 平时积累的重点跟进客户。这种类型的客户可以约在展馆入口或者某个大型客户展位前、展馆内部的咖啡厅、客户酒店的大堂或者你住的酒店的

大堂见面。一定要约好具体时间，并且留下客户电话，以便找不到人时能及时联系。

③ 逛展馆时或者在展馆享用午餐时遇到的客户，以及在酒店或者展馆咖啡厅偶遇的客户。这种类型的客户可以递上名片、彩页，简单介绍自己，感兴趣的可以进一步约时间、地点深入沟通。

④ 展会举办的一些颁奖活动，你必须参加。因为客户几乎都会去，而且你最好找一两个你认识的大客户一起去，他们认识很多其他客户，会把你介绍给别人。你可以与这些客户交换名片，如果有认识的、一直想拿下的目标客户，你可以和他多聊聊，第二天再去展位上找他们。

⑤ "蹲点"守来的客户。观展的时候你可能会看到直接竞争对手的展位。这个时候你可以守在他们展位附近等，看到熟悉的客户或者在他们展位上谈了很久的客户走出来，跟上去打招呼，介绍自己。

见以上客户需要准备的东西和参展准备的是一样的，只涉及产品样品的准备。新产品尽量多带，可以给大客户一两款新产品的免费样品，其他产品尽量带市场热销的，彩页和名片一定要多带。

（3）观展是一个体力活，你一定要穿舒适的鞋子和衣服。因为除了见预约的部分客户外，大部分的时间你都在逛展馆，所以会非常累。你需要拖一个手提小行李箱，里面装上样品、彩页、日程本（里面需要清楚地记录与每个客户见面的时间、地点和客户的档案，方便你见到客户时做相应的记录）。你的手机里也必须有所有预约客户的会面时间表，让自己不至于慌乱。准备一个双肩包，装水、饼干或者巧克力以及一些私人物品，很多时候你没有办法准时吃饭。

**每天观展后需要做哪些总结**

（1）对收集的名片进行分类整理，对印象深刻的、重点聊过的客户再次预约面谈时间。当天发邮件给客户，邮件内容可以是针对客户面谈提出的问题的回答，也可以是产品报价、新品推荐，并预约再次会面的时间。

（2）对预约客户的面谈内容进行整理，并给客户发邮件，看是否有必要进一步探讨。不懂的问题返给国内的同事获取相应支持。

（3）回顾观展的情况，整理前一天发现的问题，看是否已经进行相应调整。如果第二天预约的客户时间变更，需发短信或致电通知。

（4）再次对参展客户进行筛选。看过展位后，你收集到了进一步的信息，也知道他们负责人大概什么时候会在展位，预约了新的面谈时间，可以圈出第二天重点要谈的客户。

（5）初次出国参展的公司可以用思维导图的形式去汇总展会准备事项，并把展会需要准备的事项分解，分配给相关负责人。

刻意
练习

　　拿公司之前参加过的一次展会做练习。假设那次展会由你规划，你该做什么？用书面和口头汇报的形式给上级呈现完整的方案。

　　罗列所有你要做的事情和突发状况的应急方案，与有单独看展经验的同事或者朋友讨论，完善自己的方案。

# 第二节　定制订单

　　业务员在客户定制订单过程中的作用非常重要。这个过程考验业务员的理解能力、内部沟通协调能力以及对产品和市场的认知程度。因为业务员是公司与客户沟通的窗口，所以业务员在很大程度上决定了定制产品订单的成败。

# 客户 ODM 订单的流程以及在实战中遇到的问题

很多提供解决方案的企业常常用一句话来形容自己的服务："从想法到产品"（From idea to product）。这 4 个简单的单词背后，涉及一个企业所有部门之间的协作，包括市场部、销售部、研发部、财务部、品质部、生产部、计划部、采购部、物流部等。

整个项目从报价到产品交付，共分为以下 8 个阶段（见表 4-1），你会发现从头到尾都有销售部门的参与。销售人员是一个贯穿始终的角色，在整个过程中能够协助各方保持信息通畅，帮助双方在遇到困难时达成一致意见，齐心协力解决问题。

表4-1　ODM 订单新品开发中的项目流程表

| 阶段 | 描述 | 责任部门 | 支持部门 |
|---|---|---|---|
| 1 | 项目需求 | 销售 | 研发 |
| 2 | 项目可行性评估 | 销售、产品设计 | 研发、项目、制造工程、采购 |
| 3 | 设计开发策划和设计输入 | 研发、项目、销售 | 制造工程、品质、采购、产品设计 |
| 4 | 设计开发输出 | 研发、项目、销售 | 品质、制造工程、产品设计 |
| 5 | 设计研制工程试产 | 研发、项目、销售 | 品质、制造工程、产品设计 |
| 6 | 过程确认，生产试产 | 制造工程、销售 | 项目、研发、品质、制造生产、产品设计 |
| 7 | 正式量产 | 制造工程、销售 | 采购、品质、仓库、物流 |
| 8 | 出货 | 物流部、销售 | 仓库 |

## 销售角色之引导者

### 📑 案例 4-1 我们是如何引导"敏感"客户走出困局的

我们有一个客户是一家专注细分领域的公司，要定制开发一款电子产品。客户之前在和一家非常不专业的工厂合作，委托他们开发了这款产品，结果防水级别达不到要求，产品的背面漏光严重。总之，就是产品的结构做得非常糟糕，投放到市场上，消费者投诉不断。

由于经历了这次失败，客户变得非常敏感，也很小心翼翼。在主芯片和显示屏的挑选上，花掉了半年多的时间，我们的谈判陷入了僵局。后来因为同事离职，所以这个客户转到我这里。

刚接手的时候，研发和采购的同事向我抱怨，说这个客户已经来来回回挑选了很多次，他们提供了至少4种方案，反正就是他有新的需求，我们就要重新提供一次方案，已经合作不下去了。

我把同事和客户之间往来的邮件认真看了几遍，他们主要围绕几个方面在讨论：芯片、显示屏、价格。客户的需求比较明确，只是经过几轮挑选，还没有得到合适的方案。

于是我给他发了一封邮件：

Hi ×××,

I've been reviewing the emails about the new project. Both of us have been working on this project since April last year and would like to summarize our current situation and suggest a plan to move forward more quickly to meet your March launch date this year.

Project Overview

| Product | Target FOB price | Time to release | Remarks |
|---------|------------------|-----------------|---------|
| D1 | ~50 USD | March of 2015 | Upgrade version of S1. Use a color display and replace GPS module with a GPS chipset. |
| D2 | ~30 USD | March of 2015 | Lower cost version of S1, using a smaller color display and less memory. |

Display Issue

You have three requirements on display including :

(1)Color display.

(2)Visible outdoors.

(3)Low power consumption.

There are only three display manufacturers that we know in the market who can meet those requirements. They are Company A, Company B and Company C. Below is the comparison among them. Please note that the pricing in this email is from suppliers.and we don't mark it up.

| Type/ Brand | A | | B | | C | |
|-------------|-----------------|-----------------|----------------------------|----------------------------|-----------------|-----------------|
| | 4"color display | 3"color display | 4"color display | 3"color display | 4"B/W display | 3"B/W display |
| Landscape | / | USD6.00 | USD15.00 (Negotiable) | / | / | USD4.80 |
| Portrait | / | / | USD13.00 (Negotiable) | USD12.00 (Negotiable) | / | / |

For the B/W display, only C is qualified.

I had a meeting with Company B yesterday. They explained why their displays are expensive, industrial usage level and five-year guarantee. Their display is less power consumption and more visible outdoors compared to A's. Because they have the unique BV technology.

I filmed some videos of the B's displays with an iPhone 6 and uploaded them to Dropbox. This is the link to view them(https：// www.dropbox.com/×××).

Regarding MCU，SDRAM，NRE cost and last quotation，please share your thoughts on them.

Conclusion：

Please understand that it is not possible to have a product to meet all requirements and keep the price low.

A higher price or a compromise on the components or a little bit of both will be necessary. It would be most effective to meet at our factory to finalize the specifications and design to meet your timeline as discussed recently.

Best Regards，

Amanda Liu

几天之后，客户到工厂待了一周，我们一起完成了所有产品的规格和要求的讨论，确定了项目进度。

由此可以看出：

（1）"当局者迷"这个问题时常会出现。在客户实在没有办法做决定的时候，你要用自己的专业知识告诉他如何走出困局，将问题一个个整理出来和他探讨，帮助他看到全局。

（2）产品优化意味着原来的方案要尽量保持不变，只是对现有产品的功能和缺陷等进行局部优化。产品换代则是指推翻重来，需要重新确定产品的市场定位、功能。当然，产品换代会对成本有比较大的影响，所以在和客户谈判的时候要提醒客户这些潜在的影响价格变动的因素。

（3）在商务谈判阶段，要处理好重要的事。例如源代码是否可以分享给客户，模具的源文件客户是否需要。这些都要在项目启动前敲定，等项目进行到一半再谈会很麻烦。

（4）还有一点非常重要，我们在评估一个 ODM 项目时，对客户及产品的市场前景都要预先有自己的评估。我们投入人力、物力开发的产品，如果销量不好，对我们来说损失是比较大的，尽管我们会向客户收取研发费用。

## 敲黑板

客户有时候犹豫不决，或提出各种各样的问题，其实是因为他们缺乏判断的依据。这个时候，如果你能够根据自己的专业知识来提供好的解决方案，往往会收到很好的反响，从而更快地促成订单。

## 销售角色之项目管理

说实话，项目管理是项目经理的职责，我们不能抢别人的工作。但是我们需要具备项目管理的思维，协助项目经理推进项目。

产品研发阶段是问题暴露得最多的阶段，也是最磨炼人意志的阶段。你需要做好心理准备，不要害怕出现问题。经历了这个过程，你会发现你真的可以学到很多东西。

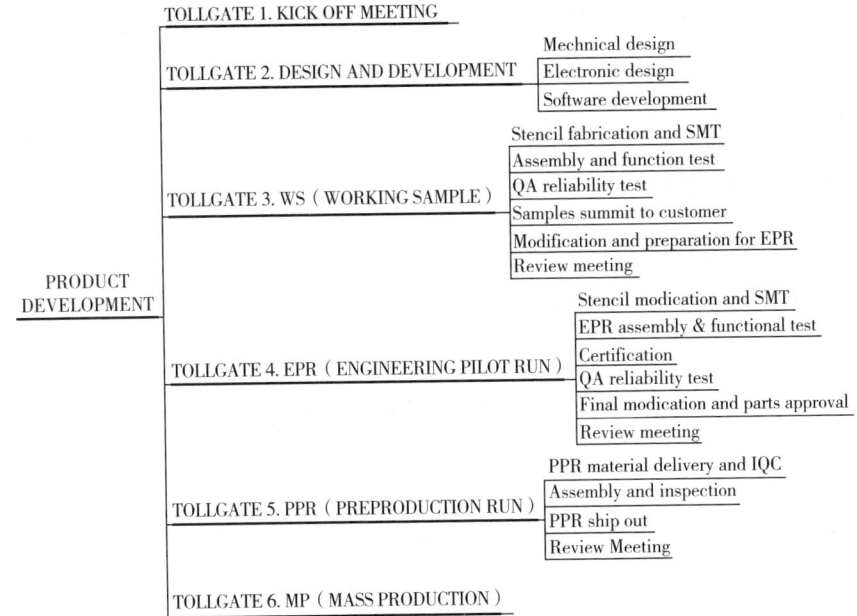

图 4-1 项目流程图

一定要跟各个部门的同事处理好关系，嘴甜一点，跑得勤一些，礼貌待人。我们都不太喜欢那种盛气凌人的业务员，那种每天拿客户压别人的同事。其实，这种人大家都不愿意配合。有的业务员把客户的话当圣旨，客户说什么就是什么，从来不去了解客户这么做的原因。然后天天拿着客户的话追在同事后面催进度，而且动不动就向老板投诉，无视自己的无能，把问题推到别人身上。这种人的项目进展是最慢的。

只要产品不存在致命的设计缺陷，就不需要推倒重来，采购人员也能够在预定时间里把生产材料准备好，整个过程不会有太多问题。

有一次，我们做一个项目，客户飞来中国 3 次，标准样品（Working sample）、工程试作①（EPR）、量产试作②（PPR）全都是在工厂和我们一起确认的。客户在做标准样品之前还做了原型，整个项目进展得还是比较顺利的。

---

① 工程试作（Engineering Pilot Run，EPR）：为确认新产品开发设计成熟度所做的试作与测试。
② 量产试作（Preproduction Run，PPR）：为确认新产品量产时的作业组装情况所做的试作与测试。

说到底，这是一个靠团队协作才能完成的事。和你的客户、同事保持良好的沟通，快速响应大家的需求，是保证项目顺利进行的前提。每个公司的流程不一定完全一样，特别是第一次带项目的时候，不懂就要及时提出来，不能不懂装懂，要第一时间解决问题。最后，带一个项目不容易，在执行项目的过程中，一边学习，一边记录，让自己不断进步。一个项目结束之后，你会发现自己各方面的知识都有质的飞跃。

## OEM 合作流程和注意事项

OEM 与 ODM 最大的不同就是产品的设计是完全由客户提供的，供应商的作用只是按照客户的要求把产品做出来。

如果按照步骤来划分，OEM 订单可以分为以下几个部分。

### 第一步：客户咨询请求（Customer consultation request）

这其实是客户筛选供应商的第一步。他们通常的做法是在 B2B 平台或者其他渠道上挖掘供应商。我遇到过这样一个美国客户，他是通过查找美国进口海关数据联系上我们的，这让我们受宠若惊，不过这样的概率一般很小。

一般在这个阶段，客户会从多个方面考察供应商的专业度和产品品质，比如：

（1）公司在智能家居行业做了多少年？主要产品有哪些？

（2）是否有自己的工厂？工厂规模如何？是否通过了 ISO9001 认证？

（3）产品是否已经通过 FCC 和 CE 等认证？

（4）目标市场在哪里？当地有哪些客户？

（5）是否提供了已有产品的规格书？

（6）OEM 的产品价格如何？

## 第二步：商务咨询（Business consultation）

通过了初步筛选，客户会给你更多的关于他们项目的信息。对于很多客户来说，如果没有签保密协议（Non-disclosure agreement，NDA），他们不会轻易把自己的产品信息分享给你。

这个阶段他们提供的信息比较全面，包括：

（1）产品规格（Product specification）；

（2）结构设计文件（Mechanical design CAD files）；

（3）印刷线路板文件（PCB files）；

（4）物料清单（Bill of materials）；

（5）标签文件（Label files）。

这时，需要电子、结构、软件、制造生产等各个部门一起评估生产产品的可行性。如果可行，采购部门会根据客户提供的物料清单进行报价；如果不可行，我们可以根据行业经验给客户提一些修改建议，双方同意之后，采购再跟进核价。

报价之前要问清楚客户有没有客供料（Consigned parts），某些材料有没有指定的供应商，还有包装细节要做哪些认证，以及是否有指定的认证机构等。

## 第三步：签订合同（Contracting）

走到这一步，就已经成功了 30%。为什么不是 100%？签了合同并不代表这个产品一定可以成功地开发出来，即使开发出来也还有销量的问题。所以万里长征，我们才刚刚起步。

这里需要注意的是，如果可以，自己给客户提供合同。谁起草合同，谁就有优势。

合同中会规定客户应该支付部分订金等费用，这一点要和客户讨论好。特别是电子产品，有的材料的交期非常长，看看你们的协议怎么签，客户会不会备一些长交货期项目（long lead time item）材料。

## 第四步：产品开发及样品确认（Product development and sample confirmation）

只要在第一步把该收的钱收到，这一步的烦恼就会少一些。产品开发是一个相对漫长的过程，变数难以预料。举个例子，在开发电子产品的过程中，客户提出变更开发计划，那么其中一些电子材料也需要更改，这些材料属于长交期材料，早就下单给了供应商，在这种情况下引起的纠纷客户是需要承担一定责任的。在没有付款的情况下，客户很难意识到自身的责任，付款之后，客户遇到这种问题，会三思而行。另外，收到款之后，公司对整个项目的支持程度是不一样的。

在公司内部，首先，电子、销售、结构、软件、制造生产、采购、品质等部门会一起开一个项目启动会（kick-off meeting），确定项目进度。接下来的步骤可以参考上一节提到的产品开发流程。

在这一步里的很多经验和ODM其实是可以共享的。

需要注意的是，我们在整个项目进行的过程中，要给客户传递一个信息，即项目启动之后，如果要对产品的电子部分或者结构进行修改，会让我们之前很多的努力付之东流。所以，如果不是产品设计出现致命的问题，我们一般不建议客户做过多修改。之前有个客户，其实比其他竞争对手提早了两年规划自己的一款新产品，按理说，他如果按照项目进度和市场规划及时将产品投入市场，会引领整个行业。但是他们法国人追求极致，总觉得可以改得更好。结果，等产品面世的时候，已经没有任何优势，还不得不降低价格销售。电子产品的生命周期较短，市场竞争残酷，过多的犹豫和修改会让公司失去市场先机。

### 第五步：生产及运输（Production and Delivery）

这一步永远只有两个关键词：品质和交期。所有的事情都围绕这两个关键词来进行。

需要注意的是，如果真的没办法在约定的交期内完成任务，要如实告知。欺骗客户是没办法让你的生意长久的。

**刻意练习**

用3个已经启动的 OEM/ODM 案例进行练习。重新设想这3个客户从最开始接触到与我们公司合作，要经历哪些谈判过程，整个流程和注意事项要怎么规划。

# 第三节　市场代理

为了保护自己的市场，很多大中型客户会和你谈代理权问题或者要求独家销售。怎么和代理谈判？代理合同应该包含哪些要素？这些问题的处理结果会直接影响公司品牌的影响力。发展有实力的代理商，可以帮助公司快速打开当地市场，反之，则会浪费大量的时间和资源。

# 代理签约：客户独家代理合同怎么谈

外贸市场代理通常是外贸公司发展到中型甚至大型规模的时候遇到的问题。在展会上，不同区域的客户看到新产品后，都会考虑自己市场的保护策略，尤其是中小国家的客户，他们基本都会和你谈市场代理问题，要求独家销售。

特别是有科技含量、有专利外观保护条例的新产品，这类产品需要市场代理协议的保护。

## 选择代理商的 3 个阶段

我们公司的产品基本都有技术专利。在选择不同国家的代理商时会经历三个阶段。

第一个阶段：对比彼此的实力，只有"门当户对"才能共同发展。所以，深度考察对方公司以及邀请对方公司到我方公司考察是必不可缺的环节，知己知彼，方可百战百胜。

第二个阶段：尝试做出一个双方可接受的产品和市场推广方案。代理可以努力推销你的产品，也可以代而不理，这就需要双方都投入，而不是单单给对方一堆图册或几个样品而已，至于如何分配就是双方要协调的事情了。

第三个阶段：加大在促销和市场推广上的投入。市场代理是靠我们的产品在市场上竞争的，所以促销和推广的力度直接影响产品的销量。这个时候需要按照月度、季度和年度来设定市场促销策略，传播产品线，让更多的终端消费者知道我们的产品，从而到代理那里采购。

## 代理合同的几个要素

**第一个要素：代理的产品种类和区域范围**

如果公司的产品非常多，就要根据客户实际的产品需求来划分，不能一股脑地给客户，这显然不是代理，而是倾销产品的做法。

同时要规定代理区域，也就是销售范围，包括多少个城市、多少个省，是地区代理，还是全国代理。

**第二个要素：代理的产品推广方式**

要确定广告宣传谁来做；品牌是谁的，是客户的，还是工厂的；广告推广分为哪些路径，比如展会广告牌、电子商务。

中国工厂通常的做法是把产品给客户就不管了，最后导致代理代而不理，宣传推广工作做到哪里算哪里。

中小规模的工厂，不建议谈代理，没有品牌战略，不如直接卖产品。只有大型工厂，有全球化意识的企业，才能谈代理。

**第三个要素：代理的产品售后服务**

售后服务非常重要。客户买了你的产品，你就要保证客户的所有利益，包括售后服务，能做到这一点的工厂确实不多。

如果企业没有延伸到海外市场的售后服务体系，就不要谈代理，回到卖产品的阶段。

**第四个要素：代理商的付款问题**

代理商的付款方式有以下几种。

（1）订金加货物到港前付清余款。

这是国际贸易的常规做法，是客户取得代理权后的初期做法。

（2）订金加 O/A 付款。

这也是国际贸易的常规做法，可以通过购买信保降低风险，是客户取得代理权后中期的做法。

（3）给客户一定的账期。

这是海外品牌销售的常规做法，需要对客户市场和客户信誉有足够的信任。这种付款方式的比例有 50% 以上。

（4）赊销给客户。

这是客户区域代理某个产品或品牌的常规做法，也需要对客户和市场有强大的控制力。这种付款方式占到了代理销售的 50% 以上。

**第五个要素：代理销售产品的数量要求**

按照季度或年度对产品的销售数量进行限定，可以考核客户的销售能力，以备评估客户是否具备下一年度的代理资格。

**第六个要素：代理销售产品的返点要求**

客户在规定的时间和规定的区域，超过了要求的代理销售数量后，可以给予奖励。通常是以佣金返点或货款打折的形式。

比如，客户年度销售额 100 万美元，比最低要求的 90 万美元多出 10 万美元，可以给客户销售额 10% 的奖励，也就是 1 万美元。可以以现金方式返还或在下一季度或年度订货时扣除 1 万美元。

一份代理合同由很多要素组成。有了这些要素就可以写出一份完整的代理合同，也可以这些要素为依据在展会上或拜访客户时，谈代理合同。

不能"代而不理"，买卖双方要一起努力，特别是销售方，要努力完成在拿到代理权时候做出的承诺。产品的提供方也要针对代理市场作出合理的分析，比如该客户能否做代理？代理能销售多少？如果有问题如何应对？

市场代理工作需要合作双方都付出努力才能完成。在签代理合同之前，可以设置一个 6 个月的过渡期，给双方适当的缓冲空间和时间。在这 6 个月内，双方可以考察彼此的实力、彼此的信任度以及产品是否适应市场，这样 6 个月后签署代理合同，就成了水到渠成的事。不要在展会上一时冲动，草草签署代理合同。

# 第四节　大客户专攻策略

应对大客户，对你来说将会是一种挑战。客户在跟你沟通的过程中，会审视你所在的公司，以及你是否有足够的专业知识、沟通是否流畅、你公司的生产和技术水平与其是否匹配、细节处理是否到位、是否有足够的资金实力等。

## 大客户的独有属性和应对策略

通常，大客户是指在某一个行业或某一个市场占据较大市场份额的客户，某个产品线上的一线企业，也可以被定义为该领域的大客户。他们占公司销售额的比重很大，并且对公司的工艺水平、资金周转能力、总体利润的提升、质量体系建设、市场占有率、行业影响力，甚至是公司的战略等都有积极的影响，是每家公司梦寐以求的客户类型。大客户的品牌或口碑有相当大的市场影响力，可以帮助我们提升公司的知名度，其订单数量带来的规模效应足以降低公司的原材料采购成本，也对公司整体管理水平的提升有促进作用。

### 大客户的独有属性

大客户主要有 3 个特点：

（1）品牌排名靠前；

（2）市场份额排名靠前；

（3）采购数量排名靠前。

满足上述 3 个特点中的任何一个都可以被确定为大客户。

## 如何了解一个市场的产品品牌排名

首先是进行细致的市场调研。在划定的区域市场找到所有的经销商和零售商，确定产品的曝光率，然后根据结果获得品牌的排名顺序。

### 案例 4-2　我们公司的市场调研过程

我们所在的是汽车零部件行业，最大的海外市场是美国、日本、欧洲。我们选定日本市场，日本市场又分为东京地区和大阪地区。

我们在海外黄页上找到东京地区所有的汽车零部件经销商和零售商，共 125 家，然后制定拜访线路，利用 3 周时间全部拜访一遍。经过筛选，我们确定了 75 个目标客户，这 75 个客户的店面陈列了我们 30 多个品种的产品，我们经过数据分析和统计找到哪几个品牌的产品是陈列次数最多的，哪几个品牌是店面主要推荐的。

这样就知道在日本东京地区我们行业产品的品牌排名，自然就可以确定大客户了。

分析：透过现象看本质，通过数据找结果，花点心思和时间，多跑、多看就能找到自己的目标大客户。

结论：市场是最好的实战场地，在市场调研上下功夫、花心思是最快的途径，也是投资最少的选择。

## 如何了解产品在市场上的份额

参观行业展会，而不是参展，是一个了解产品市场份额的不错途径。在行业展会上，你几乎能见到所有产品的进口商以及大的经销商，能了解到产品的趋势，比如款式、功能、价格。展会上的"爆款"，也就是几乎每个展位都有的产品，一定是在市场上占据较大份额的产品，这类产品就是你所要找的基本产品，甚至可以说是大客户主要采购的基本产品。带着这个信息你就能找到大客户。

大客户采购的产品通常分为两类，一类被称作特别款，量少但利润高；一类被称作基本款，量大但利润低。用基本款和一些客户接触后，根据客户的订购数量排列出客户等级，数量越大的就越可能是你的目标客户。

依据基本款订购数量将所有目标客户排序，我们就能得出最理想的结果。

## 如何了解采购数量排名

查阅海关数据是获取客户采购数量排名的最快途径。找到数据统计后，我们可以清楚地看到各个国外客户的采购频率以及采购数量，得出准确结论。

利用现有的海关统计数据来得出直接的结果，是最客观的获取采购数量排名的方式。

巧妙利用海关工具，可以做到事半功倍。

## 大客户应对策略

### 订单的整体规模

大客户订单的整体规模与小客户的有 3 个区别：总量多、单项多、项目多。大客户通常集中在春季和秋季下单，这个时候要注意对订单规模的分析。要充分分析客户的订单结构，得出应对策略。

我们公司有两个超级大客户，一个在南美，一个在北美。它们每次的订单金额都是几十万美元，我们合作超过 10 年。每次客户下了订单，我们还是会把订单的所有单项分析透彻，比如哪些单项超出了我们的生产规模、哪些单项利润过低等。

超出我们生产规模的订单，我们将其一分为三，把大订单分为 3 个小订单，然后对 7 个工厂统一规范物料和技术要求，用最短的时间将 3 个小订单整合成 1 个大订单。这样可以保证 7 个工厂统一发货，而不至于因一个工厂出现问题而没有办法准时发货。

利润过低的订单，我们将其他订单的同类产品放到一个工厂去生产，通过增加数量降低成本，使利润最大化。

### 订单的技术要求

任何产品都有技术要求，大客户的订单技术要求尤其严格。大客户的分销能力非常强，保证产品技术的稳定性是与大客户持续合作的重要条件之一。

每一个大客户的订单，我们都会通过技术部门分析整个订单的技术水平。了解产品要求后，我们会和大客户核实，最终形成一份技术资料，也就是和工厂对接的技术清单。

和工厂开技术研讨会是必须的，提出样品要求，工厂打样后，一个样品给工厂留底，一个样品给客户封存。如果没有问题，就可以批量生产了。

我们给大客户开发的产品，都有一份技术分析清单。样品出来以后，我们会给客户一份用于技术分析确认，给自己公司一份作为样品留底，给工厂留一份作为质量标准的参照。

三方确认，三方封样。即使产品有技术上的波动，也有一个资料来验证波动幅度是否在可接受的范围之内。

### 订单的资金要求

大客户付款的账期通常是 30~90 天，远期信用证和承兑交单常用的支付手段，风险比较高。我们采用中信保保险加有条件订金的形式，这样可以最大限度地满足大客户的资金要求，同时将我们的收款风险降到最低。

### 订单的售后服务

由于大客户的订单规模大，总体项次多，因此给售后服务带来了一定难度。通常，我们的做法是按照项次和技术的难易程度，调配品质控制的工位。

刻意
练习

思考以下几个问题：

1. 如何评估什么样的客户是大客户？ 理由是什么？

2. 和大客户交易的时候，应该从哪几个方面入手来降低交易风险和产品品质波动程度？

## 3 个月拿下 50 万美元首单

外贸一直是我喜欢的行业，唯一不好的是我的工作经常要倒时差，在线和客户沟通。这大概是很多外贸人的生活写照。我们没有白天、黑夜的概念，跟哪个国家的客户沟通，就必须开启哪个国家的工作模式。这一节我们来聊聊我获得的那些之"最"，比如美国最大客户、最大单品订单、最快速度（3个月）拿下 50 万美元首单。

前面我们提到了"大客户的独有属性和应对策略",而在实际运用的过程中,针对大客户的独有属性,我们怎样找到相应的策略呢?下面我将用实际案例带你深度理解怎样对大客户发起"进攻"。

## 定位

我经常被外贸小伙伴追问:"为什么我拿不下大客户?"我的助理也经常问我,什么时候向某个大客户"进攻"?正好最近在看一本讲公司战略定位的书——《定位》(作者杰克·特劳特),结合实际我觉得以上疑问可以归纳为以下两个核心点。

### 公司的定位

公司的目标客户是否是行业巨头或者大客户?你们公司的实力是否与之匹配?你们的质检标准、产能、交期、研发、设计实力是否能让客户满意?

### 自己的定位

身为外贸业务员,你的外贸经验和专业度是否值得公司给予你大客户资源?从2008年到现在我一直在外贸前线奋斗,通过参展、拜访客户的形式开展外贸销售工作,非常清楚自己的定位是什么。2016年,我果断放弃业务部的所有管理事项,把自己的精力全部腾出来去攻破新的重点大客户。当一个人定位准确,精力集中,把时间用在有意义、有价值的事情上时,才有可能做得更好。这大概就是我们经常说的选择比努力重要。

## 嗅觉

同事们经常开玩笑地说我有像狗一样灵敏的嗅觉,能闻到客户的"味道"。

那种"味道"会让我激情澎湃地做很多事情，并且沉迷其中，乐此不疲。这就是所谓的"兴趣是最好的老师"。只有喜欢，才会做得津津有味。

跟进客户需要业务员随时关注客户的所有最新动态，特别是客户公司官网、行业杂志、展会等。你必须努力挖掘所有合作的可能性，然后找办法切入。

标题里"50 万美元首单"的这个客户早就被我列入了目标客户名单，一直保持关注，也曾试图联系过，但是客户的采购人员说他们不负责从中国采购，言下之意是他们的采购权委托给了其他人。我通过海关数据也没有查到，问也问不出来。我一直在思考怎样才能找到他们真正的采购负责人，这需要想各种办法。我很幸运，想到"推荐信"这种方式。

## 推荐信

国外非常讲究个人信誉和公司信誉，所以，如果你能拿到一封有影响力的推荐信，比你发 1 000 封邮件还有效。当然，不是每个客户都适用这一招，前提是愿意推荐你的客户和你建立了长期合作关系，并且你们合作高效、配合默契、沟通愉快、私人关系也不错，最重要的是你要他帮忙推荐的客户和他自己公司的利益没有任何冲突，他们没有相同的渠道和市场。

当时刚好有位美国客户符合以上条件，我请他帮忙推荐后，他当天就写了推荐信。我秒回了一封邮件，感谢与他 5 年无任何投诉的愉快合作，感谢他的支持，并期望与这家被推荐的公司也能有这样高效的合作，并且用 3 句话（我们公司是做什么的、有哪些优势、合作过哪些大品牌）介绍了我们公司，联系上了要合作的潜在客户。结果这个美国公司的 CEO 马上提供了那个公司采购负责人的联系方式，要我直接联系他们。

如果你足够专业，给客户留下了很好的印象，你们公司的产品质量靠谱、服务专业，客户会非常愿意帮忙推荐。这就是所谓的"口碑传播"。所以，做好每一单，给客户留下深刻的好印象至关重要。

## 秒回

大客户都喜欢被"秒回"邮件或信息，这是一种被重视的感觉。我们必须一开始就让客户感受到我们对他们的重视。

从拿到这个采购公司的联系方式那一刻开始，我就立刻联系了客户，并且也得到了回复，加了 Skype。当晚 10 点多，我跟客户约了 Skype 在线开会，进行了初步沟通。沟通初期，客户肯定需要了解我们的公司信息、合作模式等。

当客户提出要样品时，我说天一亮就去办公室联系发最快的快递，然后将快递单号发给客户。如果这个时候跟客户说要他们付样品费，那完全是对这种大客户的一种侮辱。当然，这也因公司产品价值和物流费用大小而异，建议自行斟酌。因为这个客户是我几年来一直期待合作的客户，所以已经经过了长时间的分析，而且我们公司对这种类别的客户是有免费样品政策的。另外，发样品是证明产品质量和公司实力最有效的办法，需要快速配合。

拿下这个客户的时间约 90 天。其间，我每天晚上一定在 Skype 在线等客户的任何提问，做到及时回复，秒回邮件，第一时间解决他们的所有问题。

## 样品

这种大客户的样品肯定要优先安排，并且质量一定要非常好，要经过多次检测。样品我们推荐提供热卖的产品和不热卖但是体现技术、工艺水平的。

客户的样品不需要包材，所以要考虑客户收到样品时的第一感觉，要保证一目了然、清晰、赏心悦目。我们当时用了小包裹，在每个包裹上贴了产品的图片、型号，将同一个系列的产品放在一起，以免因为没有包装而显得凌乱。

第一次快递样品也是表现公司认真、细致、专业的最好机会。我把公司资料，包括 ISO 证书、实验室测试报告、设备清单、报价、产品参数、报价等，全部规整装订，贴好标签放入联邦快递的盒子。所有资料都是一式两份，和我沟通的是采购中间商，他们需要一份，终端客户需要一份。

总而言之，寄送样品一定要下足功夫，给客户留下非常好的第一印象。

## 引导进度

客户收到样品后，没多久就和终端客户开了会，终端客户的反馈不错。我马上做了进度表发给客户，让客户知道整个合作流程和进度。

这里有个误区，很多人觉得大客户非常专业，应该什么都知道，明白自己下一步该干什么。然而，有时候这个观点并不适用。与我合作的这个客户是合作采购的中间商，看完他们的网站我就知道他们其实是家设计公司，合作过很多行业，对我们行业显然是不了解的。这时候就需要我们非常专业地引导他们，让他们清楚下一步该干什么。

进度表发给客户以后，我马上开始给客户提供另外的包材样品。很明显客户需要自己做包材，有些人喜欢等客户来提供包材的要求，再打样报价，但我选择主动出击。我给客户提供了 6 种包材样品，并告之这是我们最热卖、最常见的包材方式，根据风格和材质的异同，附上预估的报价表。这样非常有助于客户在完全没有主意的时候快速了解行业情况，给他的客户一个建议。我又发了一封邮件，陈述整个合作过程中需要确定的所有细节，快递了颜色色卡供客户选择。

从选定产品外形、功能、颜色、包材，到确定产品 LOGO 等订单细节，我用一封封邮件，引导着客户一步步往前走。

## 报价

样品最终确认后，进入议价环节。与我们合作的是中间商，我们需要留一些空间给其与终端客户讨论，考虑到客户的最小订单量是 10 000，我们给了非常有竞争力的价格。中间商过了两个星期说价格太贵，这是预料之中的事情。我开始换位思考，思考客户需要什么样的协助才能将产品卖得更好。于是我主动提出送客户几百个免费测试样品，客户需要这些去助力销售。后来客户接受了我的提议，两个来回敲定了价格。与其死盯着价格不放，不如换个角度思考怎么帮助客户获取更大利润，这可能会破解双方僵持的局面。

## 采购订单条款

3 个月后客户确定了采购订单。收到采购订单后，我看了 3 遍，认真核对了每一个字，然后发给同事翻译，再确认自己的理解，怕任何一个细节理解不到位而出问题。我当天回复了订单的所有条款，并且给出了形式发票和交货期。这里的交货期一定要附上前提条件，便于约束客户。

## 监工

当客户确认完订单，我的角色就开始转变了。我成了客户派到工厂的监工，需要随时（一般是一周）和客户汇报订单的进展，比如材料定料要多久、什么时候开始生产，我都会给客户提供进度表，反馈生产情况、合格率。同时，在品质主管全面检查后，我会再次抽检，做抽检报告，给客户汇报抽检的结果。

## VIP 定制化的感觉

客户没有来参观工厂就下单了，这是推荐信和样品的力量。当然，这也与这 3 个月我们的沟通非常顺畅，再加上我们之前与很多大品牌合作过的经历有关。产品已经生产了一部分，客户才借参加香港展会的机会来验厂，顺便看货。

终端客户只去展会，为此我直接在展馆门口等那个客户，为他们来我们展位参观做足了准备。比如这个 CEO 做过很多演讲，作为公众人物出现在很多媒体上，于是我见到他就说，我看过你非常多的演讲，很感动，今天终于见到偶像了，并且高度赞扬了中间采购商的专业合作。他们听了特别高兴。

当有中间商的时候，我们一定要把自己的位置摆正，我们是配合中间人去服务终端客户的，而不是直接对接终端客户。我还为客户的到来准备了 PPT，介绍公司、新产品、新工艺。这对业务员的要求比较高，既要有专业的产品知识，也要能够在现场非常好地展示产品的优点。

虽然这次合作的整个过程我都非常细心谨慎，但问题还是出在了包材上。客户要求的包材是我第一次接触的真空压缩袋，我本来以为这是一个非常简单的袋子，直接交给印刷厂就行了。

当时我认为中间商不懂，印刷厂懂，按照印刷厂的建议微调了客户的文件，也没有发给客户确认就直接打样了。结果导致第一次的打样是错误的，印刷真空压缩袋包材样品打了两次才合格，还好没出什么大问题。

如果我当时去印刷厂多了解一点这种工艺的特点就可以避免这个问题。所以，不需想当然地私自修改客户的文件。

总结起来，这个订单我赢在以下几点上：准确定位，使用推荐信，正确运用口碑传播；高效服务，让客户爱上秒回的感觉；把自己当行业专家去正确引导客户；为客户当监工，帮客户节省时间，对工厂进行监管并及时汇报所有进度；赢得主动权，让客户感受到他们是被重视的 VIP（贵宾）。

如果你做到了这些，你的外贸生涯一定也会有很多惊喜！

刻意
练习

1. 如果你手上有正在开发或者已经开发成功的大客户，找外贸部门的同事总结，大客户没有拿下的原因是什么？成功合作的经验又有哪些？

2. 外贸部门开周会或者组织培训的时候，可以拿开发大客户成功或者失败的案例进行头脑风暴。

# 敢于对大客户说"不"

公司发展到什么程度，我们接触大客户才合适？当大客户的订单量疯涨，我们应该怎么应对？面对大客户的大订单诱惑，很多人没法抵抗，甚至被订单冲昏了头脑，导致公司盲目扩张去满足大客户的需求，最终给公司带来致命的灾难。在这种情况下，我们应该怎样冷静地评估风险，拟定合理的对策？本节我将就个人遇到的实际案例进行阐述，告诉大家为什么要敢于对大客户说"不"。

## 新公司面对大客户想要参观公司的要求，该何去何从

### 首先，我们需要认真分析合作的可能性

如果我们发现公司完全没办法达到大客户验厂的要求，比如对 ISO 证书、研发、设计等硬件设施的要求，那么在客户拜访之前应该先给其打"预防针"，告知客户公司的长期发展规划（比如公司规模、人员配套、硬件改善的时间规划）和目前的实际情况，表示可能目前没办法满足客户的需求，但是会在什么时候达标，欢迎再次审核。

### 另外，诚心表达与其公司合作的意愿，找到突破口

你可以强烈推荐你们有优势的一两款产品，用低价、高质量的产品吸引客户的注意，又或者交货期优于其他任何同行等。

### 无论是哪种类型的客户，都非常忌讳不诚信的供应商

如果你吹牛说公司多么有实力，然后客户参观后发现与实际不符会非常失望。那种失望可能导致你们公司被这个大客户列入黑名单，将来即使你们公司发展壮大了，他们也很难再给你们机会。

**客户申请了专利，愿意出研发费用，我应该如何应对**

例如，客户新产品的首批订单有 3 个颜色，每个颜色 100 个，出完 300 个后，他们要等客户的反馈，再决定下大订单的时间，大订单的产品数量可能是 1 万个。对于我们行业来说，1 万个的采购量属于大订单，我们可能面对如下问题：客户是否真的有 1 万个产品的订单？我们的研发周期非常长，工程部对产品进行了分析，客户要求的功能比较复杂，我们没有做过，他们很担心投入大量精力研发出来的新产品，客户只下单 300 个，那就得不偿失了。这种情况应该怎么处理？核心问题是什么？

（1）客户提到了有专利，需要他们提供专利文件，去核实真假以及专利适用的国家。如果是实用型专利，那项目的意义更大，毕竟有专利保护。

（2）客户先出货 300 个去获得市场反馈是国外客户的正常思维，他们需要试错，更需要知道市场的反馈，看产品是否需要改进，以避免大批量出货后不符合市场需要，改动成本更高。但客户是否真的有订单，目前是无法确定的，只能通过你们的行业调研和市场经验，评估产品的可行性和热卖的可能性。

（3）新产品的研发对公司是很大的挑战。客户给钱让你们研发可以使工程部得到成长学习的机会，但同时，公司必须平衡各个客户之间的利益，有固定订单的客户要优先，新项目太多，要量力而行，放弃一些没有把握的，以免浪费太多时间和精力。当然，对于某些行业来说，直接购买现成方案也不失为一种很好的选择。

（4）开始的时候，我们需要考虑失败的后果，并衡量此后果公司是否可以承担，并且可以从中得到什么好处。

### 案例 4-3 当客户承诺给你一个超级大单

我有这样一个客户，客户在当地的品牌知名度非常高，而且订单量非常稳定。我们公司的产品质量、技术水平、生产周期跟这个客户非常匹配。为了拿下这个客户，公司专门找国外的设计师来设计产品，经过大半年的产品调试和条件洽谈，最后成功签约并拿下首单。客户的订单量在开始的时候迅猛增长，第二年的订单量比第一年的翻了3倍，客户表示跟我们公司合作得非常开心，会把与其他供应商合作的订单逐步转给我们。能够得到这样的客户，是十分幸运的事。

在某次拜访中，客户表示第三年的订单量将会在第二年的基础上再翻一倍。我听到这个消息后，却表现非常谨慎。因为我考虑到以下风险。

（1）大客户都有排他性。

客户对选中的产品都会提出包销的要求，意思是他选中的产品，我们不能销售给其他客户。这样做的后果是我们将没有足够多的热销产品供其他客户选择，其他客户就会选择别的供应商，逐步疏远我们公司，也可以说是我们把其他客户赶到了竞争对手手上。如果我们给其他的客户开发新产品，投入也非常巨大，风险也会相对增加。

（2）此客户有一定的账期要求，我们需要周转巨额资金来支持客户的订单。

公司的现金流非常重要，是公司是否可以健康发展的一个指标。如果公司的资金周转不畅顺，供应商有可能不再信任我们，大客户所产生的规模成本也将不存在，甚至会影响所有的客户。因此，客户越大，资金周转压力也就越大，风险也会相应增加。

（3）单一客户独大，需要谨慎处理。

虽然这个客户的业务量只占公司总业务量的10%左右，如果此客户明年的业务量增加一倍或以上，公司就需要投入新的生产线和其他设备。如果客户有长期稳定的订单当然没有问题，一旦客户的订单量出现波动，公司就会陷入非常被动的局面。这就是我们常听人说的"不要把鸡蛋放在一个篮子里"的道理，避免公司过度依赖个别客户，而一旦个别客户出现资金链断裂甚至破产的情况，我们将措手不及。

## 理性地与大客户合作

当我们面对大客户的时候，不要被客户的知名度和订单数量冲昏了头脑，我们需要冷静下来，分析自己公司的实力是否可以匹配此类客户。我们盲目答应客户的要求，很容易造成投入产出不成正比的情况。

跟大客户合作，除了产品、技术、生产要素之外，很重要的一个部分是配套的资金，就算客户的支付条件是现结 T/T 或即期信用证，公司也需要配套的资金来采购原材料。如果为了客户投入大量的周转资金，从而影响到公司的现金流，也是非常危险的。

由于大客户的采购量大，因此对价格的要求非常高，有可能利润会减少。这个时候需要调节客户的产品结构，争取更大的利润空间。有时候我们也可以为了跟大客户合作而牺牲一部分的利润，提高公司的知名度和管理水平。

如果公司的产品非常独特而且有优势，需要主动提出更多的要求，例如模具、材料、订金等，以求规避大客户风险和资金压力。

如果迫不得已要与客户签订排他性合同，公司要考虑产品的生命周期以及适时引进新品，以免得不偿失。

刻意
练习

哪些大客户我们可以拒绝合作？是什么原因？当时公司考虑到了哪些风险？总结与大客户合作时把握风险的方法，谨慎处理合作进度；明白在什么条件下我们该拒绝与大客户合作，哪些大客户是跟公司相匹配的。

# 第五节　拜访客户

拜访客户是维系客户关系的一种重要手段，与客户见面时你的表现将会直接影响客户对你的印象。个人表现出色，客户跟你合作的可能性就大，反之，客户不认同或讨厌你的某种行为，即使你给出的条件再优厚也未必能够打动客户。所以在拜访客户之前，我们要精心做好细节的准备，务必给客户留下好的印象。

## 拜访客户的原因和好处

虽然现在网络发达，通信手段先进，但是仅仅使用冰冷的网络，我们和客户的关系很难有进一步的发展。客户是人，人是有情感、有血有肉的，所以，面对面的交流更加真实、有温度，双方的沟通也更加顺畅。特别是现在外贸竞争这么激烈，付费的广告平台针对性不强，昂贵的展会效果也越来越不明显，你不去拜访客户，而你的竞争对手已经去走访市场和拜访客户了，他们了解客户最真实的需求，知道市场的发展动态和趋势，为客户量身定制长期合作方案。这个时候，你已经输在起跑线上了。这一节主要是在我的亲身经历——23 天去欧洲 8 个国家拜访 16 个客户中选取典型案例，来探讨拜访客户的准备工作以及在实践过程中怎样通过拜访拿下客户。

我们先来了解一下为什么要去拜访客户以及拜访客户有哪些好处。

## 拜访原因：客户选择适合自己的工厂很难

中国工厂太多，竞争激烈，客户很难选择适合自己的工厂，再加上网络信息的不真实，你很难让客户了解你们公司最真实的情况或者说客户很难相信你。

拜访的好处：把公司的优势、实力展示给客户。

建议约客户公司的高层进行会面。

## 案例 4-4　拜访荷兰自主品牌巨头客户

某家荷兰知名经销商可选的同质化供应商非常多，所以要选出适合他们的非常难。在第一次拜访时，我精心准备了拜访的所有细节，展现了我对行情的了解，专业地为客户定制方案，让客户感受到了我们公司的实力。拜访客户后的第二个月，客户飞到中国来对我们工厂进行实地考察，现在已经成为我们在欧洲的长期合作伙伴。

（1）客户来源。

我们公司与德国的一本行业杂志有合作。这本杂志的目标读者覆盖欧洲所有我们行业的客户，并与很多公司都有合作。我们意识到通过和杂志搞好关系，能获得拓展客户资源的机会。因此，每次见到德国杂志负责人我们都会送个新产品或者小礼物并夸赞他们杂志推广效果很好。

后来，我在杂志上面看到荷兰 A 公司的信息便立即打电话给杂志社，询问 A 公司的情况，拜托杂志负责人把我们推荐给 A 公司。

一个星期后，杂志负责人要去拜访 A 公司，我马上发给他我的电子名片，希望他带给 A 公司的采购经理。后来顺利接洽后我才知道，非常巧，A 公司很久前就知道我们公司，也正打算找我们合作。

（2）客户分析。

① 最主要的信息来源是客户公司的官网，A 公司的简介中有两个关键词：40 年、最专业的分销商。这说明它不是小客户。再看产品，A 公司有多个自有品牌，自主设计包装，这说明客户是品牌商。另外，客户的产品覆盖面非常广，低、中、高档都有。

② 向其他的欧洲客户打听。最常见的话术是："贵公司在这个行业经营了那么多年，非常专业，希望多指教我们这种初来乍到的公司。请问你觉得欧洲最具实力的公司是谁？"关系好的客户多半会据实相告。我当时问了一位相熟的西班牙客户，他们是这个行业最早的一批客户，对市场比较了解，他们给出的答案是 A 公司。

③ 看客户的公司新闻，了解大事件。A 公司官网上有一条新闻介绍了公司举办的展会，这从侧面证明了客户在行业内的影响力和号召力。能够作为欧洲最专业的行业展会的主办方之一，已经足够证明他们的实力。

④ 在"联系我们"（contact us）栏目中我们可以看出这个客户是否有实体店。A 公司在欧洲有 100 多家实体店，在我们行业的规模非常大。

⑤ 分析国家的文化背景。荷兰人做事效率高，喜欢控制别人，偏爱统领全局的感觉。另外，我们需要多方位打探拜访对象在公司的角色，是老板还是经理，职位是设计师、工程师、销售员还是什么，方便制定谈判策略。

⑥ 分析与客户合作的可能性，准确定位与客户的合作方式。很明显，跟 A 公司合作的方式是贴牌。

⑦ 找到合作的突破点。比如客户提出的条件，我们是否有能力满足；

我们和同行相比,在产品和服务上有哪些优势,为什么让客户选择我们。

(3)拜访前的准备工作。

① 除了之前提到的PPT以外,我们需要针对客户的特征准备以下内容。

• 准备公司热卖的 10 款产品的资料。设计师要按照 A 公司网站的风格设计图片,证明我们的产品很容易融入他们现有的产品系列,保证产品视觉效果一致。客户看完会觉得我们的确是站在他们的角度思考的。

• 强调可靠性。A 公司这样的行业巨头,最担心的问题是产品质量是否稳定。考虑到这一点,我们需要重点强调公司的品质管理系统:真人测试、机器测试、实验室测试多层把关,给客户出具公司实验室针对最热卖的一款产品的测试报告,增加信任度。

• 与同行的对比分析数据。数据是最好的谈判武器,只有客观的数据分析才能让客户了解产品的品质和价格的竞争力。要向客户证明,哪些产品是市场上最大的那块"蛋糕"。

• 增加证明公司实力的资料。比如准备公司参展的设计图纸,让客户明白我们有相当多的参展经验,具备给客户提供相应支持的能力。我们会定期为他们的展位推荐最新产品,设计参展展架、海报,提供展会小礼品以及配合客户的促销活动。

• 强调成本。要证明我们已经给出了最好的价格,首先要从成本来源的角度去说服客户,比如公司的设计、研发、生产几乎是一条龙的,非常有利于控制成本、保证效率。我们有能力提供非常有竞争力的价格。A 公司的规模比较大,我们要表达出我们考虑到其广告费和整体维护费用很高的情况,已设身处地地给出了最好的价格,让客户有更多的利润空间。

• 帮客户提升竞争力。每个大公司都需要非常强的竞争力去占领更多市场。我们在 PPT 里必须体现公司的研发能力、新产品的研发速度和技术的一些独特性,要以合伙人的姿态用心帮客户在市场上提升竞争力,只有让客户赚到了钱，我们才能有钱赚。

●公司的生产能力。稳定的产能意味着消化订单的能力，这也是客户最关心的问题之一。用表格的形式清晰地列出我们的日产量、月产量和年产量，强调我们的生产能力能符合客户大批量下单和交货期的要求。

② 报价表。客户要的是裸机价格，他们不会买我们现有的品牌产品。通过他们网站上的包材图片，我们基本可以估计出包材的价格。见客户的时候我们准备了两份报价表，一份是所有产品的报价，一份是推荐给这个客户的热销产品的报价（一般我们建议先给这一份），彩色打印 3 份装订好，面谈的人最少是 2~3 个。

③ 彩页和名片。这些是最基本的东西，带 4 份左右。有些大公司参加会谈的人比较多，有备无患。A 公司当时只有一位采购经理和我面谈。

④ 合同。大客户谈合作都喜欢用正式的合同。比如 A 公司和我们直接签订了经销商合同。准备合同表明我们重视此次会谈，而且也证明公司的专业度和正规性。虽然看着很形式主义，但是国外的客户喜欢照章办事。

⑤ 非常正式的笔记本。这一点非常重要。与客户面谈时需要随时记录，并为接下来客户提到的问题和面谈的内容做准备。

⑥ 样品。能带尽量多带，要分开装，分为我们认为适合客户的 10~20 款产品和其他产品。客户给我们的时间是有限的，必须挑重点的产品介绍。初次见没有合作过的客户，要尽量推广热销产品，少推新产品，新产品的质量不稳定，交货期也不容易确定。假如和新客户一开始合作就出现问题，会让客户产生抵触心理，最后难免以散伙收场。

⑦ 拜访实体店。看实体店的目的是构思我们有哪些产品适合他们，产品怎样摆才能在他们店里面很显眼，怎样去制作海报。A 公司在欧洲有超过 100 家实体店，大部分在德国。我当时去了他们在德国的 3 家实体店，

风格不同，档次都比较高，产品摆放也比较专业。

（4）拜访过程中拿下客户的细节。

① 告诉客户我们准备了什么。当客户能明显感受到我们如上的细心准备时，我们就可以传递合作的诚意和公司的实力了。

② 知己知彼，据实相告。在一起探讨行业发展时，客户问我同行的优缺点，我都如实回答，并告知其他同我合作的大部分客户对他们的看法。客户非常赞赏我的诚实和对同行的了解。

③ 拿出认真的态度。面谈过程中我一直在记笔记，认真聆听客户提到的问题和强调的部分，对产品哪些地方满意、哪些地方不满意，欧洲有哪些法律规定和证书要求。这样才能掌握客户对产品的要求，帮客户挑选他喜欢的产品。这些细节也会让客户觉得你非常细心，将来也放心把事情交给你。

④ 确保自己对产品的信心。介绍产品的时候要自信，要表现出自己对产品的认可和热爱。把产品的卖点、亮点清晰、明确地表达出来，让客户对我们的产品产生购买欲望。你对产品和市场的了解程度，决定了客户对你的专业认可度。这里需要运用肢体语言，要边演示边和客户互动，让客户感受到产品的优点。产品在市场上的受欢迎程度要用一些数据来证明，比如其在其他国家的哪些地区的销售量，收到了哪些反馈等。

⑤ 有礼有节，投其所好。参观客户公司的时候，一定要有礼貌。我拜访 A 公司时让双方最开心的细节是当我看到客户的陈列室（show room）和我们参展的展位一模一样时，我夸客户，"这个展位肯定是你设计的，很有品味，身为一名设计师，你应该很享受这种过程"，客户笑着说，"你太了解我了，对我来说最大的快乐就是享受设计的过程和成功设计一件产品"。之所以能聊到让客户开心的话题，是因为我注意到在谈判或者看产品的时候客户很注重外观，他会问产品的灵感、设计来源。前期

自我介绍时我得知客户之前是设计师，现在主要负责采购。

⑥ 提前解决问题。客户公司的仓库应用了自动化仓储系统。为了减轻客户的顾虑，我及时表明我们的纸箱可以专门定制，确保纸箱规格能在客户仓库的自动化轨道上顺利运转。

⑦ 守住价格的底线。客户讲价是不可避免的，我们的原则是：保证质量、产品独一无二，提供最好的服务。报价的同时要传递出价格合理的概念，最好不要松口，不然客户会始终认为有讨价还价的空间。把话题往合同的其他条款上引，比如交货期和设计协助、参展、海报打印和专业培训等增值服务。如果实在谈不成，客户一口咬定他们只接受哪个价格，我只能说打电话请示老板，如果在量比较大的情况下，可以同意。在让出价格的同时一定要设置前提条件，不能让客户觉得我们可以凭空减价，让自己陷入被动的境地。

⑧ 及时响应。客户当时选了喜欢的产品，我留下了一个样品，让他们测试质量，其他的产品我当场给工厂打电话，让他们快递过来。

⑨ 深度总结。面谈当晚，我整理出谈话的所有内容，以邮件的形式发给客户，体现出我们的高效和对客户的重视。同时与公司保持沟通，把客户的信息整理成报告发回工厂。

拜访客户的过程会有很多突发状况，这就要求我们不仅要做好充分的准备，还需要"大本营"及时响应我们的需求。业务员拜访客户时一定要寻求领导的全力支持，做到有备无患。特别是在有时差的前提下，需要提前确保相应的协助人员能随时保持顺畅沟通。

### 拜访原因：客户选择适合自己市场的产品难

市场上的产品太多，客户没法区分，不知道如何选择。

拜访的好处：选出适合客户市场的前 10 ~ 20 款热销产品、新产品。

把产品的卖点提炼出来，把准确的信息传达给客户，进行现场演示，让客户知道这款产品好在哪里，为什么要选这款产品。

OEM 合作工厂不用担心核心科技的更迭，能够生产引领新技术、新潮流的产品，灵活性强，经营成本低，可以利用别人的品牌优势，无须建设渠道。对刚刚起步、急需被"拉一把"的中小企业来说是个不错的选择。

下面跟大家说说这类客户的特点以及拜访时需要注意的地方，以我拜访的美国公司为例。

### 📑 案例 4-5　拜访美国自主研发产品的巨头客户

我当时去拜访美国自主研发产品的客户，他们有三四个大仓库，几万个 SKU[①]，哪个产品有什么特性，他们的老板和采购都很难说清楚。这个时候，就需要你依靠对行业的熟悉，对他们公司的产品线进行分类，专门为这种实力型的客户定制自主研发的产品，让他们在市场上有差异化的产品，提升公司的品牌形象。

（1）客户分析。

① 保密意识很强。和这类客户合作的第一件事就是签订保密协议。客户认为他们付了产品的研发和模具费用，产品的知识产权归他们独有，未经授权，任何人不能销售、使用或者复制他们的产品。大型公司一般拥有自己的保密协议模板。

---

① SKU：全称是 Stock Keeping Unit（库存量单位），即最小主要单元，库存进出计量的基本单元，以件、盒、托盘等为单位。

② 订单周期长。从图纸制作到样品确认，再到模具开发、小批量试产、批量出货，最快也要半年，时间长的甚至要 2~3 年，如果遇到技术问题，3 年以上也非常有可能。所以，与这类客户合作一定要有耐心，放长线才能钓大鱼。跟进客户需要从客户需求分析开始，问清楚后整理成文档，通知设计部提供设计图纸，如果客户有自主设计师，可以直接问客户要 3D 图纸。

③ 合作稳定。客户研发新产品耗费的不仅仅是物力，更多的是时间和人力，包括昂贵的模具成本投入，长达一两年的研发周期投入。这些让这个项目的合作具有稳定性。除非工厂真的出了非常大的质量问题或者一直交不了货，一般情况下客户不会轻易换供应商。

业务员和客户的沟通一定要及时，我们需要熟悉产品研发过程的所有细节。初次拜访时需要从侧面给客户吃"定心丸"，比如公司曾帮哪些大客户研发过产品，解决过客户哪些问题，与哪些客户保持着长期合作的关系，以此证明我们具有丰富的经验和强大的实力。

④ 产品完善。为了体现整体性，产品需要以系列来呈现。当客户需要设计一个新的产品系列时，我们一般会给出 4 - 6 款产品，这 6 款产品必须有相同的元素（外观设计、颜色搭配、功能互补等），呈现出一个系列的视觉效果。要说明产品设计的灵感来源，便于客户深入理解设计的含义并付诸推广。

⑤ 节奏精确。客户一般会配合当地展会的时间去推广产品，或者选销售旺季，或者将特殊节日，如圣诞节、情人节等，作为新产品推出的时间点。因此，拜访客户前需要告知产品研发的时间表，估算客户产品上市的时间，方便客户"踩点"，找到推出新产品的最佳时间。

⑥ 产品最小订单量（MOQ）高。当客户研发的新产品需要投入很多时间和金钱时，一般会有比较高的最小订单量。这个我们也可以提要求，

拜访客户时告诉客户首单、续单和年采购的最小订单量。

⑦ 流程规范。欧美客户非常善于利用日程表（schedule）对整个项目的进程进行控制。比如在开始的时候客户就会要求我们列出这个项目的手板时间、开模时间、开模后第一次出样品的时间、第一次小批量试产的时间、第一次批量出货的时间、续单交货期等。

在拜访时，我们需要对照客户的交货期制作一个日程表。这不仅是为了确保公司的交货期，也是为了对客户提出要求，比如 LOGO、手板、彩盒打样等的确认时间。这样可以清晰地划分双方的责任和义务，确保出了问题不扯皮。

⑧ 产品质量要求高。把控质量需要公司的工程部对产品的工艺、结构进行优化，更需要严格的品质测试。为此，我们成立了专门的实验室。新产品一律先小批量试产，并严格按照品质实验室的测试项目进行严格测试，确保没有问题后再大批量生产。

拜访客户时需要提前打印公司实验室近一个月的测试报告，让客户信任我们的品质把控能力。由于这种类型的客户需要研发、设计、业务、品管，甚至财务部门的紧密配合，必要时建议专门成立一个小组配合工作的开展。拜访时可以将我们打算专门成立大客户服务小组的事情传达给客户，让客户体会到我们对他们的重视。

（2）拜访过程中拿下客户的细节。

① 信息的核对。产品要经历从无到有的过程，我们需要提供详细的参数，包括功能描述、图纸、LOGO 位置、模具费报价、单价、彩盒、证书等。拜访客户时将资料打印出来整理好给客户，面谈的时候再次确认细节。

② 信息存档管理。邮件以邮件链的形式管理。产品的讨论周期最少半年，其间和客户的邮件沟通密集，邮件链能让我们很快找到和客户确认的留底邮件。客户资料一定要整理归档，特别重要的合同原件、有客户签

字的样品都必须保管好，万一出现问题，可以随时找出来核对。拜访客户时，带上已经沟通并确认过的主要细节给客户备份。

③ 养成签字、盖章的习惯。长时间沟通难免会有疏漏，特别是在造价昂贵的产品开模之前的细节确认环节。在开模之前，必须把产品所有细节的确认情况整理出来让客户签字，开模后的样品必须由客户签字并双方留底。和客户面谈的时候，一定要当面确定细节。

④ 客户喜欢差异化的特色产品。正式合作之前，我们需要做一些功课，比如研究客户官网的产品种类、市场需求和产品定位。通常我们会发一份表格，其中包括产品定位、目标价格、尺寸、颜色、功能、消费群体等参数，通过调查问卷来挖掘和准确定位客户的需求，从而为客户提供相应的产品方案。

## 拜访原因：对中国质量没有信心

通过电话、邮件或者网站，客户没有办法触摸到产品，对产品的质量有很大怀疑，再加上中国很多新公司没有知名度，客户对产品质量不放心。

拜访的好处：帮客户树立对我们公司产品品质的信心。

（1）提供一些证书、证明材料；

（2）提供公司的实验室测试报告；

（3）在 PPT 里展示公司严格的品质管理系统；

（4）多收集一些其他客户对产品的好评，将其作为说服资料；

（5）样品的质量一定要过硬，这是对品质最直接的说明。

下面分享的是一种新型的客户类型——Homeparty。我们熟悉的品牌特百惠（Tupperware）的销售和服务是一个独特而有效的体系。它采取专业顾问的形式，结合了零售和"理家会""上门服务"等体验式的营销方式和会员刊物等手段。实行"体验式营销"策略，与消费者进行深度接触，致力于为顾客创造使用特百惠产品的美好体验。这就是为什么顾客对特百惠产品的忠诚度很高的原因之一。

### 案例4-6　拜访比利时Homeparty类型的客户

我拜访的比利时客户也是通过Homeparty的形式进行体验式营销的。

（1）客户来源。

这个比利时客户是主动发邮件联系我们的，说在我们的一个大分销商那里买了一个样品，测试之后比较喜欢，想直接从我们这里采购。

之前我们并不认识这个客户，这也是我们第一次接触Homeparty类型的客户。收到邮件后，我对客户作了一个简单的判断，客户联系我们有两种可能：一种是他不想直接从我们这里采购，而想从分销商那里采购，想从我这里套价格；另外一种是客户确实想从中国直接采购。当时考虑到这是一种新合作形式，我于是把客户列为重点跟进客户。为了进一步搞清楚这种客户的情况，我们约了在比利时面谈。

（2）客户分析。

① 认真分析客户的网站。

• 这类客户网站的特别之处是温馨浪漫，让你有家的感觉。因为Homeparty类客户做的是服务、是感受，所以他们的网站首先要拉近和大家的距离。

• 该客户网站上的产品很少，定位中高端，和我们的产品定位完全一致。

• 该客户的产品中有化妆盒并且是单独销售的，可见这个化妆盒在客户的产品中占据着比较重要的地位。

• 客户拥有多个自主品牌，有很明显的区分。彩盒以白色花瓣为主，风格统一。

② 当你不了解客户时，通过什么方式获取更多信息？可以采取提问的方式，如：

● 之前是否曾在中国直接采购？每个月大概的采购量、总金额是多少？以此判断客户的购买能力。

● 最受欢迎的 10 款产品是什么？受欢迎的原因是什么？以此定位客户的消费档次。

● 是否曾参加展会？是参展还是观展？以此了解客户的销售方式、推广策略。

● Homeparty 这种形式你觉得和分销最大的区别在哪儿？什么样的支持让你最满意？以此了解 Homeparty 的特征和客户的需求。

● 有多少销售人员？这直接反映了他们公司的规模。一般 Homeparty 客户有超过 1 000 个销售人员就具有一定规模了，当然这些销售人员 99% 是兼职的。

● 是否来过中国？是否有来中国的计划？如果客户经常来中国，说明他在中国的业务比较繁忙。另外也可凭此了解客户的行程，促成客户和工厂的互动。

● 目标市场是整个欧洲还是只有比利时？通过这个问题去判断产品未来的销量。比利时人口少，销量不可能太大。

③ 了解客户的文化。

● 除了了解比利时的风土人情，比如啤酒和巧克力，更多地是要了解他们的经济消费水平，特别是客户的消费偏好。

● 客户所在国的特点是什么？比利时是文化气息特别浓厚的地方，当地有非常多的大学，很重视环保，大部分学生都将自行车作为交通工具。当地有着"小威尼斯"的气息，河流穿城而过，古老的街道和建筑别有一番风味。

• 网上的资料可能不是太真实或已过时。这个时候你可以通过 skype 和客户沟通。当然，在沟通之前，我们需要先确认客户是否有时间。其次，你必须找到客户觉得有价值的话题。比如，"你们国家大学很多，非常有文化气息，很喜欢你们这样的国家"，客户可能会说，"是的，我们国家大学确实很多"（如果不是，客户也会告诉你关于他们国家的一些真实信息）。接下来你应该说，"你们有没有专门适合大学生的产品？"如果客户说没有，你应该马上说，"这么大的一个消费群体，你们公司不应该缺失，我们公司有非常适合大学生的产品。"又比如，比利时的啤酒很出名，你可以问客户是不是喜欢体现啤酒特色的产品，从国家文化中挖掘当地消费者的习惯。

④ 分析合作的可能性。

与这个客户合作的可能性是比较大的。他已经认可了我们产品的质量，但是品种非常单一，我们需要将这一个产品作为突破点，寻找更多的合作机会。因为客户有自主品牌，所以合作的方式是帮客户贴牌。

（3）拜访前的准备工作。

① 选出公司的 10 款产品，这些产品必须符合客户网站上中高端的定位。将产品分好类，并做好报价表。报价分两种，一种是裸机价格，另一种是含客户包装的价格（根据客户网站上的彩盒图片进行预估，没法预估的，给客户几种不同的价格选择）。

② 把每个产品的卖点提炼出来，并且给每个产品编一个小故事，装订成宣传册。Homeparty 最重要的是在几分钟内让别人熟悉产品，并且觉得产品有趣、特别，并记住产品。这种推广适合结合简短、有趣的小故事。

③ 让我们的设计师参考客户网站的风格，设计产品宣传海报，并做一些彩盒效果图，将我们的产品融入客户的产品系列中。针对不同档次的产品，客户设计了不同的 LOGO，我们也一定要对应好。

④ 因为客户需要经常将样品给他的客户测试，所以我们提出了提供样品（tester）的想法。客户购买裸机产品，丝印"tester"字样，我们可以提供一点折扣。我们设计了一款符合客户风格的布袋，Homeparty 客户一般都是现场购买，可以直接将产品放包里，也有些客户喜欢用布袋收藏产品。

⑤ 因为 Homeparty 的销售人员通常是拉着箱子推销，所以客户要求我们设计丝印客户 LOGO 的拉杆箱，显示客户公司的正规，也让销售人员有一种归属感、自豪感。拉杆箱不是我们公司的产品，我又找了几家符合客户档次的供应商，询问不同尺寸和不同最小订单量的报价，供客户参考。

⑥ 准备好产品测试报告、证书，现场向客户讲解产品怎么测试，并演示给客户看，展示产品质量。

⑦ 和客户沟通我们的销售策略，比如在德国和其他德语国家他的单品销量超过多少，我们可以给他设计一个功能类似、外形不同的产品，让他们在市场上独一无二、不存在太大的价格竞争等。

（4）拜访后的总结。

① 客户休会到与我的沟通是为了让我们更好地服务他们公司，找到最适合他们的产品。

② 客户觉得我们对 Homeparty 这种特殊形式的理解很到位，为每一个产品赋予一个小故事的想法很好。

③ 有针对性的彩盒、布袋和拉杆箱的设计，融入了私人定制的概念，让客户享受到了五星级的服务。

④ 对产品的品质控制和测试方法的演练，让客户给消费者带去了更多的信心，增强了消费者的购买欲。

⑤ 市场保护措施，避免价格战争，让客户更有安全感，实现利益最大化。

**拜访原因：合作谈判周期太长**

客户经常放假，也经常不回邮件，从最初的邮件沟通到下样品订单的时间有半年。下完样品订单，客户又没有音信了，不管你怎么跟进，客户都不回应，也不告诉你原因。

拜访的好处：把合作周期缩到最短。

拜访的时候，如果你带了足够多的样品，有客户喜欢的，你可以留下一个。

## 📋 案例4-7 总是"消失不见"的西班牙客户

我联系过一个西班牙未合作过的客户，客户会时不时地问下价格，等你追问的时候，客户又消失不见了。通过实地拜访，我才知道真正的原因。当时西班牙整体经济下滑很严重，我联系他的那段时间，他们并没有采购计划。我拜访的时候带了一款新产品，在欧洲其他国家已经卖得很好，西班牙市场还没有真正开始销售。客户发现了这个商机，我留下了这款样品让客户测试，测试合格后，他们以首单1万个的数量拿下了这款产品在西班牙的独家销售权。

**拜访原因：研发和设计不知道市场趋势是什么**

研发和设计人员心里没底，或者是新产品的推广速度太慢，再或者是想降低新产品的风险，快速收到市场反馈。

拜访好处：帮助你们很好地定位新产品的研发方向，第一时间对新品进行改进，降低开模和研发成本。

我们研发一款新产品时，需要给国外客户发样品，看他们是否有什么建议，产品需要改进哪些细节。有时候客户很久都不回，而新产品研发没法一直等下去，小批量出货后，客户又提出产品需要进行哪些改进，那个时候模具已经没办法改动了。

将市场上热卖的产品（包括客户官网上的畅销产品）以及公司近期想要研发的新产品，或者设计师设计好的一些新产品的图纸直接给客户看，他们会当场给出反馈，比如喜欢还是不喜欢、有什么建议。

## 实战案例 4-8　拜访法国老客户

有一次，我们拜访一个法国老客户，把最新的产品手板和新一年可能要研发的新品开发方向和一些图纸展示给了他们的老板、设计师、采购负责人，他们给出了非常有价值的建议。同时，我们也给欧洲几个大的经销商看了新产品的设计图纸和新品手板，汇总了他们的意见。这样研发出来的新产品，市场接受度很高，也省去了很多研发成本。通过面对面和客户交流，可以获得最直接、有效的市场反馈，对新产品更快的改进、避免重新开模的损失有很大作用。

（1）拜访老客户的原因。

① 老客户已经买过你们的产品，他们会给出最直接的市场反馈，包括设计、功能、外观，是否需要改进、市场是否认可。老客户对你有一定的信任，会更加愿意和你分享他们的一些想法。

② 及时解决客户投诉问题，并且能很快达成一致，以免客户对你们公司失去信心。客户投诉问题是每个公司都会遇到的，常常由于在邮件或者电话里说不清，导致耗时很久，客户很不满意。特别是邮件中的一些语气词可能用得不恰当。

③ 了解他们的一些广告投放情况，比如杂志或者展会。

④ 客户虽然答应合作了，但是与他们产品线上的几万个产品相比，你们的产品只是其中很小的一部分。与客户面对面沟通，寻找更多的合作可能性。

⑤ 给新产品找合适的客户。如果你当面和客户谈完，客户确实不喜欢你们的产品，那你要马上找备选客户。

（2）拜访老客户的好处。

① 收集市场信息，反馈给公司研发部门，为将来设计新产品指引方向。

② 能抑制客户对你们印象的恶化，及时解决客户投诉问题，不影响后续订单。

③ 了解客户对你们品牌或者产品的推广做了哪些努力，看是否能给他们相应的支持，也便于你更好地筛选长期合作的战略合作伙伴。比如在法国你有几个客户，你要选定 3 个以内的长期合作客户，这些就是你选择的依据。

④ 很多产品客户根本不清楚功能。虽然你发了很多邮件，但还是会出现客户不知道产品怎么操作，或者完全不知道产品的特别之处在哪里的情况。拜访时当面解释，客户就可能下单，或者客户会直接告诉你，为什么没有下单。原因可能是其他同行的价格更便宜，或者其他同行能给他们提供更好的支持，比如设计了特别的颜色，提供了独家销售权或延长了保修期等。你需要将这些记录下来或者当场给客户一些解决方案。

⑤ 加快新产品的推广速度，让你不至于为了维护长期合作的老客户，而浪费黄金推广时间。

（3）拜访老客户前的准备工作。

① 打印客户和你合作的所有形式发票，你也可以做一份对比表。不同的产品每次的数量都不一样，你可以从这个趋势中找出规律，看哪些产

品的销量在增加，哪些颜色受欢迎，和客户当面探讨有些产品销量增加的原因或者产品销量降低的缘由。

② 客户肯定在邮件里提到过客户投诉问题，你需要针对这个问题进行清晰地解释，有质量问题的产品，需要带改进过的样品给客户，并且列出之前的产品和现在的产品的区别。这种对比，需要出具正式的报告，将电子文档发给客户，他们会发给他们的客户。

③ 列出长期合作客户的指标。当客户投入大量资金去推广你们的产品或者品牌时，你可以提供多少折扣或者广告费是否能分摊，这些取决于客户总的采购量。

④ 除了客户买过的产品，其他的产品全部重新解说一遍，让客户拿样品自己测试，感受产品的卖点。介绍一些其他客户对这款产品的积极反馈，特别是一些能说明这个产品热卖的数据，向其他国家客户推广产品的一些资料，让客户更有信心。

⑤ 新产品的手板或者设计图稿，以及参数和报价表。

（4）怎样跟进老客户？

① 始终保持和客户的紧密联系。通过邮件、电话、skype 与客户沟通，内容可以围绕私人话题、新产品推广、旧产品培训或者公司的新闻、行业动态、订单反馈、客户生日祝福、节日问候。像朋友一样让客户感到温暖、贴心，不能让客户觉得合作了就受冷落。

② 时刻站在客户的角度，帮客户提高利润、降低成本。我们有个美国大客户下了一款产品数量很大的订单，这个法国客户正好也要买这款产品。这个时候你应该通知客户下单，并且给出低一些的价格，告诉客户大批量生产可以降低成本，让客户从中获利。或者刚好有另外一个客户提到他们不买电池了，因为会增加关税，你可以建议这个客户也不要买电池。

③ 帮助客户销售。你帮客户销售就等于帮自己销售。你写的一些推广邮件或者制作得很漂亮的海报，要发给客户，让其发给他的客户，这样可以减少他们的工作量，让他们感受到你们公司周到的服务。另外，你可以用搜索引擎，找他们国家的一些小客户，列出来让客户去联系，并且告诉他们，如果这些客户直接联系你，你会把他们公司的联系方式给对方。还可以问客户主要的销售渠道有哪些，如果客户只做零售（retail），你可以建议客户考虑批发（wholesale），或者告诉他们更多的销售渠道，比如团购、药店等，然后进行协助。

④ 帮助客户提升公司形象。可以给他们的网站设计提一些建议，帮助他们设计展位和海报。客户的形象也是我们公司形象的代表之一。

⑤ 帮客户进行市场分析和清理产品线。如果客户销售的产品太多会严重影响产品的销量，增加库存压力。这个时候你需要对市场发生的变化进行分析，给客户一些数据，让客户明白有些产品应该淘汰。

**拜访原因：合作客户的客户投诉和建议，很难通过邮件或者电话表达清楚**

这些问题客户当面会和你讲得非常清楚，比如在与你合作的过程中出现过的所有问题，并且可以现场给你看实物。

拜访的好处：让客户帮助你们公司提升实力。

把合作客户的投诉问题以图文并茂的方式，连同客户给你的样品，一起给公司的品质、工程部门，让他们改进产品。

### 案例 4-9　拜访波兰"粉丝"客户

（1）怎样定义"粉丝"客户？

这种客户主要是指某个国家的独家代理，他们只卖你们公司的产品，网站注册的是你们公司名字的当地域名，比如"www. 你们公司名字 .pl"。

（2）独家合同。

这相当于给客户吃了一颗"定心丸"。一方面，工厂担心给了客户独家销售权，客户没有拼命卖产品或者没有达到工厂预想的效果，又没办法再卖给其他人，浪费了市场资源；另一方面，客户担心把所有心血花在工厂的品牌上，工厂却将产品卖给他们国家的其他客户。解决这个问题的最好办法就是签订独家代理合同，把双方的要求都写清楚。

（3）什么样的客户适合做"粉丝"客户？

"粉丝"客户必须是新公司，或者说之前是做周边行业的，现在转入我们行业，需要重新做网站、选产品。

我有一个波兰客户是其他行业的，合作初期，我们公司也是新公司，客户公司的经济实力也不是很好，买不起太多的产品，想先拿我们的产品试试，我非常积极和耐心地对客户进行了培训。当你知道客户什么都不了解的时候，尽量把自己当作老师，对他进行培训和引导。就这样，客户一步步和我们公司一起发展，从之前的每次 3 000 美元的订单发展到现在每年 15 万美元的订单。

（4）和客户建立"成员关系"。

为什么说是"成员关系"呢？当客户的网站是你们公司域名的时候，你需要把客户当作公司的一员或者当作公司的分支机构，客户在全心推广你的产品，你需要把公司的所有信息复制一份放到他们网站上。

我每天都和客户保持互动，特别是他们公司刚开始做网站的时候，我恨不得把电脑给他。产品图片、参数、证书、报价表、客户常见问题等都要发给客户，前期阶段，客户几乎天天都有很多问题要问你，不要不耐烦，应该始终有颗感恩的心，明白客户付出那么多努力，是在帮你们公司做品牌推广。

（5）怎样让客户对你像对自己员工一样信任？

这种客户需要业务员给他们很强的信任感，让他觉得踏实、放心，特别是前期，他没有经验，没有依靠，这个时候业务员必须非常专业，随时给出诚恳的建议。

从选产品开始，我就在帮客户分析其他的欧洲客户哪些产品卖得好。从这些产品入手，而不是推荐客户全面上线各类产品，这样风险和资金压力都太大。你应该站在客户的角度去考虑他所要承担的风险和资金压力。另外，前期阶段，我也会在其他客户下单时，让他跟着下单，以解决最小订单量的问题，让他使用空运快递的方式，这样下单更快捷，客户能及时收到市场反馈并进行调整。

（6）变成无话不聊的"闺蜜"。

我一直都希望和客户像"闺蜜"一样无话不谈。这能让工作非常愉悦，客户也感到很轻松，更加乐于和我分享生活和工作上的事情。

我与客户分享了我接到一个美国客户的大订单的事情。这个客户很为我高兴，同时他也看到了希望。我们一起憧憬，将来他做那么大的订单的时候，我们怎么庆祝。平时也会聊美食、旅游，还有工作和生活中开心的事情。渐渐地你和客户的关系就会越来越密切。我去波兰的时候还曾住在客户家里，陪他可爱的女儿一起玩。

（7）业务员是客户的监工。

业务员充当的是客户和工厂之间的桥梁。你为工厂挣钱，同时客户也非常信任你。客户希望你能帮他把关所有问题，特别是质量问题。

客户投诉一款产品出现了质量问题。这个时候你需要快速地回复客户，并且告诉他处理方案，更重要的是你需要强调下次出货之前会亲自重新验货，然后出具一份验货报告，相当于客户委派你做他们的监工，在出货之前验货。这样的好处在于，虽然产品质量出过问题，客户不放心，但你的这种用心，让客户感到多了一层保险。

（8）经常和客户讲公司的前景，让他们充满信心。

每个新公司在成立初期，都会有很多阻力或者困难，特别是在市场上有很强的竞争者或者出现其他更好的产品或者更低的价格时，客户会有些动摇或者担心。

我经常和客户讲我们公司的进步和变化、公司的优势、发展前景，并且经常用一些数据展示公司的产品销量领先于其他公司，让他觉得没有跟错公司。

（9）和客户一起做项目，制订广告投资计划。

很多时候客户需要工厂的一些特殊支持，比如他们为产品做广告，始终觉得是在帮你推广品牌，花太多钱他心里会有点不平衡。这个时候，我们要考虑承担一部分费用。我们会采取订单折扣的形式，折扣不是直接给客户的，而是让客户将这些费用用于广告、参展或者其他的营销推广途径。

我们给这个波兰客户 5% 的折扣，要求其必须用于我们品牌在波兰杂志媒体或者展会的广告投放。我们一起策划展会的海报，哪些产品应该参展、怎么摆放；一起策划团购活动，让客户始终觉得他处在一个大家族中，我们公司的资源他可以随时用。

（10）客户的困难就是你的困难，把客户的公司当作自己的公司。比如我们发现产品的颜色在客户国家不受欢迎，彩盒设计不美观。这个时候你需要很认真地倾听客户的意见，并且去执行。

我去拜访客户的时候，和客户一起走访了他们的客户，特别是一些实体店。他们直接面对消费者，可以给你反馈一些非常有价值的一手信息。我和客户一起收集产品的反馈，一起给出解决方案。

## 拜访原因：维持好长期的合作伙伴关系

和中国一样，国外也很注重关系网，他们也喜欢礼尚往来。见面后形成的那种友谊会让你们以后的合作顺畅很多，他们会优先选择你作为长期合作的供应商。

拜访好处：建立相互信任。

关系好的客户会更愿意和你交流，最重要的是，你面谈时候的专业度，如果让客户感到佩服，以后合作，你的主动权就会多很多。

## 案例 4-10　拜访在美国拥有 600 多家实体店的客户

线下实体店客户也是常见的一种客户类型。这种客户和线上客户或者经销商客户有显著的不同。去拜访这种类型的客户应该注意些什么？怎么做好准备工作？下面我将通过我拜访在美国拥有 600 多家连锁实体店的客户的经历，来回答以上问题。

（1）客户来源。

这个客户之前是我的一个同事在跟进，她离职后由我接手。根据资料上的备注，客户有 600 多家连锁实体店，两年前来过我们工厂，但是没有合作成功。当你开始跟进一个新客户时，不管之前的业务员是怎样跟进的，你都需要重新定位。她没有拿下，不表示这个客户一定不会和我们合作。

（2）客户分析。

这种客户我们没有道理不合作，相反，连锁实体店的客户是我们最应该去合作的客户。他们对市场没有太大冲击，因为有昂贵的店租作为基础，所以产品价格也不会太低。参观过我们工厂的对口客户，大部分都是非常满意的，我们工厂从设计、研发、生产、开模、贴片都是"一条龙"完成的，在行业内非常有实力。那么为什么这个客户没有跟我们合作呢？我只有找出理由，才能对症下药。我把同事与客户的往来邮件全部看了一遍，发现联系地址有深圳办事处。于是，我发邮件告知客户我是负责他们市场的销售经理，把我们公司最新彩页的电子文档发过去，希望约时间面谈。发完邮件半小时后，我给对方打了电话，询问当时没有合作的原因。

（3）客户提到的几个原因。

① 付款方式。他们公司货上船后付全款，而我们公司要求付 30% 订金。我们公司的部分产品在美国有独家代理权，没办法销售给其他客户。

② 价格太贵。

针对客户提到的问题，我马上进行分析，把客户公司的官网看了一遍，查海关数据看他们的出口情况，和老板汇报这个客户的情况。之后，我们的结论如下：

① 我们同意他们的付款方式。首次合作我们会扣取正本提单，收到款后放货，并且需要签订合同。

② 如果他们需要，我们第二天会把最新的产品彩页快递到深圳办事处和他们的美国办公室，邮件附件是美国可销售产品清单。

③ 请他们选出感兴趣的产品，由我们财务重新核算。很多产品大批量生产时，成本下降，单价也有调整。

过了两天，客户没有回复，我发了一封邮件给他们美国总部的相关负责人，抄送他们国内负责人。这种客户需要美国总部拍板。

在邮件中，我表达了以下几点：

① 同意他们的付款方式。

② 展现我们公司实力的提升。客户是两年前拜访的我们，我列举了这两年我们公司发生的变化，比如我们成立了自己的实验室，对产品品质的控制更加严格；增加了很多设备，附上产量的提升对比表、产品彩页的电子文档和最新的热卖产品价格表。

③ 告知我们 1 月（和客户联系时是 12 月）会去美国，希望能拜访他们，面对面谈一次。我发完邮件，算好时差，给客户打电话，确认他们已经收到。

后来，客户在邮件回复中要求我们填写他们公司的合同和其他的资料。我知道机会来了。客户不会无缘无故让你填写资料。我开始协调助理翻译资料，在两天内把所有资料填好发给客户，客户确认后，我们快递原件给他们，就这样搞定了文件资料。

客户同意我们去拜访他们。拜访之前我没有打电话通知他们深圳办公室，这是一个错误的决定。我们以为合同签了，没有什么不知道的细节了，就等着和客户面谈，之后就可以开始后续的合作。后来客户贴纸（sticker）要定制，下单需要用电子数据交换系统（EDI），必须给免费样品拍照，这些我们事先都不知道，而客户以为我们已经和深圳办公室沟通过，面谈时也没有再与我们沟通这些细节，以至于下单确认后我们才发现这些问题。所以，如果客户在我国设有办公室，我们一定要虚心向他们请教合作的全部流程和需要注意的事项，他们一般都会告诉你。

（4）拜访前的准备工作。

① 去客户公司之前，我提前两天走访了他们的实体店，考察他们的风格、档次定位、消费群体定位和我们产品可能摆放的位置，哪些地方适合推广我们的产品。我发现他们收银台的周围会摆放一些小东西，这个位

置正适合我们的一款产品。另外，他们自己的彩盒是否有挂钩，彩盒风格和系列怎么划分，这些都需要拍照，这些信息能帮助我们定位哪些产品应该放在他们的哪个系列里。

② 根据实体店拜访的情况更新 PPT 内容。通知设计部做一些效果图，制作符合客户风格的包装盒。考虑到我们产品在他们店的摆放位置，告知对方我们可以帮忙设计一些海报，提供产品展示架和免费样品。

③ 买一两个客户的样品进行质量测试，了解他们对品质的要求，同时也为彩盒留样。需要特别注意，实体店会直接在彩盒上标注价格，条形码必须清晰、易于扫描。

（5）拜访过程中拿下客户的细节。

① 见到客户的时候，他们来了 6 个人。换名片的时候，你需要查看客户职位，盯准采购负责人和老板。你不能同时和 6 个人讲话，但是声音需要足够洪亮，让所有人都能听到，并且要有停顿，给他们机会提问或者相互讨论。

② 去客户公司，最让我惊讶的是，他们前台旁边的墙上展示的公司的文化、发展历史、一些重大事件和主要人物、销售精英排名。我和客户一起在前台合了影。这些都是证明我们合作关系的很好素材。

③ 客户当场选定了产品，我马上安排快递样品，客户对我们的高效和配合程度非常满意。

（6）客户最后与我们合作的原因。

① 我们搞清楚客户之前没有与我们合作的原因，对应给出了令客户满意的解决方案。

② 高效的配合。大公司的操作流程都比较复杂，特别是他们需要你提供一些资料，签订合同时，你要积极配合。

③ 提前走访他们的实体店，知道客户的需求，有针对性地推荐产品，让客户觉得我们非常清楚他们的定位，满足了他们的需求。

刻意
练习

对所有老客户进行总结。看老客户的流失率，分析在跟进老客户的过程中有哪些心得体会，在部门内部进行分享。看长期合作的老客户具有哪些共性，又是因为什么如此稳定，找出与老客户深度合作的秘籍。

## 拜访前准备

本节以 XMind 导图来呈现（见拉页）。

作为一个业务员，我们首要的目标是拿订单，实现销售目标。与此同时，我们需要更多地站在公司的角度去思考问题，我们是代表公司跟客户去谈判的，不能盲目地答应客户所有的要求，否则，将会失信于客户或让公司陷入危机。

某个地区或国家的一线品牌客户都具有排他性。我们在与此类客户合作的时候，需要考虑产品是否包销、系列产品的延伸性、各个客户的市场份额分配、公司资金的占用比例、风险控制等问题。下面我将重点分享拜访伊朗一线品牌客户的情况。

### 实战案列 4-11  拜访伊朗一线品牌客户

L 公司在伊朗非常有名，销售的产品属于中高端，在伊朗各地都有自己的门店，可以说是当地的标杆性企业。能够跟 L 公司合作，对于我们打开伊朗市场有非常大的促进作用。

（1）客户来源。

我们针对伊朗市场设计了一款非常独特的产品，它跟当地市场销售的产品有非常大的区别。在设计产品的同时，我们进行了市场调研，分析伊

# 拜访客户的准备工作

- **拜访目的**
  - 老客户：深度合作、扩充合作品类、增加合作金额、建立长期战略合作伙伴关系
  - 新客户：
    - 扩充新市场、进行市场调研、以便制定清晰的市场营销策略
    - 解决客户投诉问题
    - 收集新品的市场反馈
    - 重点跟进客户、了解客户面谈真正需求、建立信任关系
  - 长期合作的老客户

- **客户筛选**
  - 合作过1次或未下过样品订单的客户
  - 未合作过的重点跟进客户，已经完成前期探讨，进入合作谈判阶段
  - 客户希望一起开拓新市场、未合作过、已经合作前期讨论，进入合作谈判阶段
  - 在公司产品热销市场、不同经销商需筛选最终批发代理商

- **路线规划**
  - 按照国家进行规划、规划最省时、最省钱的路线
  - 按照老顾客的重要程度，规划拜访的优先次序
  - 参展时，在展会前后拜访客户
  - 按市场的重要程度，优先拜访公司热销区域或急需开拓新市场的区域

- **预约时间**
  - 原则：最少提前3个月预约
  - 电话、邮件预约，先预约时间段，再综合各个客户确定具体时间
  - 需要提前和客户确认会面时间长和讨论的具体内容

- **办理Visa**
  - 提前3个月办理签证、按照大使馆官网的要求准备好所有资料
  - 去多个国家时，一定要搞清楚是否需要办理多个签证、特别是英国不是申根国家、去法国和英国需要办理两个签证
  - 复印3份护照页第一页和签证页以及签名页、带两张护照照片、以备护照丢失补办
  - 记好中国驻国外大使馆的地址和联系方式、便于补办护照或者求助

- **预订机票**
  - 预订能改签的机票，以免行程有变
  - 核实是否可以开增值税发票、使用对公账户付款、方便公司做账和报销
  - 核实能托运的和手提的行李重量、行李箱尺寸规定

- **酒店**
  - 在Airbnb、携程、Booking上提前一个月预订、看清楚单人床、双人床、是否含早餐、有无WiFi、是否可以退签或者改签

朗市场一线品牌的构成，发现除了 L 公司之外，还有几家跟 L 公司体量差不多的公司，是 L 公司的竞争对手。也就是说，如果我们的产品有足够的吸引力和独特性，我们不仅可以跟 L 公司合作，也可以与 L 公司的竞争对手合作。

在某次展会之前，我们通过邮件跟 L 公司联系，提及我们公司有新产品在推广，其区别于伊朗市场上现有的产品。如果对方有兴趣的话，我们可以在展位上提供一些资料，为了保密，这个产品不会在展位上公开展示。考虑到客户在当地有一定影响力，我们会将新产品首先提供给其参考，如果客户没有兴趣，我们再提供给其他公司。

此邮件表达的意思有两个：第一，我们尊重客户在当地的地位，把新设计的产品首先提供给他们，表达我们合作的诚意；第二，如果客户对这个产品不感兴趣，我们将介绍给他们的竞争对手。客户回复邮件说会到展位看我们的产品介绍。在展位上，我们只在电脑上简单展示了一下产品的图片和功能，然后邀请客户在展会结束之后到我们公司参观和详细了解产品。在参观了我们公司，了解了产品之后，客户很满意，当场表示会采购这个产品，也提出了包销的要求。

（2）拜访的目的。

在产品推出市场之前，我们到当地拜访过客户，主要讨论的是产品的检测标准和质量要求。

在跟客户合作了 1 年之后，客户的订单量稳步上升，我们公司的产品质量和服务也得到了客户的认可。然而，当得知当地有不稳定情况的时候，我们不得不考虑再次评估伊朗市场的风险控制问题。这时拜访的目的是探讨将来如何平稳地、长远地合作。我们谈论了以下几个方面的问题。

① 新产品：为了与一线品牌客户长期合作，不断推出新产品是非常重要的。客户为了维护自己的市场地位，需要有自己风格的产品和经营策

略，所以会对独特的新产品非常感兴趣。

拜访 L 公司的时候，我们提出了几种产品设计方案，大部分都被否定了。与此同时，L 公司提供了一些他们对新产品的想法。在这个过程中，我们可以不断地了解市场的动向，同时也可以让我们获得有关新材料或新技术的想法。

② 订单计划：除了总结过去一年计划的准确性，同时还需要客户提供产品新一年的年度采购量计划。一方面，我们可以有计划地采购原材料，控制材料成本，另一方面，我们可以评估客户的销售计划，以便根据客户采购周期的波动性做出相应的调整，以免影响客户的销售活动。

我们在订单计划分析中，发现 L 公司的某个我们认为不热销的产品类别的订单量有很明显的增长。我们通过沟通发现，L 公司将重点推此类产品。这给了我们一个信息，市场上其他客户会跟着大品牌的风向走。所以，我们一方面给 L 公司准备产品，另一方面可以重点去研究此类产品，在 L 公司推出市场之后，衍生更多的产品推给其他的二三线客户。

③ 风险控制：伊朗的市场风险相对于欧美地区要大一些。因为不可抗力而产生的坏账，需要评估公司是否可以承担得起。在拜访客户之前，我们根据自己公司的情况，计算出可以接受的最大订单额度。因为这个客户采用发货后 60 天付款（O/A 60 days）的方式结算，所以在计算过程中需要考虑从原材料采购到结算日的总资金量。

跟一线品牌的客户合作，除了前期要花费大量的人力、物力之外，在开始合作后，我们需要时刻注意客户和当地市场的动向。有些风险不是由客户单方面产生的，而是由不可抗力因素产生的。我们要在合作的过程中随时评估自己公司的风险承受能力，以免造成不可挽救的情况。

④ 资金周转压力评估：上述提到 L 公司的支付方式是发货后 60 天付款。从采购原材料开始，到生产出货需要 1 个月，再加上 60 天的赊账期，

实际资金周转时间会超过 90 天。如果在第一个订单货款结算日之前产生第二个或第三个订单，需要周转的资金就更多了。所以在跟客户谈及订单周期的时候，需要清楚自己公司可以接受的资金周转压力。

在拜访 L 公司的时候，我们表示希望跟 L 公司平稳地合作，同时也表示因为远期结算的问题，我们承受着一定的资金周转压力，为了能够长期保持公司的健康发展，我们宁愿放慢发展速度，也不希望资金链断裂。L 公司对于我们的坦诚非常满意，并且表示如果我们有困难的话，可以提出要求，共同商量。

⑤ 如何加深合作：跟大客户合作的好处是非常明显的，但是另一方面大客户终止合作的时候，我们需要考虑如何消化为客户定做的材料的库存。例如 L 公司的产品中有一种材料占用的订购资金非常多，并且只有 L 公司在使用。所以我们需要跟 L 公司谈判，让 L 公司负担一定的资金用于购买此种原材料，这样做是为了当 L 公司终止合作时，双方共同承担责任和风险。另外需要谈判的是，在开发新产品的时候，要由双方共同投入，不应由你公司单方面投入，这样也可以降低双方的开发风险，表明合作的诚意。

**刻意练习**

1. 如果是你去拜访以上案例中的客户，你会做哪些准备工作？

2. 找外贸部门的同事进行"角色扮演"，模拟拜访过程中的谈判。

## 出国常识

2008 年至今，我每年大概出国出差 4 次以上（参展或者拜访客户），去过很多欧美国家。在这个过程中也经常遇到一些困难或者突发状况，所以，在这一节想汇总一些出国常识，希望对读者有用。

## 信用卡

国外几乎都使用信用卡，很多时候你给现金他们不要。因为是出差，所以我会用公司财务的信用卡，回国后方便报销。但在入住酒店时要注意，使用信用卡付款要签字，你的护照名字和付款信用卡名字不一致会有麻烦，这时建议用自己的信用卡。

在境外购物时能刷卡尽量刷卡，不到万不得已不要用现金。一是因为携带大量现金既不安全也很不方便。我国规定，一般居民不可以携带多于 5 000 美元现金出境，否则，出境时被查出来会引起很多麻烦。二是，用信用卡在境外提取现金，一般都按 3% 收取手续费，而且还按日收取高额利息，很不划算。

## 货币

你去欧洲肯定带欧元，去美国带美元，能用信用卡的时候用信用卡。值得注意的是：去欧洲你最好兑换几个硬币。在德国机场，你必须投 1 欧元硬币才能借用自助推车。

## 衣服

不能完全相信天气预报，你应该做好两手准备。夏天和冬天的衣服都要带，很多时候早晚温差比较大。雨伞也一定要带，要放在托运的行李箱里，雨伞很容易被认为是凶器，放手提行李里每次都要拿出来检查。

 **饮食**

这是很多中国人出差时最难适应的。我爱吃辣的，每次出差都少不了"老干妈"（一定要托运）。如果行李有空间可以带几包泡面或者小菜，在你吃了太多外国东西没味口的时候，那将是人间美味。和国外客户出去吃饭是比较痛苦的，很多菜的名称我根本看不懂，也没有图片，我点过很多奇怪的东西。客户请吃饭，你却没有吃完，他会过意不去。比较保险的做法是：点中国人都能吃得下的菜——牛排、羊排，但是做法和国内有区别，在国内，牛排我一般要七分熟，而在国外我一般要五分熟，七分熟太老；火鸡一般都是烤的，配一些薯条什么的；可以点披萨或者意大利面，千万别点通心粉，那个很多人受不了的。另外，国外有很多唐人街（China Town），但是那里的中国菜会根据当地的口味调整，辣的菜普遍是微辣带点甜。

如果当地蔬菜少（例如中东的沙漠地区），可以通过多喝果汁或多吃水果补充维生素。

**签证**

申根签证包含以下国家：奥地利、比利时、丹麦、芬兰、法国、德国、冰岛、意大利、希腊、卢森堡、荷兰、挪威、葡萄牙、西班牙、瑞典、匈牙利、捷克、斯洛伐克、斯洛文尼亚、波兰、爱沙尼亚、拉脱维亚、立陶宛、马耳他、瑞士和列支敦士登。一定要注意，英国不是申根国家。

签证除了有效期、停留期之外，还规定了有效次数。一般分为一次、两次和多次有效签证等。签证的有效次数是指该签证在有效期内，可以使用的次数。两次有效签证，即在签证有效期内可以使用两次。

如果你办理的是一次有效签证，在机场安检后，就不能再出来了。我曾经从德国到法国转机去我国香港，但是因为从德国到法国的飞机晚点，我们没有赶上回我国香港的飞机，而我办的是一次有效签证，只能在机场待着。我有朋友曾经在机场办理退税走错了通道，因持有的是一次性签证，而不能回去重新办理退税，所以一定要先问清楚退税的路径。

## 关于机场和航班

### 机场退税问题

我们在国外买东西可以退税，你付款的时候拿好退税单，机场有专门退税的地方，退税比例一般是 10%~20%。

### 每个国家的机场对行李箱的尺寸和重量都有不同的要求

有一次，我的行李在法国机场没有问题，到西班牙的时候就被指超重了，后来又急急忙忙办理托运手续。西班牙的手提行李，不论大小都算一件，我当时拿了一个背包和一个手提包，被认为是两件行李，不能登机。后来我就让前面的人帮我提了1件。这个时候你要很礼貌地说我来自中国，第一次来不知道行李要求，请他帮忙提一件行李，他们一般会很友好地帮你的忙。

所以，买机票要看清楚或者查清楚规定，免得急急忙忙导致误机。

### 飞机延误险

经常坐飞机的，需要考虑买飞机延误险，飞机延误很长时间可以索赔。

### 坐国际航班不用托运充电宝

（1）电池（移动电源）理论上不能托运，只能随身携带；

（2）每人随身携带的充电宝单个容量（不是总容量）不能超过 160Wh（瓦时）；

（3）充电宝总容量不超过 100Wh 不需要报备，超过 100Wh 小于 160Wh 需要跟航空公司报备，登记的乘客每人携带的充电宝的个数不能超过两个。安检时，随身携带的充电宝需要从包里拿出来，单独过安检，就跟携带笔记本电脑以及相机一样。

**国外机票，一般单程的比往返的更贵**

**重要的个人物品和急需用品一定要放在手提行李里**

托运行李可能丢失。另外，托运行李最好贴上标签，写上个人姓名、联系方式，这样方便查找，也方便在提取行李的时候进行快速识别。

**注意航班使用的时间**

航班上使用的时间都是当地时间，出发时间是出发地当地时间，到达时间是目的地当地的时间。需要注意凌晨的航班，例如，出发时间是 5 日凌晨 1：30，需要我们 4 日晚上到达机场。

## 转换插头

一定要带一个万能转化插头，不同国家的插头都不一样。

## 酒店

第一次出国我什么洗漱用品都没带，国内酒店什么都有，比如牙膏、毛巾、拖鞋，但是国外的酒店什么都没有。他们认为这些是个人用品，而且出于环保要求，需要你自己带好。

需要了解的几个问题：

（1）酒店名片：外出时随身携带酒店名片，以免你出去以后找不回酒店。

（2）当地地图：最重要的是铁路、轻轨线路图。欧洲的交通非常发达，买票之前问下前台，有没有一周的套票或单日票。

（3）出租车电话：因为国外不像中国，你不能在路上打车，必须打电话预约，所以你最好在酒店问好电话号码。

（4）Wi-Fi 和早餐：大部分国家的酒店都有免费 Wi-Fi，房费含早餐，当然也有收费的，预订酒店的时候需要看清楚。特别是在西班牙，酒店的 Wi-Fi 经常断线，网络比较差。出国前办理好手机漫游或者可以租用境外 Wi-Fi，正常来说 30 元 1 天，不同国家收费标准不太一样。

（5）小费：国外酒店帮你提行李是要小费的，另外，你每天起床必须放一点小费在枕头上。

（6）问路：你要去附近的商场或者药店，都可以问酒店前台，要求他们查好路线，打印出来。一定要问营业时间，国外的商店一般晚上 6 点就下班了，特别是在欧洲，周六和周日很多店不开门，也有些购物中心会在周末开门并且营业到晚上 10 点左右。美国的 CVS 药店（美国零售药店巨头）有很多是 24 小时营业的。

（7）如果是为了省钱，最好住经济型连锁酒店，比如假日酒店（Holiday In）、宜必思酒店（IBIS）、爱彼迎（Airbnb）、青年旅社等，一般来说，国外酒店房间是双人床的比是单人床的价格更便宜。

（8）时差的原因，睡觉时记得开飞行模式，以免被国内的骚扰电话吵醒。除了自己设闹钟外，还可以和前台预订免费的叫醒服务（Morning call）。

## 找路

国外机场或者火车站都有 Info 标识，即咨询台，你可以去找他们问路，也可以随时问路边的人，99% 的人会帮助你。当然，在德国你也会遇到不会说英语的人，但是他们很热心，我曾经碰到过不知道路线，打电话到处帮我们找路的热心人，也曾遇到好心人免费送我们。在国内，几乎没有人敢坐免费的顺风车，在国外，只要你谨慎观察之后发现没有太大问题就可以，比如司机比较年长，看着比较诚恳，或者两夫妻，有小孩的那种。当然也需要谨慎，安全第一。

## 出租车

一定要预约，而且上去后必须管司机要名片，万一忘记拿行李可以联系双方。我们之前在英国，下车忘记拿手提电脑了，还好拿了司机名片，联系后，司机马上免费送过来，还一直道歉说当时没有提醒我们拿行李。

## 车票

在德国坐地铁，我们不知道上车之前需要自己去打孔验票，结果遇到便衣警察查票，被罚了 40 欧元。欧洲很多公共交通工具都是无人售票的，一定要问清楚是否要验票，看清楚票的有效期。

## 接送

女生单独去国外拜访客户，我一开始以为客户会像我们中国人一样热情，安排车接送，特别是有些客户是和我们关系比较好的、合作过的老客户，结果很失望。他们确实会来接你，但是谈完事情，他们会告诉你，出租车已经在楼下等你了，而且大部分公司会让你自己负担出租车费用。欧洲和美国的出租车费用都比较贵，1 小时 150 美元左右。

## 护照丢失

有一次，在德国的展会上，我的包不见了。我马上去展馆负责人那里报警，然后去厕所和展馆附近找，但是没有找到。后来是好心人捡到包送到了警察局，警察在包里看到酒店名片，送到了我所在的酒店。

这么多年我出差过 20~30 次，从来没有遇到过这种问题，也一直觉得发达国家不会有小偷。经过那次的事情我发现无论在哪里都要小心。护照放在酒店更安全。可以在护照封面上贴一个标签，标注联系电话和地址，万一丢失，别人捡到能联系上你。出国之前必须复印 3 份护照的首页和签证页以及最后的签名页，备两张护照照片，而且丢失之后必须马上报警，需要警察局出一个证明，而且要清楚中国大使馆的地址。

## 时差

倒时差对大部分人来说是很痛苦的事情。我通常的做法是，一上飞机就把手表的时间调成目的地时间。飞机上的服务是按照目的地时间来提供的，可以根据飞机上的餐饮服务时间来调节自己的生物钟。光线也会影响生物钟，建议在长途飞行时戴上眼罩，也可以戴上耳机避免机舱内的声音影响自己休息。到达目的地之后，也要按照当地的作息时间来调整，不要以国内的作息时间来安排活动。

## 生病（以下仅以作者本人的情况为例，供参考）

出差在外最怕生病。除了带一些常用药，如感冒药、退烧药、肠胃药之外，还可以在生病时采取一些简单的措施来减缓症状。

感冒：感冒的征兆是浑身无力、头痛或关节痛。这个时候可以在洗澡的时候用稍热的水长时间淋浴（如果有浴缸可以泡澡，注意浴室通风）。补充维生素 C，例如吃橙子、柠檬，用热水把橙子、柠檬加热后吃掉，如果有条件的话可以加点盐。

发烧：到餐厅找一些冰块做成冰袋，放在腋下和腹股沟等有大动脉的位置，帮助散热，同时补充大量的水分。也可以在浴室中，用冷水弄湿毛巾，从小腿包到膝盖。

拉肚子：少吃难消化的东西，例如高脂肪、高热量的食物。有条件就喝点淡盐水。

偏头痛：太累引起的偏头痛，根据个人情况可以饮适量的咖啡、可乐、茶。

如果严重，一定要向医院或酒店求助。

# 书目介绍

| 书名 | 作者 | 定价 | 书号 | 出版时间 |
|---|---|---|---|---|
| 3. 巧用外贸邮件拿订单 | 刘裕 | 45.00 元 | 978-7-80165-966-8 | 2013 年 8 月第 1 版 |

### 📖 国际物流操作子系列

| 书名 | 作者 | 定价 | 书号 | 出版时间 |
|---|---|---|---|---|
| 1. 货代高手教你做货代 ——优秀货代笔记(第二版) | 何银星 | 33.00 元 | 978-7-5175-0003-2 | 2014 年 2 月第 2 版 |
| 2. 国际物流操作风险防范 ——技巧·案例分析 | 孙家庆 | 32.00 元 | 978-7-80165-577-6 | 2009 年 4 月第 1 版 |

### 📖 通关实务子系列

| 书名 | 作者 | 定价 | 书号 | 出版时间 |
|---|---|---|---|---|
| 1. 外贸企业轻松应对海关估价 | 熊 斌 赖 芸 王卫宁 | 35.00 元 | 978-7-80165-895-1 | 2012 年 9 月第 1 版 |
| 2. 报关实务一本通(第二版) | 苏州工业园区海关 | 35.00 元 | 978-7-80165-889-0 | 2012 年 8 月第 2 版 |
| 3. 如何通过原产地证尽享关税优惠 | 南京出入境检验检疫局 | 50.00 元 | 978-7-80165-614-8 | 2009 年 4 月第 3 版 |

### 📖 彻底搞懂子系列

| 书名 | 作者 | 定价 | 书号 | 出版时间 |
|---|---|---|---|---|
| 1. 彻底搞懂信用证(第三版) | 王腾 曹红波 | 55.00 元 | 978-7-5175-0264-7 | 2018 年 5 月第 3 版 |
| 2. 彻底搞懂关税(第二版) | 孙金彦 | 43.00 元 | 978-7-5175-0172-5 | 2017 年 1 月第 2 版 |
| 3. 彻底搞懂提单(第二版) | 张敏 张鹏飞 | 38.00 元 | 978-7-5175-0164-0 | 2016 年 12 月第 2 版 |
| 4. 彻底搞懂中国自由贸易区优惠 | 刘德标 祖月 | 34.00 元 | 978-7-80165-762-6 | 2010 年 8 月第 1 版 |
| 5. 彻底搞懂贸易术语 | 陈岩 | 33.00 元 | 978-7-80165-719-0 | 2010 年 2 月第 1 版 |
| 6. 彻底搞懂海运航线 | 唐丽敏 | 25.00 元 | 978-7-80165-644-5 | 2009 年 7 月第 1 版 |

### 📖 外贸英语实战子系列

| 书名 | 作者 | 定价 | 书号 | 出版时间 |
|---|---|---|---|---|
| 1. 让外贸邮件说话——读懂客户心理的分析术 | 蔡泽民(Chris) | 38.00 元 | 978-7-5175-0167-1 | 2016 年 12 月第 1 版 |
| 2. 十天搞定外贸函电 | 毅冰 | 38.00 元 | 978-7-80165-898-2 | 2012 年 10 月第 1 版 |
| 3. 外贸高手的口语秘籍 | 李凤 | 35.00 元 | 978-7-80165-838-8 | 2012 年 2 月第 1 版 |
| 4. 外贸英语函电实战 | 梁金水 | 25.00 元 | 978-7-80165-705-3 | 2010 年 1 月第 1 版 |
| 5. 外贸英语口语一本通 | 刘新法 | 29.00 元 | 978-7-80165-537-0 | 2008 年 8 月第 1 版 |

### 📖 外贸谈判子系列

| 书名 | 作者 | 定价 | 书号 | 出版时间 |
|---|---|---|---|---|
| 1. 外贸英语谈判实战 (第二版) | 王慧 仲颖 | 38.00 元 | 978-7-5175-0111-4 | 2016 年 3 月第 2 版 |
| 2. 外贸谈判策略与技巧 | 赵立民 | 26.00 元 | 978-7-80165-645-2 | 2009 年 7 月第 1 版 |

### 📖 国际商务往来子系列

| 书名 | 作者 | 定价 | 书号 | 出版时间 |
|---|---|---|---|---|
| 国际商务礼仪大讲堂 | 李嘉珊 | 26.00 元 | 978-7-80165-640-7 | 2009 年 12 月第 1 版 |

| 书名 | 作者 | 定价 | 书号 | 出版时间 |
|---|---|---|---|---|

### 📖 贸易展会子系列

| 外贸参展全攻略——如何有效参加 **B2B** 贸易商展(第三版) | 钟景松 | 38.00 元 | 978-7-5175-0076-6 | 2015 年 8 月第 3 版 |
|---|---|---|---|---|

### 📖 区域市场开发子系列

| 中东市场开发实战 | 刘军 沈一强 | 28.00 元 | 978-7-80165-650-6 | 2009 年 9 月第 1 版 |
|---|---|---|---|---|

### 📖 加工贸易操作子系列

| 1. 加工贸易实务操作与技巧 | 熊 斌 | 35.00 元 | 978-7-80165-809-8 | 2011 年 4 月第 1 版 |
|---|---|---|---|---|
| 2. 加工贸易达人速成<br>——操作案例与技巧 | 陈秋霞 | 28.00 元 | 978-7-80165-891-3 | 2012 年 7 月第 1 版 |

### 📖 乐税子系列

| 1. 外贸企业免抵退税实务<br>——经验·技巧分享 | 徐玉树 罗玉芳 | 45.00 元 | 978-7-5175-0135-0 | 2016 年 6 月第 1 版 |
|---|---|---|---|---|
| 2. 外贸会计账务处理实务<br>——经验·技巧分享 | 徐玉树 | 38.00 元 | 978-7-80165-958-3 | 2013 年 8 月第 1 版 |
| 3. 生产企业免抵退税实务<br>——经验·技巧分享(第二版) | 徐玉树 | 42.00 元 | 978-7-80165-936-1 | 2013 年 2 月第 2 版 |
| 4. 外贸企业出口退(免)税常见错误解析 **100** 例 | 周朝勇 | 49.80 元 | 978-7-80165-933-0 | 2013 年 2 月第 1 版 |
| 5. 生产企业出口退(免)税常见错误解析 **115** 例 | 周朝勇 | 49.80 元 | 978-7-80165-901-9 | 2013 年 1 月第 1 版 |
| 6. 外汇核销指南 | 陈文培等 | 22.00 元 | 978-7-80165-824-1 | 2011 年 8 月第 1 版 |
| 7. 外贸企业出口退税操作手册 | 中国出口退税咨询网 | 42.00 元 | 978-7-80165-818-0 | 2011 年 5 月第 1 版 |
| 8. 生产企业免抵退税从入门到精通 | 中国出口退税咨询网 | 98.00 元 | 978-7-80165-695-7 | 2010 年 1 月第 1 版 |
| 9. 出口涉税会计实务精要(《外贸会计实务精要》第二版) | 龙博客工作室 | 32.00 元 | 978 7 80165 660 5 | 2009 年 9 月第 2 版 |

### 📖 专业报告子系列

| 1. 国际工程风险管理 | 张 燎 | 1980.00 元 | 978-7-80165-708-4 | 2010 年 1 月第 1 版 |
|---|---|---|---|---|
| 2. 涉外型企业海关事务风险管理报告 | 《涉外型企业海关事务风险管理报告》研究小组 | 1980.00 元 | 978-7-80165-666-7 | 2009 年 10 月第 1 版 |

### 📖 外贸企业管理子系列

| 1. 外贸经理人的 MBA | 毅 冰 | 55.00 元 | 978-7-5175-0305-7 | 2018 年 10 月第 1 版 |
|---|---|---|---|---|
| 2. 小企业做大外贸的制胜法则——职业外贸经理人带队伍手记 | 胡伟锋 | 35.00 元 | 978-7-5175-0071-1 | 2015 年 7 月第 1 版 |
| 3. 小企业做大外贸的四项修炼 | 胡伟锋 | 26.00 元 | 978-7-80165-673-5 | 2010 年 1 月第 1 版 |

| 书名 | 作者 | 定价 | 书号 | 出版时间 |
|---|---|---|---|---|

📖 国际贸易金融子系列

| | | | | |
|---|---|---|---|---|
| 1. 国际结算单证热点疑义相与析 | 天九湾贸易金融研究汇 | 55.00 元 | 978-7-5175-0292-0 | 2018 年 9 月第 1 版 |
| 2. 国际结算与贸易融资实务（第二版） | 李华根 | 55.00 元 | 978-7-5175-0252-4 | 2018 年 3 月第 1 版 |
| 3. 信用证风险防范与纠纷处理技巧 | 李道金 | 45.00 元 | 978-7-5175-0079-7 | 2015 年 10 月第 1 版 |
| 4. 国际贸易金融服务全程通（第二版） | 郭党怀 张丽君 张贝 | 43.00 元 | 978-7-80165-864-7 | 2012 年 1 月第 2 版 |
| 5. 国际结算与贸易融资实务 | 李华根 | 42.00 元 | 978-7-80165-847-0 | 2011 年 12 月第 1 版 |

📖 毅冰谈外贸子系列

| | | | | |
|---|---|---|---|---|
| 毅冰私房英语书 ——七天秀出外贸口语 | 毅 冰 | 35.00 元 | 978-7-80165-965-1 | 2013 年 9 月第 1 版 |

## "创新型"跨境电商实训教材

| | | | | |
|---|---|---|---|---|
| 跨境电子商务概论与实践 | 冯晓宁 | 48.00 元 | 978-7-5175-0313-2 | 2019 年 1 月第 1 版 |

## "实用型"报关与国际货运专业教材

| | | | | |
|---|---|---|---|---|
| 1. 集装箱班轮运输与管理实务 | 林益松 | 48.00 元 | 978-7-5175-0339-2 | 2019 年 3 月第 1 版 |
| 2. 航空货运代理实务(第二版) | 杨鹏强 | 55.00 元 | 978-7-5175-0336-1 | 2019 年 1 月第 2 版 |
| 3. 进出口商品归类实务（第三版） | 林 青 | 48.00 元 | 978-7-5175-0251-7 | 2018 年 3 月第 3 版 |
| 4. e 时代报关实务 | 王 云 | 40.00 元 | 978-7-5175-0142-8 | 2016 年 6 月第 1 版 |
| 5. 供应链管理实务 | 张远昌 | 48.00 元 | 978-7-5175-0051-3 | 2015 年 4 月第 1 版 |
| 6. 电子口岸实务(第二版) | 林 青 | 35.00 元 | 978-7-5175-0027-8 | 2014 年 6 月第 2 版 |
| 7. 报检实务(第二版) | 孔德民 | 38.00 元 | 978-7-80165-999-6 | 2014 年 3 月第 2 版 |
| 8. 现代关税实务(第二版) | 李 齐 | 35.00 元 | 978-7-80165-862-3 | 2012 年 1 月第 2 版 |
| 9. 国际贸易单证实务(第二版) | 丁行政 | 45.00 元 | 978-7-80165-855-5 | 2012 年 1 月第 2 版 |
| 10. 报关实务(第三版) | 杨鹏强 | 45.00 元 | 978-7-80165-825-8 | 2011 年 9 月第 3 版 |
| 11. 海关概论(第二版) | 王意家 | 36.00 元 | 978-7-80165-805-0 | 2011 年 4 月第 2 版 |
| 12. 国际货运代理操作实务 | 杨鹏强 | 45.00 元 | 978-7-80165-709-1 | 2010 年 1 月第 1 版 |

## "精讲型"国际贸易核心课程教材

| | | | | |
|---|---|---|---|---|
| 1. 国际贸易实务精讲(第七版) | 田运银 | 49.50 元 | 978-7-5175-0260-9 | 2018 年 4 月第 7 版 |

| 书名 | 作者 | 定价 | 书号 | 出版时间 |
|---|---|---|---|---|
| 2. 国际货运代理实务精讲(第二版) | 杨占林 汤兴 官敏发 | 48.00 元 | 978-7-5175-0147-3 | 2016 年 8 月第 2 版 |
| 3. 海关法教程(第三版) | 刘达芳 | 45.00 元 | 978-7-5175-0113-8 | 2016 年 4 月第 3 版 |
| 4. 国际电子商务实务精讲(第二版) | 冯晓宁 | 45.00 元 | 978-7-5175-0092-6 | 2016 年 3 月第 2 版 |
| 5. 国际贸易单证精讲(第四版) | 田运银 | 45.00 元 | 978-7-5175-0058-2 | 2015 年 6 月第 4 版 |
| 6. 国际贸易操作实训精讲(第二版) | 田运银 胡少甫 史理 朱东红 | 48.00 元 | 978-7-5175-0052-0 | 2015 年 2 月第 2 版 |
| 7. 进出口商品归类实务精讲 | 倪淑如 倪波 田运银 | 48.00 元 | 978-7-5175-0016-2 | 2014 年 7 月第 1 版 |
| 8. 外贸单证实训精讲 | 龚玉和 齐朝阳 | 42.00 元 | 978-7-80165-937-8 | 2013 年 4 月第 1 版 |
| 9. 外贸英语函电实务精讲 | 傅龙海 | 42.00 元 | 978-7-80165-935-4 | 2013 年 2 月第 1 版 |
| 10. 国际结算实务精讲 | 庄乐梅 李菁 | 49.80 元 | 978-7-80165-929-3 | 2013 年 1 月第 1 版 |
| 11. 报关实务精讲 | 孔德民 | 48.00 元 | 978-7-80165-886-9 | 2012 年 6 月第 1 版 |
| 12. 国际商务谈判实务精讲 | 王慧 唐力忻 | 26.00 元 | 978-7-80165-826-5 | 2011 年 9 月第 1 版 |
| 13. 国际会展实务精讲 | 王重和 | 38.00 元 | 978-7-80165-807-4 | 2011 年 5 月第 1 版 |
| 14. 国际贸易实务疑难解答 | 田运银 | 20.00 元 | 978-7-80165-718-3 | 2010 年 9 月第 1 版 |
| 15. 集装箱运输系统与操作实务精讲 | 田聿新 杨永志 | 38.00 元 | 978-7-80165-642-1 | 2009 年 7 月第 1 版 |

## "实用型"国际贸易课程教材

| | | | | |
|---|---|---|---|---|
| 1. 外贸跟单实务(第二版) | 罗艳 | 48.00 元 | 978-7-5175-0338-5 | 2019 年 1 月第 2 版 |
| 2. 海关报关实务 | 倪淑如 倪波 | 48.00 元 | 978-7-5175-0150-3 | 2016 年 9 月第 1 版 |
| 3. 国际金融实务 | 李齐 唐晓林 | 48.00 元 | 978-7-5175-0134-3 | 2016 年 6 月第 1 版 |
| 4. 国际贸易实务 | 丁行政 罗艳 | 48.00 元 | 978-7-80165-962-0 | 2013 年 8 月第 1 版 |

## 电子商务大讲堂·外贸培训专用

| | | | | |
|---|---|---|---|---|
| 1. 外贸操作实务 | 本书编委会 | 30.00 元 | 978-7-80165-621-6 | 2009 年 5 月第 1 版 |
| 2. 网上外贸 ——如何高效获取订单 | 本书编委会 | 30.00 元 | 978-7-80165-620-9 | 2009 年 5 月第 1 版 |
| 3. 出口营销指南 | 本书编委会 | 30.00 元 | 978-7-80165-619-3 | 2009 年 5 月第 1 版 |
| 4. 外贸实战与技巧 | 本书编委会 | 30.00 元 | 978-7-80165-622-3 | 2009 年 5 月第 1 版 |

## 中小企业财会实务操作系列丛书

| | | | | |
|---|---|---|---|---|
| 1. 做顶尖成本会计应知应会 150 问(第二版) | 张胜 | 48.00 元 | 978-7-5175-0275-3 | 2018 年 6 月第 2 版 |
| 2. 小企业会计疑难解惑 300 例 | 刘华 刘方周 | 39.80 元 | 978-7-80165-845-6 | 2012 年 1 月第 1 版 |
| 3. 会计实务操作一本通 | 吴虹雁 | 35.00 元 | 978-7-80165-751-0 | 2010 年 8 月第 1 版 |

# 2019 年中国海关出版社有限公司乐贸系列
# 新书重磅推荐 >>

## 《跨境电子商务概论与实践 》

作者：冯晓宁

定价：48.00 元

书号：978-7-5175-0313-2

出版日期：2019 年 1 月

## 内容简介

　　《跨境电子商务概论与实践》是作者继《国际电子商务实务精讲》之后的又一力作。本书根据跨境电子商务全新发展形势，结合作者多年教学与实践编写，全书体例框架是对时下跨境电商实务的高度概括与总结。主要特色包括以下几点：

　　1.将跨境电商分为出口跨境电商与进口跨境电商，B2B 电商和 B2C 电商，从不同视角解析跨境电商知识要点；

　　2.详述各种模式跨境电商的网络营销、跨境物流、支付、知识产权、管理和政策等概况，紧跟跨境电商新政及实务，内容详实，体系完整；

　　3.简化过于宏观和技术化的内容，以讲授理念为主，贴合实践，便于院校学生理解与学习。

## 《外贸经理人的 MBA》

作者：毅　冰

定价：55.00 元

书号：978-7-5175-0305-7

出版日期：2018 年 10 月

## 内容简介

本书结合世界 500 强企业先进管理方法和作者多年从事外贸企业管理的经验进行编写，读完这本书你将收获以下技能：

1. 突破经理人的思维误区，完成从王牌业务员到优秀管理者的角色转变，做到适度参与、合理放权；

2. 了解薪酬体系与人才架构的设置技巧，让专业的人干专业的事，摆脱高薪却留不住人的烦恼；

3. 摆脱国外 MBA 课程内容难以在中国企业落地的难题，借鉴本土化的管理方法，优化效率、提升业绩。

# 2019 年中国海关出版社有限公司乐贸系列
# 新书重磅推荐 >>

## 《优势成交——老外这样做销售》

作者：Abdelhak Benkerroum（阿道）

定价：45.00 元

书号：978-7-5175-0216-6

出版日期：2017 年 10 月

## 内容简介

大客户会比小客户带来的收益更多吗？

当与老外的谈判陷入僵局，你该怎么做？

仅仅依据销量开除销售代表是否真的妥当？

这些是销售人员每天都会遇到的问题，但大部分培训师不会给出明确的解答，而只会慷慨激昂地给你灌输励志故事。本书作者曾在多个知名跨国公司担任管理者，既能告诉你"双赢"谈判技巧在不同情景下的运用法则，也能从客户的角度教你如何避开与老外合作的"雷区"。

本书还将帮你建立多维度绩效考核模型，让销售谈判从一个人的努力进化为一个团队的"战斗"。无论你是销售代表还是部门经理，这本书都将带给你惊喜。